Lk² 299

ESSAIS HISTORIQUES
SUR LE BIGORRE.

TOME PREMIER.

ESSAIS HISTORIQUES
SUR LE MÉGOCE

TOME PREMIER.

ESSAIS HISTORIQUES

SUR

LE BIGORRE,

ACCOMPAGNÉS

DE REMARQUES CRITIQUES,
DE PIÈCES JUSTIFICATIVES,
DE NOTICES CHRONOLOGIQUES
ET GÉNÉALOGIQUES,

PAR M. A. DAVEZAC-MACAYA,

ASSOCIÉ CORRESPONDANT DE L'ACADÉMIE ROYALE DES SCIENCES, INSCRIPTIONS ET BELLES-LETTRES DE TOULOUSE, DE CELLE DES SCIENCES, BELLES-LETTRES ET ARTS DE BORDEAUX, DE LA SOCIÉTÉ ROYALE D'ORLÉANS, DE L'ATHÉNÉE DE VAUCLUSE, ETC.

Rerum cursum, quamquàm nullâ verborum jactantiâ.
TACIT. VIT. AGRIC. XXXIX.

TOME PREMIER.

BAGNÈRES,
IMPRIMERIE DE J. M. DOSSUN, ÉDITEUR,
RUE DE LA COMÉDIE, N° 2.
M.DCCC.XXIII.

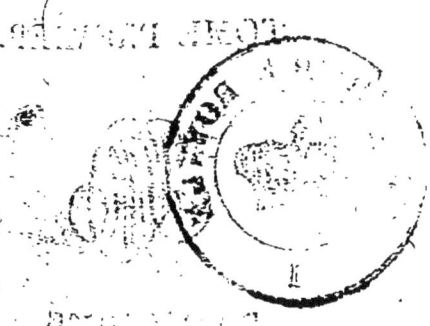

PRÉFACE.

Les orages des révolutions, qui en tourmentant les peuples, viennent agrandir le cercle de leurs idées et les instruire en un instant plus que des siècles de bonheur, grondèrent long-tems loin des modestes habitations des Bigorrais. Une vie simple, éloignée du tumulte, ne laisse point de souvenirs après elle : heureux les peuples qui n'ont point d'histoire ! Alors seulement qu'elles cessent d'être tranquilles, les nations songent à comparer les diverses périodes de leur existence : le souvenir se conserve chez elles des époques marquées de secousses violentes, d'évènemens extraordinaires ; et pendant bien des siècles elles n'ont d'autre histoire que ces souvenirs transmis de génération en génération.

Lorsqu'on eût remarqué que le tems affaiblissait ces souvenirs, on voulut assurer la durée de ceux que l'intérêt ou la vanité rendaient précieux ; on les consacra par des monumens qui bravassent les siècles : les tems les plus reculés nous ont ainsi légué la mémoire de leur existence, mais rien de plus : ce n'étaient que des emblêmes dont l'explication était confiée au souvenir des hommes : les générations anciennes ont péri sans instruire celles qui leur ont succédé, et les monumens n'ont survécu que pour faire déplorer leur insuffisance ; l'écriture seule pouvait nous transmettre des notions moins vagues : on composa, au moyen âge, des chartes, récits authentiques d'un seul fait, portant presque toujours l'empreinte des mœurs de leur époque. Des chartes furent jusqu'aux tems modernes, la seule histoire écrite des Bigorrais. Enfin un de nos écrivains s'avisa de composer des chroniques : un avocat à la cour du sénéchal de Tarbes, nommé *Mazières*, témoin et peut-être acteur des guerres civiles dont la religion fut le prétexte au seizième siècle, en écrivit la relation au commencement du dix-septième. Il avait vu d'anciennes transactions, des chartes de monastères, les archives de quelques familles antiques : il consigna dans ses mémoires les lumières qu'il avait recueillies de ces titres sur des époques déjà éloignées, et composa en 1614 sa *Sommaire description du pays et comté de Bigorre*, écrite d'un style naïf et simple qui rappelle celui de l'aimable auteur des *Essais*, et divisée en deux livres, le premier descriptif, le second historique. L'auteur parcourt d'une marche rapide et les pays et les âges qui ont précédé son siècle; mais il donne une chronique assez détaillée de son tems, c'est-à-dire depuis 1567. Cet ouvrage est resté manuscrit; c'est ce que nous avons de meilleur sur cette période de nos annales.

Nous n'avions point de chroniques suivies des tems antérieurs : en vain l'avocat Mazières avait voulu marquer quelques époques, il ne nous restait que des chartes; et ces pièces n'offrant chacune l'histoire, ou plutôt l'indication que d'un fait isolé, leur réunion ne formait qu'un tout confus, qu'il fallait débrouiller, le flambeau de la chronologie et de la critique à la main, à l'aide d'un travail pénible et d'un grand savoir, pour en former une suite de récits souvent interrompue par le défaut de chartes et l'insuffisance des traditions. Un homme d'un mérite supérieur, *Pierre de Marca*, président au parlement de Navarre et ministre d'état, mort archevêque de Paris en 1662, s'était chargé d'une pareille tâche pour composer son *Histoire du Béarn*, publiée en 1640; celle du Bigorre s'y rattachait en quelques parties : il consacra le neuvième livre de son ouvrage à en rappeler tout ce que ses laborieuses recherches lui avaient appris : il commence en 819 et s'arrête à l'an 1300 : c'est un guide fidèle, que l'on ne doit pas contredire légèrement.

Plusieurs écrivains marchèrent sur les traces du président de Marca, et s'occupèrent de notre histoire, soit civile, soit ecclésiastique. *Arnaud Oïhénart*, avocat au parlement de Navarre, profond sans le paraître, inséra dans sa *Notice de l'une et l'autre Vasconie*, publiée en 1656, la suite chronologique des comtes de Bigorre, des vicomtes de Lavedan et d'Asté, et des évêques de Tarbes; l'examen critique des opinions diverses des auteurs, nous a souvent ramené à la sienne. *Scévole* et *Louis de Sainte-Marthe*, en écrivant leur *Histoire ecclésiastique des Gaules*, publiée en 1656, firent des recherches sur celle du Bigorre: *Denis de Sainte-Marthe*, général des Bénédictins de la congrégation de Saint-Maur, rectifia leur travail et en donna une nouvelle édition, entièrement refondue, en 1715; il nous a conservé quelques titres, que le président de Marca n'avait pas tous connus, et nous a donné la liste chronologique des évêques de Tarbes et des abbés du diocèse : cet ouvrage jouit d'une estime méritée. L'*Art de vérifier les dates*, composé et rédigé par les savans bénédictins *Maur-François d'Antine*, *Charles Clémencet* et *Ursin Durand*, chef-d'œuvre d'érudition, dont la troisième édition, considérablement augmentée, parut en 1783, contient quelques pages consacrées à la chronologie historique des comtes de Bigorre, jusqu'en 1426; les chronologies des comtes de Foix, des ducs d'Albret, de Bourbon, de Vendôme, et des rois de Navarre; peuvent servir de guide pour les époques postérieures. Nous devons au savant *Jean-Baptiste Larcher*, de Dijon, un ouvrage précieux pour l'histoire ecclésiastique du Bigorre : en composant, en 1760, le *Pouillé des Bénéfices du diocèse de Tarbes*, il y inséra le catalogue des évêques, des abbés, des prieurs, des commandeurs, quelques notes historiques, et de courtes notices sur des saints nationaux : une critique rigoureuse paraît avoir présidé à son travail, qui est encore manuscrit.

Ces auteurs n'avaient traité chacun qu'une partie de notre histoire : quelques écrivains travaillèrent à donner toute la suite de nos annales. L'abbé *Duco* est désigné comme l'auteur de l'histoire la moins incomplète du Bigorre. Cet ouvrage, qui n'a jamais été imprimé, et dont M. *de la Boulinière* a seulement donné en 1813 un court extrait dans son *Manuel statistique des Hautes-Pyrénées*, fut écrit vers l'an 1730, et porte le titre d'*Histoire de la province et comté de Bigorre*. Il est divisé en deux livres, dont le premier contient l'histoire générale du pays; le second renferme la description et l'histoire particulière des principaux lieux du comté, avec des listes très-imparfaites des évêques, des sénéchaux et des juges-mages, et la généalogie de quelques-unes des grandes familles du Bigorre : cet ouvrage n'est guères qu'une compilation assez mal digérée du président de Marca et de l'avocat Mazières. Quelques autres histoires manuscrites du Bigorre qui me sont parvenues, ne sont que des copies ou des abrégés sans mérite des cahiers de Mazières et de l'abbé Duco. M. *Picqué*, auteur d'un *Voyage aux Pyrénées françaises*, publié en 1789, et désigné par quelques-uns sous le pseudonyme de *Bérenger*, a consacré quelques pages à des *Notices historiques* sur le Bigorre, qui contiennent peu de faits, racontés d'ailleurs sans beaucoup de véracité. Enfin nous devons à un ancien militaire, M. *Deville*, le premier ouvrage imprimé exclusivement consacré à notre histoire : il a paru en 1818, sous le titre d'*Annales de Bigorre*; c'est un coup-d'œil rapide jeté sur les faits les plus remarquables de l'histoire Bigorraise. La longue période écoulée depuis l'arrivée des Romains dans nos contrées jusqu'à l'époque actuelle, s'y trouve concentrée en moins de deux cents pages. Le tableau des mœurs bigorraises modernes est tracé à la suite des Annales, ainsi que le parallèle de ces mœurs avec les anciennes. L'ouvrage est écrit avec chaleur, quelquefois avec amertume, toujours avec du talent ; et cette justice au moins est due au travail de M. Deville, qu'il a réveillé le désir de voir enfin l'histoire Bigorraise sortir de sa honteuse obscurité.

Tels sont les principaux matériaux que beaucoup de recherches et de soins, aidés du zèle de quelques amis, et de la bienveillance de tous ceux qui ont pu m'être utiles, étaient parvenus à me procurer dans un pays où les bibliothèques sont rares, lorsque curieux de l'histoire du pays qui m'avait vu naître, je voulus l'étudier avec quelque détail. Je devais être peu satisfait : beaucoup de lacunes, nulle liaison des faits particuliers de nos annales à ceux des annales de la France, nulle trace de cet enchaînement nécessaire des révolutions politiques et morales d'un petit état aux révolutions des grands états dans lesquels il se trouve enclavé, voilà ce que j'avais trouvé. Je vis avec dépit notre histoire si peu travaillée, si peu connue, et je résolus dès-lors, peut-être témérairement, d'élargir cette voie à peine tracée. Je recherchai de nouveau des chroniques : mais il n'en était pas d'autres que celles que je possédais ; je parcourus les archives de nos principales villes : je n'y trouvai que quelques pièces que les guerres civiles et les incendies avaient respectées pour les laisser pourrir dans l'obscurité ; je me convainquis que nous avions possédé quelques richesses en ce genre, et qu'elles avaient disparu : heureux encore si les soins du grand Colbert ont arraché quelques-unes de ces chartes à un néant absolu ; mais placé trop loin de la précieuse collection du président de Doat, je ne pus le vérifier ; je relus les titres que Denis de Sainte-Marthe et le président de Marca nous ont conservés ; je cherchai avec avidité dans les auteurs anciens et modernés quelques traits, quelques faibles étincelles; je compulsai les mémoires, les généalogies; et pauvre de documens, mais riche du silence de mes devanciers, j'entrepris des essais historiques sur ce pays, visité chaque année par des gens de toutes les nations, étonnés de nous trouver sans histoire.

Il me fallut d'abord classer les matériaux, les comparer, les discuter; fixer les dates, pour ranger dans l'ordre chronologique la série des évènemens; éclaircir les faits, tenter de combler des lacunes, donner enfin une ordonnance régulière à l'assemblage des pièces éparses que j'avais réunies. Après avoir épuré la matière, je la distribuai en sept masses principales, dans lesquelles je classai encore les faits par groupes distincts, afin de procurer au lecteur la faculté de remonter sans cesse de l'examen des détails à l'ensemble général de notre histoire: je compris les grandes masses dans autant de livres; les groupes secondaires formèrent les chapitres. Je remontai aux premiers tems où les historiens nous disent qu'il existait des Bigorrais; après avoir recherché leur origine, les avoir considérés dans leurs mœurs, leur religion, leur état politique, je les vis subir le joug romain, passer ensuite sous celui des West-Gothes, puis des Francs; former une partie du domaine des princes d'Aquitaine, depuis ducs de Gascogne. De là une longue suite de comtes héréditaires, interrompue pendant plus d'un siècle par le séquestre des rois de France, continuée ensuite jusqu'à Henri de Bourbon, le dernier de nos comtes, me conduisit à l'époque où le Bigorre cessa d'être un état particulier, et rentra dans le domaine de la couronne de France: je vis alors rapidement s'écouler le règne des Bourbons, et je m'arrêtai à cette époque trop fameuse où disparurent tous les vestiges de l'ancien gouvernement; c'était la borne naturelle de l'histoire du Bigorre, dont le nom même n'exista plus.

Tel est l'ordre de mon travail. L'exactitude, la précision, la clarté, telles sont les qualités que j'ai recherchées dans sa rédaction; j'ai à diverses reprises corrigé, développé ce qui ne me semblait pas présenté d'une manière assez nette ; mais comme la marche de l'imprimeur ne m'a pas toujours permis de revenir sur mes pas, j'ai réuni, pour les placer à la fin du volume, les additions et corrections que j'ai encore jugées nécessaires. J'aurais désiré pouvoir revêtir d'un coloris aimable et mes récits et les discussions inséparables d'une matière encore obscure ; mais la tâche était difficile, trop difficile pour moi, et je n'ai pas osé tenter une entreprise tellement au-dessus de mes forces. Je me suis attaché à écarter des évènemens le reflet de la couleur des partis, parce que l'histoire, faite pour traverser les âges, doit se montrer dépouillée du voile des opinions politiques ; voilà les vues qui m'ont dirigé : il ne m'appartient pas de décider si je les ai remplies, mais je dirai que ce sont celles dont je souhaiterais que mon livre portât l'empreinte.

L'histoire d'une contrée, publiée pour la première fois, doit être appuyée de preuves pour obtenir quelque crédit ; les faits présentés d'une façon nouvelle doivent être discutés, les opinions émises par des écrivains d'un mérite supérieur ne peuvent être rejetées sans examen, quelques faits demandent d'être commentés : il eût cependant été trop fastidieux pour l'immense majorité des lecteurs, de parcourir un récit coupé à chaque instant par des pièces justificatives, des observations critiques, des notices biographiques, des digressions chronologiques et généalogiques : aussi pour dépouiller ma narration de cet appareil d'érudition, et conserver cependant au lecteur curieux d'approfondir, ces observations, ces notices, et sur-tout ces monumens bases de mon travail, je les ai rejetés dans des notes, que j'ai placées au bas des pages, malgré la longueur de quelques unes, pour en faciliter la comparaison avec le texte. Ayant donné la liste des principales sources où j'ai puisé, je n'ai point cru devoir continuellement les citer, et grossir ainsi mon livre inutilement; j'ai cependant presque toujours indiqué les guides que je n'ai point compris dans cette liste.

Après avoir parlé du plan que je me suis tracé, et de la manière dont j'ai essayé de le remplir, je dois un tribut de reconnaissance aux personnes qui ont si complaisamment coopéré à mon travail, en me procurant ou me fournissant elles-mêmes des livres, des notes, des titres, des mémoires : la liste serait trop nombreuse de tous ceux dont j'ai mis la bienveillance à l'épreuve ; mais je crois devoir particulièrement citer parmi eux M. l'abbé *Ferrère*, curé de Saint-Jean de Tarbes, auquel je dois les manuscrits les plus précieux, et M. *Vergès*, doyen du conseil de préfecture des Hautes-Pyrénées, qui a mis à ma disposition beaucoup de ces ouvrages, rares ailleurs que dans les grandes bibliothèques, et qui ayant rempli long-tems l'honorable commission de Syndic général des Etats de Bigorre, et celle de subdélégué de l'Intendant de Gascogne, m'a fourni des renseignemens intéressans sur l'état politique de nos contrées au moment où de nouvelles institutions vinrent le renverser.

ESSAIS HISTORIQUES

SUR

LE BIGORRE.

LIVRE PREMIER.

ORIGINE, MOEURS, RELIGION, ÉTAT POLITIQUE DES BIGORRAIS AVANT L'ARRIVÉE DES ROMAINS.

CHAPITRE PREMIER.

Premiers habitans de la Gaule, partagés en trois familles. — Les Celtes, venus de Scythie : leur langage. — Les Belges, d'origine germanique. — Pays des Aquitains, originaires de l'Hispanie. — Les Bigorrais ; leurs limites. — Langage des Aquitains. — Il reste encore des traces de cette ancienne distinction de familles.

Aussi loin que nos regards puissent pénétrer dans les ténèbres qui environnent les premiers âges de l'antique pays que les Romains et les

Grecs appelèrent Gaule (1) ou Galatie, nous y voyons disséminées les nombreuses tribus d'un peuple fier, indompté, la terreur des autres nations. Cette belle contrée, où ces peuplades étaient établies de tems immémorial, pourrait être regardée comme leur première demeure, si d'anciennes traditions n'avaient conservé, au milieu de l'obscurité des siècles, quelques traces des migrations qui les y conduisirent.

La différence de l'origine et du langage séparait en trois grandes familles (2) cette multi-

---

(Note 1.) Les savans ont donné au mot Gaule diverses étymologies. Suivant l'auteur de l'Histoire des hommes (*part. mod. tom. IV*), Bellovèse imposa à l'Italie subjuguée le nom de *Gahaël*, c'est-à-dire pays conquis, appellation que les Romains étendirent à la patrie des vainqueurs eux-mêmes. Pluche (*Concorde de la géog. des diff. âges*), le fait venir de l'hébreu *caulah*, changer de demeures, en mémoire des migrations des Gaulois. Quelques uns le dérivent de l'hébreu *gaal*, libre; d'autres du grec *gala*, lait, image de la blancheur du teint des Gaulois. Latour-d'Auvergne-Corret (*Orig. gauloises*), le tire du celte *galloud*, courage. Zamacola (*Hist. de las naciones Bascas, tomo I.*), lui donne pour racine le basque *gaüa*, la nuit, appuyant son opinion de ce que César rapporte dans ses Commentaires que les Gaulois se disaient fils de Pluton ou des ténèbres, ce qui est une erreur, comme nous le remarquerons en son lieu. *Voyez la note* 1, *chap.* 3, *liv. I.*

(Note 2.) « Gallia omnis comata uno nomine apellata, in tria populorum genera dividitur. » (*Plin. Hist. nat. lib. IV. cap. 17.*) *Getria genera* explique assez la différence d'origine. César ajoute : « Hi omnes linguâ, institutis, legibus inter se differunt. » (*De bel. gall. lib. I.*)

tude de tribus qui, indépendantes les unes des autres, se partageaient toute l'étendue de la Gaule.

L'Océan à l'ouest, la Seine et la Marne au nord, à l'est le Rhin et les Alpes, la Méditerrannée et la Garonne au midi, voilà quelles étaient les limites de la plus importante de ces grandes familles, appelée, à ce que nous dit César, du nom de Celtes (3) dans son propre langage. Plutarque nous apprend qu'elle eut pour berceau le nord de l'Asie; ses tribus erraient dans l'immense pays dont l'Imaüs, le Caucase, les Riphées et des glaces éternelles traçaient les bornes : elles s'échappèrent à travers la cordillière hyperborée, et courant à l'occident, vinrent peupler la Celtique (4). Leur

---

(Note 3.) « Ipsorum linguâ Celtæ, nostrâ Galli appellantur. » (*Cæsar, lib. I.*) « Ce nom de *kelt* ou *galt*, dit Fréret dans son Mémoire de l'origine des Français et de leur établissement dans la Gaule, signifie chevelu dans la langue bretonne, dialecte de l'ancien celtique, et l'on sait que les Romains distinguaient les Celtes de la Gaule de ceux de l'Italie, par le surnom *comati*, à cause de leurs longs cheveux. » Dans cette hypothèse, le nom de Celtes eût aussi été commun aux Belges et aux Aquitains, qui portaient de longs cheveux. *Voyez la note 2, chap. 2, liv. I.*

(Note 4.) « Or quant aux Gaulois, ils étaient, comme on dit, de la nation Celtique......... et d'iceux les uns se jettans du costé de l'Océan septentrional, passèrent les monts Riphées, et occupèrent les extrêmes parties de l'Europe; les autres s'arrestèrent entre les monts Pyrénées et les grands monts des Alpes. » *Plutarq. Vie de Camille.*

idiome, dialecte de la langue scythe, est celui dont les Bretons et les Gallois nous ont conservé quelques restes (5).

Au nord, des limites celtiques à l'embouchure du Rhin, vivaient les Welches ou Belges, plus farouches, plus braves, conservant toute la rudesse de leur origine germanique (6). Leur langue, à en juger par ce qui en reste aujourd'hui, était la même que celle des Germains, le teusch ou tudesque, dont s'est formé le flamand.

De la Garonne aux Pyrénées s'étendait le pays appelé, au rapport de Pline l'ancien, Arémorique (7), nom que les Romains traduisirent

---

(Note 5.) « C'est l'ancien celte que parlent encore les Bretons, et avec peu d'altération, les habitans du pays de Galles, en Angleterre...... Ihre pense que le celte vient du scythe...... Il fonde son opinion sur le témoignage des plus anciens auteurs, et principalement sur l'analogie du celtique avec les dialectes d'origine scythe. » *Ch. Pougens : Essai sur l'étude des Antiq. sept. et des anc. lang. du nord.*

(Note 6.) « Horum omnium fortissimi sunt Belgæ, propiereà quòd à cultu atque humanitate. Provinciæ longissimè absunt. » (*Cæsar, lib. I.*) «..... plerosque Belgas esse ortos à Germanis, Rhenumque transductos, propter loci fertilitatem ibi consedisse. » (*Idem, lib. II.*)

(Note 7.) « Indè ad Pyrenæi montis excursum Aquitanica, Aremorica antè dicta. » (*Plin. lib. IV, cap. 17.*) Quelques auteurs veulent corriger le texte de Pline et lire Arecomica. Pourquoi ? Est-ce que la nouvelle leçon, qu'aucune raison d'ailleurs n'appuie, pa-

par celui d'Aquitanie. Les tribus qui l'habitaient étaient originaires des régions occidentales et montueuses de l'Hispanie; traversant les monts auxquels les Latins et les Grecs imposèrent depuis le nom de Pyrénées (8), elles se répandirent sur le versant septentrional, et s'étendi-

---

raîtrait plus convenable, lorsqu'il est constant que la signification du mot Aquitania est analogue à celle d'Aremorica. En supposant que le texte de Pline soit altéré au mot Aremorica, nous pensons que ce n'est point Arecomica qu'il y faudrait substituer, mais le nom aquitain *Uraberoac*, les eaux chaudes, un peu latinisé: le rapport de consonnance des mots Uraberoac et Aremorica est assez grand d'ailleurs pour qu'un étranger ait pu les confondre. Dans tous les cas Aquitania est évidemment la traduction latine du nom local. Zamacola (*Hist. de Las naciones Buscas*), pense que le mot Aquitania a une racine gauloise, c'est-à-dire, selon lui, basque. D'après son opinion, il viendrait de *acheta*, région des montagnes: *agheta*, région des eaux, me paraîtrait, dans l'hypothèse de l'étymologie gauloise, préférable par sa plus grande ressemblance et sa synonimie avec le mot latin Aquitania.

(NOTE 8.) Diodore de Sicile (*Bibl. hist. lib. VI.*) donne le mot grec *pyr*, feu, pour étymologie de Pyrénées; « quòd olim silvæ, injecto à pastoribus igne, universæ conflagraverint. » Silius Italicus (*Pun. lib. III.*) nous raconte que ce nom leur fut imposé par Hercule, en mémoire de la fille du roi des Bébrices, qu'il avait aimée:

« . . . . mœsto clamore ciebat
Pyrenen, scopulique omnes ac lustra ferarum
Pyrenen reboant . . . .
Defletumque tenent montes per secula nomen. »

Samuel Bochart (*Chanaan*) le dérive du phénicien *purani*, lieu sombre, par allusion à l'ombre des forêts. Mais l'étymologie la plus vraisemblable, observent de savans commentateurs du Tite-Live de l'Espagne, de l'illustre Mariana (*édit. esp. de Valence*, 1783), est celle de *byren* ou *byrin*, mot celtique qui signifie montagne.

rent jusqu'aux bords de la Garonne, limite des Celtes. Elles différaient de ceux-ci, nous dit Strabon, par la figure et le langage, et conservaient de grands traits de ressemblance avec les nations ibériennes (9).

Parmi les peuplades aquitaniques on comptait les Bigorrais (10). Ils occupaient les vallées

_____

(Note 9.) « En général les Aquitains ressemblent plus aux Ibères qu'aux Gaulois, soit pour la forme du corps, soit pour le langage; ils occupent le pays situé entre les Pyrénées et la Garonne, qui leur sert de borne. On compte plus de vingt peuples peu nombreux en particulier et peu connus, qui portent le nom d'Aquitains. » *Strab. géog. liv. IV, chap. 11.*

(Note 10.) Bigerri ou Begerri selon Pline et Saint-Paulin, Begerritani selon Ausone, Bigerrones ou Bigerriones, peut-être même Bigerri suivant César, le génitif Bigerronum pouvant avoir été mis par les copistes pour Bigerrorum. Zamacola pense que le basque *bigorra*, doublement fortifié, est l'étymologie du nom de cette peuplade : M. Picqué indique le celtique *bigoër*, pays froid. M. de La Bastide donne *bicarrouac*, expression basque qu'il traduit par le latin *adolescentes elegantes et alacri*. Sous les rois Mérovingiens cette contrée fut nommée Bigorra, d'où est venu Bigorre. Ce dernier mot est féminin chez Delisle, La Martinière, M. Ramond de Carbonnières, et quelques autres ; Sanson, Baudrand, et avec eux presque tous les modernes le font masculin : c'est le genre adopté dans le décret du 4 février 1790, et M. Barrère de Vieuzac s'intitulait à l'Assemblée nationale, député du Bigorre ; nous trouvons encore le genre masculin dans diverses lettres-patentes de nos derniers rois ; ces considérations nous ont décidé à adopter aussi le genre masculin.

Les Consorannes sont les peuples du Conserans, les Convènes ceux du Comminges, les Bénéharnais ceux du Béarn, les Ausques et les Vocates ceux d'Auch et d'Aire.

les plus élevées des Pyrénées, auxquelles leur nom est resté. Les Consorannes à l'est, au nord les Ausques et les Vocates, à l'ouest les Bénéharnais étaient leurs voisins; les Pyrénées les séparaient des tribus hispaniques. Les Convènes ne devinrent limitrophes des Bigorrais que lorsque Pompée les établit entre ceux-ci et les Consorannes, à son retour de l'Hispanie : c'était un rassemblement de gens que les guerres avaient déplacés et ruinés.

La langue des Escualdons ou Basques, qui ne présente aucune analogie avec celles que nous connaissons aujourd'hui, est un reste de l'idiome que parlaient autrefois les Aquitains (11).

Telles étaient les trois nations qui se partageaient d'une manière si inégale l'empire des

---

(NOTE 11.) « Cantabri linguam retinuerunt multum à reliquis omnibus discrepantem et totius olim Hispaniæ communem. » *Mariana*, hist. gen. hisp. lib. II. cap. 5.

Les Aquitains qui avaient, comme nous le dit Strabon, un langage analogue à celui des Ibères, parlaient un dialecte de cette langue commune à toute l'Hispanie, de la langue des Cantabres, aujourd'hui celle des Basques.

M. de La Bastide, auteur d'une savante dissertation sur les Basques, regarde les Aquitains comme une colonie de ce peuple, dont l'origine lui paraît phénicienne, et le langage un dialecte de l'ancien punique. Pedro Pablo de Astarloa, auteur d'une *apologia de la lengua bascongada*, prétend prouver au contraire que le basque n'a nul rapport à aucun idiome connu, soit ancien, soit moderne.

Gaules, aux tems les plus reculés. Une longue série de siècles s'est écoulée, de grandes révolutions politiques se sont opérées, de nouveaux peuples sont venus se mêler aux peuples primitifs, et pourtant une teinte demeure encore au milieu des Français modernes, de cette ancienne diversité d'origine et de physionomie. La civilisation n'a pu effacer entièrement dans l'homme des campagnes le caractère qui traça jadis une ligne de démarcation entre les premiers habitans de la Gaule.

CHAPITRE II.

Tous les Gaulois avaient les mêmes mœurs. — Caractère général : humeur guerrière, hospitalité. — Morale des Gaulois. — Nuances particulières. — Chevelure des Bigorrais ; leurs vêtemens, leurs habitations. — Cantons : les Campons, les Tornates, les Onobusates. — Fort de Bigorre. — Mariages, funérailles, tombeaux.

DIFFÉRENS d'origine et de langage, les trois peuples qui habitaient la Gaule avaient cependant tous les mêmes mœurs et semblaient n'avoir qu'un caractère. Vifs, légers, prompts à se décider, avides de merveilleux et de nouveautés, crédules, superstitieux, les Gaulois avaient au milieu de leur barbarie, les qualités et les défauts des Français modernes.

Ne respirant que la guerre, ils se battaient entr'eux lorsqu'ils n'avaient pas d'ennemis étrangers : les femmes même partageaient cette fureur guerrière, qui jointe à une population trop nombreuse, les conduisit souvent à des conquêtes lointaines. La Bohême, la Bavière occupées par Ségovèse, l'Italie conquise par Bellovèse, Rome prise et saccagée par Brennus, la Macédoine ravagée par Belgius, le temple de Delphes pillé par un autre Brennus, sont autant de monumens de leur valeur et de leur intrépidité : il était passé en proverbe qu'il n'y avait point d'armée sans soldats gaulois. La terreur de leur nom remplissait l'univers : Rome les craignait tellement que les vieillards et les prêtres n'étaient point dispensés de porter les armes en cas d'invasion de leur part. Leurs descendans ont prouvé de tous les tems qu'ils étaient les héritiers de la bravoure de leurs ancêtres.

Ils exerçaient généreusement l'hospitalité ; ils nourrissaient leurs hôtes et mettaient tous leurs soins à leur rendre des services, à les défendre contre toute violence, fût-ce même au péril de leur vie. Toutes les maisons leur étaient ouvertes, leur personne était sacrée, et le meurtre d'un hôte étranger était puni plus sévèrement que celui d'un Gaulois : le meurtrier du Gaulois était banni, celui de l'étranger subissait la mort. Non seulement ils regardaient comme un crime le refus de l'hospitalité, mais ils couraient même au devant du voyageur et le pressaient de venir partager leur demeure et leur table ; ils se disputaient le bonheur de le posséder, et celui auquel l'étranger accordait la préférence était regardé par ses concitoyens comme un mortel chéri des Dieux. La même vertu distingue éminemment le Français et forme un des plus beaux traits de son caractère.

Les principaux points de la morale des Gaulois étaient d'adorer les Dieux, de ne point faire de mal, et d'exercer ses forces pour devenir bon soldat et savoir mieux défendre la patrie et la liberté. Ils ne souffraient pas que leurs enfans se présentassent en public devant eux avant d'être en état de porter les armes.

Tel était le caractère général des peuplades gauloises, que de légères nuances seulement différenciaient (1) : les Belges étaient plus vail-

---

(Note 1.) Nous trouvons dans Anquetil, Millot, Velly, Latour-d'Auvergne, Faget de Baure, ce caractère peint des mêmes couleurs. César, Justin, Florus, Tite-Live, Ammien-Marcellin, Silius Italicus, Lucain, Strabon, Pomponius Méla, Diodore de Sicile, Dion Cassius, Diogène Laërce, Jornandès en ont fourni les principaux traits. Aucun d'eux ne nous dit que les mœurs des Aquitains différassent de celles des autres Gaulois ; nous pourrions néanmoins présumer que nos ancêtres conservaient quelque teinte du caractère des peuples de leur mère-patrie, ainsi qu'ils en avaient gardé le langage et la physionomie. Lisons dans Justin le portrait des Ibériens ; en les comparant aux Bigorrais modernes, nous trouverons encore des rapports frappans entre ces deux peuples : «Corpora hominum ad inediam laboremque, animi ad mortem parati, dura

lans; les Bigorrais, comme tous les habitans des montagnes, plus simples, plus grossiers.

Ils laissaient croître leurs cheveux (2); leurs vêtemens étaient des peaux de bêtes qu'ils opposaient à la rigueur du froid de leurs vallées. Couverts d'un manteau court dont le large capuchon venait abriter leur tête, ils bravaient

---

omnibus et adstricta parcimonia. Bellum quàm otium malunt : si extraneus deest, domi hostem quærunt. Sæpè tormentis pro silentio rerum creditarum immorbui : adeò illis fortior taciturnitatis cura quàm vitæ...... velocitas genti pernix : inquies animus...... » Ces traits pourraient servir à déterminer les nuances particulières qui différenciaient les peuples aquitains des nations celtiques, auxquelles sans doute étaient plus applicables le reproche que fait aux Gaulois Dion Cassius, de leur frivolité, de leur faiblesse et de leur arrogance, ce vers de Silius Italicus :

« Vaniloquum Celtæ genus et mutabile mentis »,

et en général tout ce que nous dit César de leur mobilité.

(NOTE 2.) Cet usage de porter une longue chevelure était commun à tous les peuples gaulois de deçà les Alpes, et c'est la raison qui les faisait appeler *comati* par les Romains : « Gallia omnis, nous dit Pline, comata uno nomine appellata. » Il n'est donc pas probable que le nom des Celtes eût l'étymologie que lui donne Fréret (*Voyez la note* 3, *chap.* 1, *livre I*), d'abord parce que le nom d'un peuple particulier ne pouvait venir d'un usage qui lui était commun avec d'autres peuples, dont ce nom aurait cependant servi à le distinguer ; en second lieu parce que cet usage général ne pouvait paraître assez remarquable à ceux chez lesquels il était établi, pour qu'ils en eussent tiré la dénomination qu'ils s'attribuaient eux-mêmes. Certains usages ne frappent que ceux qui n'y sont pas accoutumés.

l'intempérie des saisons, semblables aux Bigorrais modernes qui enveloppés de leur cape, se rient des vents et de la neige (3). La dépouille des bêtes féroces jetée sur les épaules, les pates antérieures nouées sur la poitrine, et le mufle placé sur la tête, tel fut sans doute le premier modèle de cet antique manteau.

Les maisons des grands étaient ordinairement accompagnées d'un bosquet ou d'une rivière pour prendre le frais en été : elles étaient entourées des chaumières habitées par les cliens et les ambactes (4). La réunion de plusieurs de ces maisons formait un bourg; les bourgs étaient distribués dans les cantons

---

(Note 3.) « Dignaque pellitis habitas deserta Bigerris », écrivoit Saint-Paulin à Ausone. Sulpice Sévère appelle ce manteau *bigerricam vestem brevemque atque hispidam*. Fortunat la nomme *hirsuta bigerrica palla*. Nous pouvons conjecturer que c'est du manteau bigorrais que nous parle Strabon, lorsqu'il nous dit que les Gaulois portaient des *saies* d'une laine rude et noirâtre; l'usage où sont encore nos paysans de tisser la laine brute des moutons noirs pour faire leurs capes, se rapporte assez à ce passage. Le nom de cape a remplacé dans le Bigorre le latin *sagum*, le *sac'h* des Gaulois, *saie* des Français, *sayo* des Espagnols. Remarquons en passant que dans les âges modernes, les femmes bigorraises portaient aux jours de fête, une espèce de manteau de crêpe de laine, qui leur couvrait la tête, et qu'elles nommaient *sag* en langue vulgaire du pays.

(Note 4.) Les ambactes étaient proprement des vassaux. *Voyez* la note 4, chap. 2, liv. III.

qui composaient la peuplade (5). Les Tornates, les Campons, les Onobusates, dont nous parle Pline, étaient des cantons de la tribu des Bigorrais (6) : Adrien de Valois et d'Auville placent les premiers à Tournay, les seconds à

(NOTE 5.) « In omni Galliâ, non solum in omnibus civitatibus, atque pagis, partibusque, sed penè etiam in singulis domibus factiones sunt », nous dit César (*de bell. gall. lib. VI*). Ce passage nous indique la division des cités ou peuplades, *civitates*, en cantons, *pagi* ; la distribution de ceux-ci en bourgs et leur banlieue, *partes*, ce que les Espagnols appellent *partidos* ; enfin que ceux-ci étaient composés de maisons, *domus*. Sanson, dans ses remarques sur sa carte de l'ancienne Gaule, fait le parallèle de cette division politique avec la division ecclésiastique qui subsistait de son tems : les *civitates* sont les diocèses, *pagi* les archidiaconés, *partes* les archiprêtrés, et *domus* les paroisses. Mais en observant que la création des archiprêtrés est, dumoins dans le Bigorre, une institution moderne, et que les divisions ecclésiastiques furent calquées sur la division politique, lors de l'établissement des évêques et du clergé dans les Gaules ; on concevra que les *partes* de César sont plutôt les paroisses, dans le ressort desquelles se trouvaient les *domus*, les maisons.

(NOTE 6.) M. Picqué, dans son Voyage aux Pyrénées françaises, a trouvé les Tornates et les Campons parmi les peuples dont parle César ; nous n'avons pas été aussi heureux que lui, et nous n'avons su les rencontrer que chez Pline (*lib. IV. cap.* 19). Quant aux Crébenniens dont il fait aussi une peuplade bigorraise, il les découvre sans doute dans le *rus Krebennoon* d'Ausone (*ep.* 15), la maison de campagne de Paul Axius, nommée Crebennus, ou plutôt Crèbenni (*Krebennoi*, en français Crébennes), dont nous parle M. Picqué lui-même quelques pages après. Le génitif pluriel *Krebennoon* cadrerait moins mal avec l'explication Crébenniens, si le mot *rus* avait une signification moins restreinte.

Campan ; le nom des derniers est resté au Nébousan. La capitale du pays était Turba (7), espèce de forteresse construite au même lieu où depuis on bâtit Tarbes : c'est là que résidaient les chefs de la peuplade ; c'est là que dans les tems de guerre, les habitans de la campagne mettaient en sûreté leurs effets les plus précieux.

En se mariant, l'homme devait mettre dans la communauté autant de bien qu'il en recevait de sa femme : il administrait le tout, qui appartenait au survivant, avec les fruits qui en étaient provenus ; le mari avait droit de vie et de mort sur ses enfans et sa femme. Lors-

---

(NOTE 7.) *Civitas Turba*, *ubi castrum Bigorra*, dans la Notice des provinces de l'empire. Le texte de ce passage a été étrangement altéré dans quelques manuscrits, où on lit *civitas Tursambica tralugorra*. Un exemplaire composé vers le milieu du huitième siècle porte *civitas Tarba*, *ubi castrum Bogorra* : on peut présumer que dès-lors le nom de *Turba* était changé en celui de *Tarba*, d'où est venu Tarbe, ou Tarbes d'après l'orthographe actuelle ; on trouve *Tarvia* dans quelques chartes. Grégoire de Tours appelle cette ville *civitas Bigorra*. Les évêques de Tarbes ont souscrit à quelques conciles comme évêques de la cité Bigorraise, *Bigorritanæ urbis*, *ecclesiæ Bigorritanæ*, *civitatis Bigorricæ*. Le président de Marca pense que le fort *Bigorra* a donné son nom au pays : nous croirions plus volontiers que ce château prit le nom du peuple qui l'avait bâti ; des exemples analogues se présentent en foule pour appuyer cette hypothèse.

qu'il mourait un père de famille d'un rang illustre, les parens s'assemblaient : s'il s'élevait quelques soupçons contre la veuve, on la mettait à la question comme une esclave, et si elle était trouvée criminelle, on la faisait mourir par les plus cruels supplices.

Les funérailles des Gaulois étaient aussi magnifiques qu'elles le pouvaient être chez un peuple encore sauvage : tous les amis du mort y assistaient; un prêtre allumait le bûcher : ils brûlaient avec le cadavre, les objets que celui dont ils déploraient la perte avait le plus affectionnés pendant sa vie, jusqu'à des animaux et même des esclaves : un banquet funèbre terminait la cérémonie. Quant à leurs tombeaux, c'étaient simplement des élévations de terre au dessus de l'endroit où l'on avait déposé leurs restes; mais ceux des chefs étaient remarquables par leur hauteur et leur étendue (8); on y renfermait avec leur cendre, leurs armes et les attributs de leur dignité. Les énormes monceaux de terre que l'on voit encore sur les collines de Montgaillard, d'Os-

---

(NOTE 8.) Ce sont ces tombeaux gigantesques que les archéologues désignent par le nom de *tumuli* ; les fouilles y ont souvent fait rencontrer des armes. Aucun *tumulus* du Bigorre n'a été fouillé, à notre connaissance.

sun, de Barbazan, de Lescurry, ne sont probablement que de semblables sépultures.

C'était honorer la mémoire des morts que de conserver leur crâne, de le border d'or ou d'argent, et de s'en servir comme d'une coupe dans les festins.

CHAPITRE III.

La même religion dans toutes les Gaules.— Theuttad, principale divinité.—Dis, Heusus, Bélizana, Tharanis, Kernunnos, Ogmiòs.— Dogmes; le Flath-Innis, l'Ifurin.—Les prêtres; leur hiérarchie, leurs richesses. — Récolte annuelle du guy.—Science des Druides. —Sacrifices, temples.

UNE même religion soumettait à ses pratiques les trois peuples de la Gaule : ils avaient tous les mêmes dieux, les mêmes prêtres, les mêmes sacrifices.

Leur principale divinité était Theuttad, le créateur suprême; il s'unit à Dis, la même que la terre, et cette union donna naissance à tous les êtres animés (1). Theuttad présidait au des-

---

(NOTE 1.) Le nom de Theuttad est la réunion de deux mots celtiques : Theut-tad, littéralement *hominum sator*.

Les Gaulois se disaient fils de Dis ou de la terre ; comme ce nom était aussi celui de Pluton chez les Romains, Jules César a cru que c'était de ce dieu que les Gaulois se prétendaient issus. Quant à ce qu'il raconte de leur manière de compter le tems par nuits, cela est dû à un idiotisme qui subsiste encore dans le basque et le gallois, restes des anciens idiomes des Aquitains et des Celtes.

tin des batailles, et on l'adorait sous la forme d'un javelot pour lui demander la victoire ; on l'invoquait sous la forme d'un chêne pour le prier d'éclairer les assemblées de la nation.

Ils adoraient Heusus comme dieu des combats ; ils le représentaient sans barbe, couronné de lauriers, vêtu d'une tunique sans manches, une hache à la main. Bélénus était pour eux le dieu de la lumière, Tharanis celui du tonnerre ; ils représentaient avec des cornes Kernunnos, celui qui présidait à la chasse des bêtes fauves. Des chaînes d'or et d'ambre, symbole d'une éloquence irrésistible, sortaient de la bouche du vieil Ogmios, et retenaient une multitude d'hommes autour de lui. (2). Ils

---

(Note 2.) Les Romains voyaient les dieux de leur patrie dans tous ceux des peuples étrangers : c'est ainsi que César et Tacite transformèrent en Mercure le Theuttad des Gaulois et des Germains ; beaucoup de modernes, embrassant leurs idées, ont vu Mars dans Heusus, Jupiter dans Tharanis, Appollon dans Bélénus, Hercule dans Ogmios. Ce dernier parallèle du plus robuste des demidieux avec un vieillard décrépit était difficile à établir : pour en voiler le ridicule, quelques auteurs ont écrit que la force de l'un était toute physique, celle de l'autre toute morale. Pourquoi ne se pas affranchir tout-à-fait de cette manie de donner aux divinités gauloises les attributions des divinités grecques et romaines, et ne pas voir dans les dieux de la Gaule des dieux indigètes, ayant leurs attributs particuliers, conformes au génie du peuple qui les avait créés.

avaient encore un grand nombre de divinités secondaires (3).

(Note 3.) Aghon est connu par ces deux inscriptions trouvées près d'Asté, en Bigorre, et rapportées par Oihénart :

<table>
<tr><td>AGHONI
DEO
LAEVSVS
V.S.L.M.</td><td>DEO
AGHONI
AYLIE.
AVRIN.
V.S.L.M.</td></tr>
</table>

Les étymologistes le regardent comme le dieu des fontaines. Abellion est nommé dans quelques inscriptions découvertes dans le Comminges ; en voici une trouvée à Saint-Béat, et rapportée par M. A. du Mège :

ABELLIONI
DEO
SABINVS
BARHOSIS
V.S.L.M.

Les initiales de la dernière ligne s'expliquent ainsi : *votum solvit lubens merenti*.

On pourrait inférer d'une inscription trouvée à Baudéan, et conservée dans la galerie du Musée de Toulouse, que les Bigorrais rendaient quelque culte aux montagnes. Voici cette inscription, dont les dernières lignes sont illisibles :

MONTI
BVS. AC
EIORI
NET!::
::IA:V
:: L.S.V.

Le président d'Orbessan avait publié une notice sur ce monument. M. Deville a fait une méprise assez remarquable sur l'inscription : il a cru la rapporter, en copiant sur une note du Voyage de M. Picqué, trois vers auxquels il a pensé devoir restituer l'orthographe et la symétrie lapidaires, qu'il leur supposait dans le marbre sur lequel son imagination les lui représentait gravés. M. Joudou (*Guide du voy. à Bagnères, Cauteretz*, etc.) a renchéri sur M. Deville ; il a été jusqu'à citer le volume et la page où M.

Le dogme si consolant de l'immortalité de l'âme était adopté par les Gaulois, et c'est sur-tout à cette doctrine qu'ils devaient ce mépris de la mort qui dans les combats les rendait si redoutables (4) : ils quittaient la vie avec joie pour aller habiter avec les âmes des justes le Flath-Innis, l'immensité des airs... Là, assis

---

d'Orbessan aurait rapporté cette prétendue inscription, tandis que M. Picqué ne donne ces indications qu'en parlant d'un autel votif trouvé à Bagnères-de-Luchon : ce marbre, qui du cabinet de M. d'Orbessan, où l'avait vu en 1781 le savant abbé Pallassou, a passé dans la salle des assemblées de l'athénée d'Auch, contient cette inscription, rapportée par M. du Mège, dans ses Monumens religieux des Volces-Tectosages, des Garumni et des Convenæ :

MONTI
BVS . Q . G
AMOBNVS
S. V. S. L. M.

On retrouve encore chez les paysans Bigorrais des traces du culte de leurs ancêtres envers les montagnes et des pierres, dans le respect superstitieux dont ils honorent à Héas, le caillou de l'*Aralhé*, gros bloc de granit qui n'est peut-être qu'un *dolmin* ou pierre druidique. Les pierres *sacrées* près de Héchettes, les pierres *marines* de la Barousse, autels antiques sans inscription, obtiennent aussi une vénération religieuse ; et les bergers des Quatre-Vallées qui mènent leurs troupeaux sur l'Artigue de Salabre, craindraient de profaner, en y portant une main sacrilège, la pierre de *Tous*, autel votif élevé pendant le séjour des Romains, et sur lequel on lit :

DIS . MONT.
ET . SILVANO
ET . DIANÆ
I. P. P. V. S. L. M.

(Note 4.) César écrit (*lib. IV.*) : « In primis hoc volunt persuadere non interire animas, sed ab aliis post mortem transire ad

sur les nuages errans; ils veillaient sur leurs compatriotes et les enflammaient de l'amour de la vertu et de la gloire, par le spectacle de leur félicité. Les âmes des criminels étaient précipitées dans l'Ifurin, lieu infesté de reptiles vénéneux, d'animaux carnassiers et de monstres dévorans.

Les ministres des dieux se nommaient Druides; ils étaient divisés en trois classes : les Vates, qui étaient proprement les prêtres, expliquaient les dogmes, réglaient les sacrifices; les Bardes composaient et chantaient les hymnes; les Eubages interprétaient les visions et lisaient dans les entrailles des victimes la volonté des dieux. Les Druidesses, femmes de ces prêtres, partageaient avec les Eubages le privilège de prédire l'avenir.

Les Druides reconnaissaient tous un chef su-

---

alios : atque hoc maximè ad virtutem excitari putant, metu mortis neglecto. » Lucain (*Phars. lib. I.*) s'adressant aux Druides, leur dit :

« . . . . vobis auctoribus umbrae
Non tacitas Erebi sedes Ditisque profundi
Pallida regna petant : regit idem spiritus artus
Orbe alio : longæ (canitis si cognita) vitæ
Mors media est. Certè populi quos despicit Arctos
Felices errore suo, quos ille timorem
Maximus haud urget, læti metus. Indè ruendi
In ferrum mens prona viris, animæque capaces
Mortis : et ignavum rediturae parcere vitæ. »

« Druidæ ingeniis celsiores, dit Ammien-Marcellin, ... despectantes humana, pronuntiarunt animas immortales. »

prême, qu'ils remplaçaient à sa mort par voie d'élection : quelquefois ce souverain pontife n'obtint son élévation que les armes à la main.

Ils étaient riches et puissans, et possédaient un grand nombre de collèges dans toute l'étendue des Gaules : le plus important se trouvait au pays des Carnutes (5), dans la Celtique : c'est là que le grand-prêtre faisait sa résidence habituelle ; c'est là que chaque année, à la même époque, les Druides se réunissaient pour offrir des sacrifices solennels et pour faire la récolte du guy de chêne (6).

(Note 5.) Les géographes s'accordent à placer les Carnutes dans l'Orléanais. Latour d'Auvergne (*Orig. gaul.*) croit que l'on doit appliquer le passage de César au lieu de Carnac, dans la Basse-Bretagne, où des monumens druidiques semblent encore attester cette prééminence : d'énormes rochers y sont rangés en files symétriques devant une chaire taillée dans un bloc semblable, et qui paraît désigner le siège du chef des Druides ; non loin de là est un autel de sacrifices gigantesque, dont la table est appuyée sur trois énormes quartiers de roche.

(Note 6.) Cette solennité commençait l'année des Gaulois ; aussi l'annonçait-on par une formule analogue à celle-ci : *au guy du nouvel an ;* on le cueillait le sixième jour de la lune.

Le nom celtique du guy est *widd*, celui du chêne est *derw* ; *derw-widd*, guy de chêne ; en ajoutant le mot *dyn*, homme, on formera *derwiddyn*, nom employé par les anciens romanciers gallois pour désigner les Druides, d'où l'on peut conclure que telle est l'étymologie du nom de ces prêtres. C'était sans doute l'opinion de Diodore de Sicile, puisqu'il le traduit par celui de *saronides*, dont la signification est analogue.

Lorsque le tems de cette cérémonie approchait, les Druides l'annonçaient aux diverses peuplades; de toutes parts on accourait au pays des Carnutes. Au jour désigné, on cherchait le guy dans la forêt sacrée, sur un chêne de trente ans, et lorsqu'on l'avait trouvé, on dressait un autel au pied; les prêtres se dirigeaient vers ce lieu en grande pompe : les Eubages marchaient les premiers, conduisant deux taureaux blancs pour servir de victimes ; puis venaient les Bardes, qui chantaient les louanges de l'Etre suprême ; les novices les suivaient ; ensuite paraissait un héraut vêtu de blanc ; il précédait les trois plus anciens Vates qui portaient l'un du pain, l'autre une coupe de vin, le troisième une main d'ivoire au bout d'une verge; après s'avançait le grand-prêtre, entouré de Vates. Arrivé près du chêne choisi, il brûlait sur l'autel un peu de pain, et il y versait quelques gouttes de vin. La libation faite, il montait sur l'arbre et coupait le guy avec une serpette d'or : il priait Theuttad de communiquer à cette plante sa vertu, en sorte qu'elle donnât la fécondité aux femmes stériles et aux animaux qui en prendraient, et qu'elle devînt un remède puissant contre les poisons et les maléfices. Il la distribuait alors au peuple, et terminait la solennité en immolant les deux taureaux.

Ainsi que les prêtres de l'ancienne Égypte, ceux de la Gaule étaient les dépositaires de la science; jaloux comme eux de leur supériorité, ils entretenaient soigneusement l'ignorance du vulgaire (7), et quoique l'écriture fut d'un usage général pour les affaires civiles (8), ils ne l'employaient point à enseigner leurs dogmes. Pour rendre leur doctrine plus respectable, ils l'entouraient de tous les prestiges du mystère : ils n'en confiaient les principes qu'à la mémoire de leurs initiés, et il fallait quelquefois à ceux-ci vingt années d'étude pour apprendre les poésies qui l'expliquaient.

Superstitieux à l'excès, les Gaulois croyaient à l'astrologie : dans les grandes maladies, dans les périls de la guerre, ils sacrifiaient des victimes humaines, ou faisaient vœu d'en immoler pour apaiser le courroux de leurs dieux (9). Ils

---

(Note 7.) « Solis nosse deos et cœli numina vobis,
Aut solis nescire datum. »
Lucan. Phars. lib. I.

(Note 8.) « In reliquis ferè rebus, publicis privatisque rationibus, Græcis litteris utuntur. » (*Cæsar, lib. VI.*) Les caractères gaulois, dérivés comme ceux des Grecs et des Latins, des runes scythiques, avaient avec les lettres grecques une ressemblance qui a fait croire à César que l'alphabet grec était connu dans les Gaules.

(Note 9.) « Et quibus immitis placatur sanguine diro
Theutates, horrensque feris altaribus Hesus;
Et Tharanis scythicæ non mitior arâ Dianæ. »
Lucan. Phars. lib. I.

sacrifiaient aussi des taureaux, des chiens, et sur-tout des chevaux, qui leur paraissaient être, après la vie des hommes, l'offrande la plus digne de la divinité.

Ils célébraient leurs cérémonies en plein champ ou au milieu d'un bois, pendant la nuit, au clair de la lune ou à la lueur des flambeaux; c'eût été une horrible profanation que de labourer un champ qui avait servi à quelque sacrifice. Ils eurent dans la suite des temples bâtis; il existe encore auprès d'Asté des ruines d'un pareil édifice (10): le nom de Theuttad qui y reste attaché semble autoriser la conjecture que c'était un temple consacré à ce père des dieux. Les endroits les plus sombres des forêts étaient sur-tout le sanctuaire où ils sacrifiaient (11): c'est dans ces lieux

---

(Note 10.) Ce sont des vestiges de murailles formant une enceinte régulière d'environ 75 pieds de long, sur 20 de large; à l'une des extrémités se trouve un réduit carré de 8 à 10 pieds de côté, dont les murs ont 5 pieds d'épaisseur; on ne voit point de traces d'un réduit semblable à l'autre extrémité : le tems, en abaissant le sol, a entièrement mis à découvert les fondemens : ils sont placés sur une hauteur à environ 400 toises au sud-sud-est du village d'Asté, non loin de Bagnères : les paysans les nomment *parèds de Thautoud*, murailles de Theuttad.

(Note 11.) « . . . . Nemora alta remotis
Habitatis lucis. »
Lucan. Phars. lib. I.

L'ancien respect des Gaulois pour leurs forêts sacrées se prolongea

qu'armé du couteau sacré, le Druide interrogeait sans horreur les entrailles des victimes humaines. Quelquefois tressant d'osier des images colossales d'êtres informes, ils les remplissaient d'hommes vivants, et les livraient aux flammes : le sacrifice des criminels était à la vérité regardé comme plus agréable aux Dieux ; mais à défaut de criminels, les innocens n'étaient point épargnés (12). O superstition exécrable ! O barbarie !.... Ecartons-nous de ces scènes affreuses, et portons nos regards sur l'état politique des Gaulois.

---

long-tems après leur conversion au christianisme : les capitulaires de nos rois et les canons des conciles nous en offrent la preuve, en proscrivant de telles superstitions.

(Note 12.) « Supplicia eorum qui in furto aut latrocinio aut aliquâ noxâ sint comprehensi, gratiora Diis immortalibus esse arbitrantur. Sed cùm ejus generis copia deficit, etiam ad innocentium supplicia descendunt. *Cæsar, lib. VI.*

CHAPITRE IV.

Les peuplades gauloises, indépendantes, soumises au même régime social. — Les Druides, premier ordre de l'état : leur puissance politique, leurs immunités. — Les chevaliers, second ordre : leur ignorance, leurs habitudes guerrières. — Les soldures. — Le peuple : sa misère. — Rapprochemens.

Les diverses tribus qui habitaient la Gaule étaient absolument indépendantes les unes des autres : c'étaient de petites républiques, se gouvernant chacune selon ses lois particulières. Elles se trouvaient néanmoins toutes soumises au même régime social, au même système politique : la cause en était dans l'ambition et le despotisme des Druides.

Ils formaient le premier ordre de l'état : ils avaient su faire servir leur puissance spirituelle à l'envahissement de l'autorité civile, et étaient devenus les seuls magistrats, évoquant toutes les causes à leur tribunal : les affaires de la république, celles des citoyens, l'instruction de la jeunesse, tout était sous leur direction ;

les chefs politiques n'étaient que de vains fantômes, par l'organe desquels ils prononçaient la peine des crimes, ou décidaient les contestations des particuliers ; ils laissaient aux femmes le droit de juger en dernier ressort les causes pour fait d'injures, et aux guerriers celui de se choisir un chef pour leurs expéditions. Malheur à l'ambitieux qui osait méconnaître leur autorité : exclu de la participation aux sacrifices, le malheureux se voyait délaissé, rejeté par ses concitoyens ; on le fuyait comme si l'on eût craint de se souiller en l'approchant : pour lui plus d'amis, plus d'honneurs, plus de patrie. Ainsi l'on a vu depuis les ministres d'une religion bien plus douce, accabler d'anathêmes, rendre les objets de l'aversion publique, des princes dont tout le crime était de défendre leurs droits contre les entreprises de ces ambitieux. Que de tems n'a-t-il pas fallu pour dépouiller des ministres dont la mission est toute spirituelle, de l'avidité d'envahir une puissance temporelle.

Ces prêtres-magistrats étaient exempts de tout service militaire, de tous impôts, de toutes corvées ; ils avaient une autorité sans bornes, et leur chef était un monarque absolu ; les assemblées annuelles servaient à lui faire connaître l'état général du gouvernement ; là se réglaient les affaires de la république ; là le Pontife-Roi dictait ses volontés.

On comptait encore dans l'état l'ordre des chevaliers. Les arts étaient entièrement négligés par eux ; leur science, l'objet de leurs études et celui de leurs plaisirs, c'était la guerre ; on jugeait de leur rang par le nombre d'ambactes qu'ils traînaient à leur suite ; ils ne connaissaient pas d'autres marques de grandeur. Le froissement des intérêts nombreux et divers qui devaient nécessairement exister chez une nation divisée en une multitude de peuplades qu'aucun système fédératif ne réunissait entr'elles, ne fournissait que trop à ces paladins l'occasion de faire leurs preuves de cette bravoure chevaleresque que l'on retrouve encore dans les générations modernes des descendans de ces preux. Les Bardes célébraient leurs exploits, et consacraient par leurs chants les actions héroïques (1). Ainsi l'on vit dans la suite les Trouverres chanter la vaillance des guerriers aux beaux tems de la chevalerie.

Quelquefois des soldats s'attachant à la for-

(Note 1.) « Vos quoque qui fortes animas, belloque peremptas
Laudibus in longum vates dimittitis ævum,
Plurima securi fudistis carmina, Bardi. »
Lucan. Phars. lib. I.

tune d'un chef, le suivaient aux combats, partageaient ses dangers, et versaient leur sang pour sa gloire; s'il périssait, ils se faisaient tuer près de lui, ou se délivraient eux-mêmes de la vie (2). Tels étaient les soldures gaulois. Aussi valeureux, aussi dévoué, le soldat français a volé à la mort chaque fois que son chef lui a dit que la gloire était avec elle.

Le peuple ne formait point de classe dans l'état; il n'était point admis aux conseils; il n'était compté pour rien : la servitude était l'apanage d'une partie; l'autre n'avait en partage que la misère et une ombre de liberté. Accablé d'infortunes et de dettes, le paysan malheureux ne trouvait souvent d'autre ressource que l'esclavage. Les serfs étaient attachés ou à la personne du seigneur, comme les esclaves grecs et latins, ou à ses terres.

Tels étaient les Gaulois en général, et tels furent les Bigorrais avant qu'aucun joug étranger fût venu courber leur tête altière. Tels étaient encore les Français alors que l'Europe, à la voix d'un moine exalté, vomissait sur l'Asie des essaims de soldats qui allaient arra-

---

(Note 2.) « Neque adhuc hominum memoriâ repertus est quisquam qui, eo interfecto cujus se amicitiæ devovisset, mori recusaret. » *Cæsar, lib. III.*

cher Jérusalem aux profanations des infidèles ; le clergé alors pouvait tout ; il interdisait jusqu'aux rois ; la noblesse, sachant à peine lire, ne connaissait que les armes, et le peuple que l'esclavage : la civilisation avait rétrogradé de douze siècles !...

LIVRE SECOND.

PRÉCIS DES ÉVÈNEMENS DEPUIS L'ARRIVÉE DES RO-
MAINS JUSQU'A L'ÉTABLISSEMENT DES WISIGOTHS
DANS LE BIGORRE.

CHAPITRE PREMIER.

Les Romains entrent dans la Gaule. — Jules César, gouverneur. — Publius Crassus en Aquitaine. — Expéditions malheureuses. — Ligue des Aquitains; leurs préparatifs. Ils sont défaits : les Bigorrais donnent des otages. — César en Aquitaine.

M<small>ASSILIE</small>, fondée par les Phocéens dans cette partie de la Gaule que borde la Méditerrannée, fut sinon la cause, du moins le prétexte de la première expédition des Romains en deçà des Alpes : cette ville, alliée de Rome, ayant été attaquée par quelques peuplades gauloises, Fulvius et Sextus Calvinus furent envoyés successivement par la république contre les aggresseurs et les battirent ; les vaincus ayant cherché

Avant
J. C.
—
125.

(34)

à secouer le joug, les légions romaines entrèrent de nouveau dans le pays : Domitius Énobarbus et Fabius Maximus remportèrent plusieurs victoires, et étendirent la domination romaine sur toute la contrée que baigne la Méditerrannée, depuis les Pyrénées jusqu'aux Alpes : ils la désignèrent simplement par le nom de Province. Environ soixante ans après, l'ambitieux Jules César demanda et obtint pour cinq ans le gouvernement des Gaules, le plus important de la république, parce qu'outre la Province, il comprenait le nord de l'Italie et l'Illyrie. Dix légions furent mises sous ses ordres(1). Il résolut dès-lors de conquérir le reste des Gaules : il dirigea d'abord ses armes contre les Celtes et les Belges, qu'il battit dans toutes les rencontres ; dans sa troisième campagne il entreprit de soumettre l'Aquitaine : il envoya le jeune Publius

---

(Note 1.) « C. Cæsar cum decem legionibus, quæ tercena millia militum Italicorum habuerunt.... Gallias subegit. » *Ruf. Festus, Breviar.*

La force de ces légions était infiniment supérieure à celle des légions ordinaires, qui n'avaient que trois mille six cents hommes ; si, comme on doit le présumer, les cohortes que Crassus mena en Aquitaine étaient d'une force proportionnelle, son armée, à dix cohortes par légion, aurait été composée de trente-six mille hommes, sans compter la cavalerie ni les auxiliaires ; on peut croire que l'avantage des Aquitains n'était de guères plus de dix mille hommes.

Crassus, son lieutenant, pour en faire la conquête.

Déjà deux expéditions malheureuses avaient assez appris aux Romains quels ennemis ils allaient combattre : dans la première, l'armée aquitanique avait taillé en pièces l'armée romaine et tué le général Lucius Valérius Préconinus qui la commandait; dans la seconde, le proconsul Lucius Manilius s'était vu enlever tout son bagage : lui-même avait été obligé de fuir. Crassus sentit combien il devait être sur ses gardes. Son armée était composée de douze cohortes et d'une grande quantité de cavalerie; il la renforça encore de recrues alliées et de volontaires de la province romaine ; alors il entra sur les terres des Sociates. Ceux-ci assemblent à la hâte quelques troupes et vont attaquer l'armée des Romains : la victoire, long-tems disputée, resta à ces derniers; ils marchèrent aussitôt sur la capitale des Sociates, et l'ayant emportée malgré la résistance opiniâtre des assiégés, ils dirigèrent leur marche contre les Vocates et les Tarusates.

Ceux-ci prirent des mesures pour faire une vigoureuse défense : on leva des soldats dans toute l'Aquitaine ; on envoya même demander des secours aux villes hispaniques les plus voisines : de là arrivèrent des capitaines qui avaient servi sous Sertorius et qui connaissaient la tactique romaine. On se mit en campagne avec beaucoup de pompe et d'appareil. Guidés par les officiers ibériens, les Aquitains choisirent des positions avantageuses, s'y fortifièrent, et coupèrent les vivres à l'ennemi.

Crassus remarquant leurs dispositions, sentit tout le désavantage qu'il aurait à différer de combattre, et se décida à présenter la bataille. Le nombre des Aquitains et leur succès dans les expéditions précédentes semblaient leur assurer la victoire ; cependant les chefs crurent moins convenable de confier au sort d'une seule action la destinée de tant de peuples, que de prendre par famine les Romains, qu'ils tenaient exactement bloqués, de les forcer à la retraite, et de les accabler au milieu des embarras de leur bagage ; préférant ce dernier parti, ils restèrent dans leur camp. Crassus animant ses soldats par ses discours et son exemple, les mène à l'assaut ; mais ils trouvent un obstacle insurmontable dans la vaillance des assiégés aidée de l'avantage de leur position. Sur ces entrefaites Crassus apprend que le camp peut être surpris sur les derrières ; il y envoie aussitôt ses cavaliers, qui forcent ces retranchemens mal défendus, avant que les Aquitains eussent pu s'apercevoir de leur présence.

Obligés de faire face à deux attaques, les assiégés réunissent tous leurs efforts et se défendent en désespérés; enfin accablés, vaincus, ils se jettent de dessus leurs remparts, et cherchent leur salut dans la fuite; mais la cavalerie ennemie les poursuit, les atteint facilement dans une campagne découverte et en fait un affreux carnage, qui ne cessa que bien avant dans la nuit. A peine se sauva-t-il douze mille hommes sur cinquante mille qui composaient l'armée.

Cette journée décida du sort de l'Aquitaine, dont elle avait épuisé toutes les ressources; presque tout le pays se rendit à Crassus: le général romain reçut les otages des Tarbelliens, des Bigorrais (2), des Préciens, des Vocates,

---

(NOTE 2.) M. Deville, après avoir, dans le 3.e chapitre de ses annales, raconté d'après le texte de César, l'expédition de Crassus, consacre le 4.e chapitre à prouver que les Bigorrais ne furent point soumis par ce lieutenant de César, et ensuite que les Tarbelliens et les Bigorrais n'étaient qu'un seul peuple.

Quant à la première question, il n'oppose à César que de vagues considérations, déjà produites par M. Picqué, et qui sont détruites par le texte même des Commentaires. Il prétend que la victoire de Crassus ne dût valoir aux Romains que le champ sur lequel ils avaient combattu, et il oublie que tous les guerriers de l'Aquitaine venaient d'être battus, que plus de trente-cinq mille avaient péri, et que cette nation, si redoutable dans le succès, se décourageai. au moindre revers. César venait de le lui dire : « Ut ad bella sus-

des Tarusates, des Élusates, des Garites, des Ausques, des Garonnais, des Sibutzates et des Cocosates ; quelques peuples plus éloignés profitant de la rigueur de l'hiver, s'en dispensèrent;

___

cipienda Gallorum alacer ac promptus est animus : sic mollis ac minimè resistens ad calamitates perferendas mens eorum est. » Florus le lui aurait répété : « Sicut primus impetus eis major quàm virorum est, ità sequens minor quàm fæminarum » (lib. IV. cap. 4.) L'argument que tire M. Picqué de ces mots de Florus, *immunes imperii*, à l'époque de l'expédition de Messala, a peu de fondement, en ce qu'il les applique aux Aquitains, tandis que Florus ne parle que des Cantabres et des Astures. En supposant d'ailleurs que cela regardât les Aquitains, ces autres expressions de Jornandès, *post longum servitium descissentes*, qui concernent les Aquitains, expliqueraient que c'était seulement par leur rebellion qu'ils se trouvaient *immunes imperii* à l'époque de l'expédition de Messala. Qu'importait d'ailleurs à César la défaite d'une petite peuplade de plus ? En combattant l'opinion de M. Picqué et de M. Deville, rendons hommage au sentiment qui la leur inspira ; jaloux de la gloire de nos pères, ils voulaient reculer l'époque de leur défaite.

La seconde proposition de M. Deville a bien moins de fondement encore que la première ; les Tarbelliens, dit-il, sont les habitans de Tarbella ou Tarbes : observons d'abord que nous ne trouvons dans les anciens auteurs aucune ville du nom de Tarbella, et que c'est par inattention que quelques traducteurs de Tibulle ont interprété par Tarbes, l'adjectif *Tarbella* de la leçon de Scaliger sur l'élégie à M. V. Messala. Ptolomée nous dit positivement : *Tarbellorum civitas Aquæ Augustæ* : or cette cité, *civitas Aquensium* de la Notice des provinces de l'empire, *Aquæ Tarbellicæ* de l'Itinéraire d'Antonin, se trouvait sur la voie romaine qui conduisait d'Astorga à Bordeaux ; cet Itinéraire nous marque la route de cette même ville, *Aquæ Tarbellicæ*, à Toulouse, en passant par

mais cinq ans après, Jules César qui avait été maintenu dans le gouvernement des Gaules, vint en personne avec deux légions, passer dans l'Aquitaine la fin de sa huitième campagne ; il y reçut les soumissions et les otages de toutes les peuplades. Peut-être visita-t-il alors le pays

Béarn ; ce ne pourait donc être Tarbes. César et Pline nomment séparément les deux peuples Tarbelliens et Bigorrais. Mais ne nous suffisait-il pas du témoignage de Strabon pour renverser le système de M. Deville ? « Dans la partie de l'Aquitaine que baigne l'Océan, nous dit ce géographe, le terrain est pour la plupart maigre et sablonneux ; il ne produit guères que du millet ; c'est dans cette partie que l'on trouve le golfe qui avec celui de Narbonne forme un isthme. Ces deux golfes portent chacun le nom de Golfe Gaulois. Le premier appartient aux *Tarbelli*. » Il est inutile d'observer que ce passage ne peut convenir qu'aux Landes et nullement au Bigorre.

Sanson place à Bayonne le siège des Tarbelliens, que d'Anville et Marca mettent à Dax : il est aujourdhui reconnu que Bayonne est le *Lapurdum* de la Notice, et l'on ne doute plus que Dax ne soit l'*Aquæ Tarbellicæ*, l'*Aquæ Augustæ*, la *Civitas Aquensium* des anciens.

Quant au nom du *sinus Tarbellicus*, nous ne saurions trouver forcée l'étymologie qui le dérive de celui du peuple qui habitait ses rivages ; l'*oceanus Santonicus*, le *sinus Gallicus*, le *sinus Ligusticus*, le *mare Tuscium*, et presque tous les noms de mers et de golfes n'auraient donc, dans l'hypothèse de M. Deville, qu'une étymologie forcée ?

Le pays occupé par les autres peuples qui se soumirent à Crassus n'est pas désigné avec une égale certitude ; on place généralement les Préciens dans le Béarn, les Vocates et les Tarusates dans le Tursan, les Elusates, les Garites, les Ausques et les Garonnais dans l'Armagnac, enfin les Sibutzates et les Cocosates dans les Landes.

des Bigorrais : son nom semble y indiquer encore les lieux de son passage (3). C'est à cette époque que l'on peut rapporter la réduction complète des Bigorrais à la domination romaine.

(Note 3.) On voit un camp de César près du village de Juillan, dont le nom rappelle celui de ce capitaine : *vicus Julianus*, bourg de Jules. A Cauteretz est un bain de César de construction romaine, piscine voûtée, jadis éclairée par deux ouvertures ovales. Près du village de Pouzac est un autre camp de César, où il existe encore des épaulemens de terre ; Oihénart dit que c'est là qu'a été trouvé l'autel votif appartenant à M. d'Uzer, qui porte cette inscription :

<pre>
           MARTI
          INVICTO
           CAIVS
          MINICIVS
          POTITVS
          V.S.L.M.
</pre>

Tout nouvellement des fouilles y ont fait rencontrer des ossemens et une épée romaine.

CHAPITRE II.

César continué dans le gouvernement des Gaules. — Lucius Domitius nommé pour le remplacer. — Guerre civile. — Triomphe de César. — Munatius Plancus gouverneur des Gaules. — Elles passent à Antoine. — Elles suivent le parti d'Octave-Auguste. — Ce prince en fait une nouvelle division. — L'Aquitaine se révolte; les Bigorrais sont soumis par Messala. — Auguste vient dans le Bigorre.

César maître de toutes les Gaules, ne vit pas sans déplaisir arriver le terme de son gouvernement; il lui fallait congédier cette armée que l'habitude de vaincre sous lui semblait avoir attachée à sa fortune; cette armée dont il voulait faire l'instrument le plus puissant de sa grandeur : il lui fallait la renvoyer, et voir s'écrouler l'édifice que son ambitieuse imagination élevait avec rapidité sur ses trophées.

Un consulat et la continuation du gouvernement des Gaules ne lui parurent pas au-dessus du prix qu'attendaient ses services : il demanda l'un et l'autre. Le sénat, dévoué à Pompée, lui refusa le consulat ; mais il n'osa offenser trop ouvertement César, que le peuple aimait parce que la gloire de ses armes réjaillissait sur le nom romain : il lui laissa le gouvernement des Gaules, en lui ôtant cependant deux légions sous prétexte de les envoyer contre les Parthes. Mais bientôt, oubliant tous les égards qu'on devait à ce grand homme, on alla jusqu'à lancer un décret qui lui enjoignait de licencier ses troupes dans un terme fixé, le déclarant ennemi de la république s'il n'obéissait pas ; et l'on nomma Lucius Domitius gouverneur des Gaules à sa place : on prit les armes à Rome pour soutenir cette nomination contre les prétentions de César. Celui-ci, indigné d'un pareil procédé, ne garde plus alors de mesure ; il part de Revenne, passe le Rubicon à la tête de quelques troupes déterminées, prend Ariminum, et commence avec une seule légion, la plus mémorable des guerres civiles, dans laquelle les Gaules suivirent son parti et lui fournirent des recrues.

49.

Après avoir terrassé Pompée aux plaines de Pharsale, et avoir pacifié toute la république, il vint à Rome recevoir les honneurs dûs à tant de succès : son premier triomphe eut pour sujet la conquête des Gaules ; on y vit représentés sur de grandes cartouches les siéges,

46.

les combats, les peuples subjugués : et l'image des Bigorrais ne parut aux yeux de l'orgueilleuse Rome, que pour lui dire qu'elle les avait vaincus.

Au milieu de tant gloire, Rome oubliait qu'elle subissait elle-même un joug aussi pesant que celui qu'elle imposait à ses nouveaux sujets. Jules nomma d'autorité à toutes les charges ; il donna à des propréteurs le gouvernement des provinces ; il confia le prétoire des Gaules à Munatius Plancus. César périt l'année suivante de la main de l'ingrat Décimus Brutus, qu'il comblait de bienfaits. 45.

Il laissait un héritier de son nom et de ses biens ; le jeune Octave voulut aussi hériter de sa puissance : il trouva un rival dans Antoine. Ces deux ambitieux, mécontens l'un et l'autre du sénat, se liguèrent contre lui, et formèrent avec Lépide un triumvirat, ainsi qu'autrefois Jules César, Pompée et Crassus ; les triumvirs se partagèrent l'empire, et les Gaules chevelues furent le lot d'Antoine. Mais bientôt la jalousie d'une femme (1) alluma la guerre entre Antoine 43.

41.

(NOTE 1.) Fulvie, femme d'Antoine, jalouse de Cléopatre, crut qu'une guerre seule pourrait ramener son époux en Italie, et elle mit tout en œuvre pour la faire naître entre le consul Lucius Antoine, son beau-frère, et Caius Octavien.

et Octave; les Gaules et les légions qui s'y trouvaient se déclarèrent pour le fils adoptif de César. Les deux rivaux s'étant réconciliés, ils firent un nouveau partage de l'empire : Octave garda les Gaules, où il envoya une partie de ses troupes sous la conduite d'Agrippa, pour y maintenir son autorité. De plus longues querelles s'élevèrent entre Octave et Antoine : leurs flottes portant la fortune des deux partis, engagèrent le combat près d'Actium, au cap d'Epire. Là le brave Antoine craignit plus de perdre une maîtresse que la victoire et l'empire : il abandonna sa flotte pour suivre la belle reine d'Egypte qui fuyait. Son départ fut le signal de sa défaite : l'empire du monde resta à Octave, que le sénat décora du titre d'Auguste.

En possession de l'autorité souveraine, le vainqueur fit jouer tous les ressorts d'une politique adroite pour affermir dans ses mains le sceptre qu'il venait de saisir : il sut, en feignant de vouloir abdiquer sa puissance, se le faire confirmer par ceux-là même qui ne le voyaient qu'avec déplaisir maître des destins de l'empire. Pour montrer néanmoins qu'il ne voulait pas abuser de son pouvoir, il refusa le gouvernement général de toutes les provinces et le droit de l'exercer à perpétuité; il les divisa en vingt-six diocèses, dont il donna douze à régir au sénat et au peuple; les quatorze dont il se réserva l'administration étaient les plus importans, soit par leur situation, soit par leurs forces. Du nombre de ceux-ci étaient la Belgique, la Celtique et l'Aquitaine; mais ces noms n'indiquèrent plus la différence de l'origine des peuples gaulois : quatorze peuplades (2) furent démembrées de la Celtique pour donner une étendue plus convenable à l'Aquitaine, qui dès-lors s'agrandit jusqu'à la Loire. Il régla d'une manière simple la répar-

---

(Note 2.) Strabon, qui nous dit à deux reprises que le nombre des peuples celtiques ajoutés par Auguste à l'Aquitaine, fut de quatorze, n'en nomme cependant que douze; mais on peut suppléer à cet oubli par la Notice des provinces : en observant en effet que les peuples dont Auguste agrandit l'Aquitaine en furent ensuite démembrés par Dioclétien, pour former la province à laquelle le nom d'Aquitaine fut spécialement réservé ; que cette province en formait deux lors de la rédaction de la Notice; que le nombre de peuples qu'elles comprennent est précisément de quatorze, parmi lesquels se trouvent ceux qu'énumère Strabon, on sera convaincu que les peuples ajoutés à l'ancienne Aquitaine sont ceux que renferment la première et la seconde Aquitaine de la Notice, savoir : les Bituriges, les Arvernes, les Ruthéniens, les Albiens, les Cadurques, les Lémovices, les Gabales, les Vellaviens, les Burdigaliens, les Agennenses, les Ecolismènes, les Santons, les Pictaves et les Pétrocoriens, qui habitaient le Berry, l'Auvergne, le Rouergue, l'Albigeois, le Quercy, le Limousin, le Gévaudan, le Velai, le Bordelais, l'Agénois, l'Angoumois, la Saintonge, le Poitou et le Périgord.

tition des tributs à payer : après avoir fait le dénombrement des biens et des personnes, suivant l'usage adopté par les Romains, il fixa au cinquième du produit des arbres et à la dîme des moissons, la quotité des subsides à fournir. Il confia le gouvernement de ces diocèses à des patrices prétoriens, limitant à une année la durée de leurs fonctions : ces officiers réunissaient le commandement militaire à l'autorité civile, sous le titre de propréteurs.

Appliqué à faire le bonheur de ses peuples, Auguste crut qu'enfin il pourrait jouir lui-même de la tranquillité qu'il avait procurée à l'empire; mais des peuples nés libres ne soupirent-ils pas toujours après la liberté ?... La Bretagne et l'Hispanie prirent les armes : la Gaule aquitanique suivit leur exemple. Auguste à cette nouvelle, quitte Rome en diligence et marche à grandes journées vers les Gaules, où les Bretons viennent lui porter leurs soumissions. Le proconsul Marcus Valérius Messala Corvinus conduit ses légions contre les Aquitains révoltés : l'Adour et les Pyrénées (3), témoins de cette

27.

(Note 8.) Tibulle, dans une élégie (*lib. I.* 8.) adressée à Messala, lui dit :
« Hunc cecinêre diem Parcæ fatalia nentes
Stamina non ulli dissoluenda Deo ;

lutte sanglante, frémirent de voir plier leurs fils sous les armes romaines. Les Bigorrais rentrèrent sous la domination d'Auguste.

La tradition et quelques rapprochemens semblent nous donner à croire qu'il vint visiter leurs vallées (4), et montrer à leurs yeux surpris que

---

Hunc fore Aquitanas posset qui fundere gentes,
  Quem tremeret forti milite victus Atur
Evenere. Novos pubes romana triumphos
  Vidit et evinctos brachia capta duces.
At te victrices lauros, Messala, gerentem
  Portabat niveis currus eburnus equis.
Non sine me est tibi partus honos : Tarbella Pyrene
  Testis, et oceani littora Santonici. »

Dans une autre (*lib. II.* 1.) il s'adresse encore au vainqueur des Aquitains :

« Gentis Aquitanæ celeber Messala triumphis. »

On pourrait présumer que Messala vint combattre les Bigorrais jusques chez eux : la tradition veut qu'une armée romaine les ait battus dans la plaine appelée aujourd'hui Pré de Saint-Jean, entre Sainte-Marie et Paillole, et que les paysans de la vallée désignent encore de nos jours par le nom de *camp batalhé*.

(Note 4.) Pour justifier cette opinion, que nous ne donnons d'ailleurs que comme des conjectures assez plausibles, nous devons d'abord observer qu'Auguste marcha lui-même contre les révoltés de la Gaule, et qu'ensuite il alla en personne attaquer les Cantabres et les Astures. Velléius Paterculus nous dit (*lib. II.*) en parlant de ce prince : « Amissaque legionis quintæ aquila vocavit ab Urbe in Gallias Cæsarem. » Nous lisons dans Jornandès : « ... Gallos ... Astures, Cantabros..... per se ipse Augustus accedens, rursus... servire coegit. » (*De reg. success. lib. I.*) Il est inutile de faire remarquer que ces *Gallos* sont les Aquitains rebelles. Auguste vint donc dans l'Aquitaine, ou au moins il la traversa pour se rendre en Hispanie, où l'appelaient les Cantabres et les Astures. D'un autre côté, nous trouvons (*Laspalles : Essais hist. sur Bagnères*) dans

l'on pouvait se baigner dans leurs eaux thermales. L'un des bourgs où elles se trouvaient reçut des Romains le nom de Vicus-Aquensis: c'est aujourd'hui Bagnères. Jaloux de plaire au

---

la bibliothèque des romans grecs, une note ainsi conçue : « Quelque part qu'aille César Auguste, sur les bords de la mer Caspienne, au promontoire de Soldéis, ou à l'extrémité de l'Afrique, la gloire l'accompagne partout : témoins les eaux des Pyrénées : les habitans n'osaient pas s'y baigner ; maintenant elles servent de bains aux deux continens. » D'après ce passage, César traversant l'Aquitaine, se baigna dans les eaux thermales qui y abondent, et dont les plus célèbres, les plus fréquentées de l'antiquité, sont sans contredit celles du Bigorre. Ajoutons à ces considérations la dédicace du temple de Diane qui fut bâti à Bagnères, probablement à cette époque, et dont la pierre votive porte cette inscription :

NVMINI AVGVSTI
SACRVM
SECVNDVS SEMBEDO
NIS FIL. NOMINE
VICANORVM AQVEN
SIVM ET SVO POSVIT.

Ce temple, situé au midi de Bagnères, devint par la suite une église catholique sous l'invocation de saint Martin de Tours. Lors de sa destruction, vers 1640, la pierre votive fut transportée sur l'une des fontaines de la ville, où on la voit encore. Les dernières traces des fondemens du temple n'ont été effacées que depuis peu de temps. La venue d'Auguste dans le Bigorre est l'occasion plausible de la construction de ce monument. Peut-être est-ce aussi à Auguste qu'il faut rapporter le nom du bain de César, à Cauteretz.

Une inscription trouvée à Narbonne (*Laspalles: Essais hist. sur Bagnères*) nous apprend que le *numen Augusti* n'est autre que Diane. « Plebs Narbonnensis aram numini Augusti dedicaverunt eodemque loco et dono est quo ara Dianæ in Aventino. »

M. Joudou, dans son Guide du voyageur aux eaux minérales des Pyrénées, a fait une étrange méprise, faute d'avoir vu les lieux

maître du monde, les habitans élevèrent un temple à Diane, sa divinité favorite; la pierre votive nous en est restée. Auguste passa les monts pour aller réduire les Cantabres et des Astures; mais la gloire de son nom avait il-

par lui-même; ayant sans doute entendu parler du temple de Diane de Bagnères, devenu depuis église de saint Martin, il a pris les restes d'un obélisque tel que les Romains en plaçaient sur les grandes voies, et qui se trouve à quelque distance de Saint-Martin d'Arcizac; pour les vestiges de ce temple; il a embelli sa description de tronçons de colonnes que l'on rechercherait vainement. L'*Estélou* est une colonne carrée de 30 pieds de haut sur 8 de côté, bâtie par assises de pierres presque cubiques, et de briques; les revêtemens sont encore conservés dans quelques parties : à 20 pieds de terre environ, est une niche qui jadis contenait sans doute le *Mercurius viacus*. M. Joudou nous dit qu'une statue de saint Michel occupa dans la suite cette niche, et que le monument en prit le nom d'*Estélou de san Miquéu*. Quant à la voie sur laquelle se trouvait l'Estélou, voyez la note 4, chap. 3, liv. VII.

M. Gosselin pense que l'on doit appliquer aux bains de Bagnères de Bigorre ce que dit Strabon des thermes onèsiens; M. du Mège opine pour Bagnères-de-Luchon, dans la vallée où coule l'Aune ou l'Eaune. Nous aimerions mieux regarder ces thermes comme les mêmes que la Notice appelle *Aquæ Convenarum*; quelques savans ont même cru que l'on devait lire *Konouénoon* au lieu de *Onèsioon*; nous pensons que l'on doit dès-lors désigner Capvern : un ruisseau nommé l'Ené ou l'Enne se rencontre auprès de ce village, et a pu aussi plausiblement que l'Aune servir d'étymologie aux *Onèsioi*. Quant à l'interprétation de Xilander, que ce sont les *Monesi* de Pline, elle ne peut être admise; puisque Strabon place les Onèsiens chez les Convènes, et qu'il faudrait les transporter dans le Béarn.

lustré nos sources, et l'on accourut bientôt des deux continens aux bains des Pyrénées. Des autels votifs nous attestent encore la reconnaissance des Romains pour l'efficacité de ces eaux bienfaisantes (5).

Rome honora d'un triomphe le vainqueur des Aquitains; et Albius Tibulle, son compagnon d'armes, qui s'était distingué dans l'expédition, consacra par ses vers la mémoire de leurs communs exploits.

(NOTE 5.) M. Jalon, dessinateur dont le pinceau se plaît à retracer les sites charmans des Pyrénées, conserve un marbre sur lequel on lit :

NYMPHIS
PRO SALV
TE SVA SE
VER. SERA
RVSV.S.L.M.

Une autre inscription, rapportée par Janus Grüter comme découverte ad *Aquas Bigerritanas*, est ainsi conçue :

NYMPHIS
AVG.
SACRVM

Une inscription beaucoup plus moderne est enchâssée dans le mur au dessus de la fontaine minérale de Lasserre; la voici :

HIC
QVAM . NATVRA . FECIT . MINERALIS
DEELVIT . VNDA.
NEC . SALVBRES . MAGIS . HAVD . LIMPHÆ
NASCVNTVR . IN . ÆVIS.
HAS . COLVERE . PATRES . CESAR
DVM . REGNA . TENEBAT.

CHAPITRE III.

Gouvernement des empereurs romains.—Claude abolit les sacrifices humains. — Révoltes de Vindex et de Civilis. — Progrès de la civilisation chez les Gaulois.—Le droit de bourgeoisie romaine étendu par Caracalla à tout l'empire. — Empire des Gaules.—Le christianisme s'établit en Bigorre.—Division de l'Aquitaine par Dioclétien.— Progrès du christianisme chez les Bigorrais.

Depuis la victoire de Messala, les Bigorrais demeurèrent entièrement asservis au joug de Rome. En butte à l'avarice et aux exactions des officiers des empereurs, s'ils cherchèrent quelquefois à s'affranchir de leur cruel esclavage, leurs vaines tentatives ne servirent qu'à accroître la dureté de leurs vainqueurs. Quelquefois cependant ils virent luire des jours plus tranquilles.

Abandonné à tous les excès, Tibère accabla d'impôts les provinces, et les rendit désertes et misérables. Elles virent avec joie le sceptre passer dans les mains de Caligula, dont les pre-

Ere vulg.

15.

37.

mières années annonçaient un prince juste et modéré ; mais il surpassa en luxe et en profusions tous les âges précédens, et les provinces furent épuisées pour fournir à tant de prodigalités. Claude son successeur, allant soumettre
43. la Bretagne, abolit définitivement à son passage les cruels sacrifices du druidisme, qui défendus d'abord par Auguste, puis par Tibère, avaient presqu'entièrement cessé, et dont il ne restait plus que quelques vestiges.
54. Néron le suivit : jaloux de s'attacher le peuple de Rome par ses largesses, il n'y subvint qu'en ruinant les provinces par des vexations inouies ; elles se révoltèrent, et les Gaules donnèrent l'exemple ; elles prirent les armes, ayant à leur tête Caius Julius Vindex, descendant des
68. anciens chefs des tribus aquitaniques, et proclamèrent empereur Servius Sulpicius Galba, qui abolit quelques impôts, et consacra par des médailles la mémoire de son élévation due aux Gaulois. Othon ne le détrôna que pour
69. se voir enlever l'empire par Vitellius, qui lui-même se le vit arracher par Vespasien.

L'ambition d'un batave faillit enlever à celui-ci l'occident : Civilis souleva tous les peuples gaulois, et les légions romaines même jurèrent fidélité à l'empire des Gaules ; mais Pétilius Céréalis marcha contre lui, le battit, et fit rentrer les Gaules dans le devoir. Les besoins de l'empire forcèrent Vespasien à rétablir les impôts abolis par Galba. Le noble emploi qu'il fit des revenus de l'état et les soins qu'il donna au gouvernement des provinces firent supporter ces charges sans murmure. Titus imita la sage conduite de son père.

La civilisation faisait des progrès rapides chez les Gaulois depuis la cessation des guerres intestines : la culture du lin était très-répandue, des manufactures de divers genres s'établissaient; les verreries étaient nombreuses ; un alliage de cuivre et d'étain, qui avait l'apparence de l'argent, était employé à orner les harnais et les voitures; en un mot, ces Gaulois qu'un siècle auparavant Diodore de Sicile nommait les plus grossiers de tous les barbares, étaient industrieux et policés. Les mœurs romaines étaient devenues les leurs : oubliant leurs idiomes, ils s'adonnaient à l'étude de la langue latine, et les Romains même admiraient leur éloquence (1) : Sulpice Sévère nous ap-

79.

―――――――――――――――

(Note 1.) « Gallia caussidicos docuit facunda Britannos », dit Juvénal. Sulpice Sévère fait dire à un interlocuteur, dans un de ses dialogues : « Dùm cogito me hominem gallum inter Aquitanos verba facturum, vereor ne offendat illorum nimium urbanas aures sermo rusticior. »

prend que les Aquitains sur-tout brillaient par la pureté avec laquelle ils parlaient le latin.

81. Domitien, qui remplaça Titus, augmenta encore les impôts, et fut détesté de tout l'empire. Le vieux Nerva déchargea les provinces des tributs onéreux imposés par Vespa-
98. sien et Domitien : Trajan, qu'il avait adopté, mit tous ses soins à faire le bonheur de ses peuples. Adrien, pour veiller de plus près à la sage administration des diocèses, les parcourut
120. lui-même, et commença son voyage par les Gaules (2); il mourut vivement regretté de tous ses sujets. Antonin diminua encore les subsides, et chercha à soulager les provinces par son économie; l'état fut heureux, les villes et les
161. diocèses fleurirent sous son règne paternel. Marc-Aurèle ne lui fut point inférieur; il s'attacha sur-tout à ne donner aux provinces que des gouverneurs dignes de sa confiance, et qui

---

(Note 2.) Le président de Marca rapporte qu'Adrien divisa la Gaule en quatorze provinces; c'est une méprise : plus d'un siècle et demi après, sous Probus, la Gaule ne formait encore que sept provinces. Adrien divisa tout l'empire en onze régions, comprenant soixante-treize provinces; la région des Gaules en formait quatre comme au tems d'Auguste : la Narbonnaise, la Belgique, la Celtique et l'Aquitaine.

n'abusassent pas du pouvoir qu'il leur commettait (3).

Un monstre, Commode, succéda à ces bons princes. Les diocèses et les villes ne furent plus accordés qu'aux complices de ses crimes et de ses débauches; il leur vendit les gouvernemens à prix d'argent, et les malheureux sujets se virent obligés de rembourser à ces officiers iniques l'or qui avait servi à payer leur dure servitude. Pertinax tâcha de faire perdre le souvenir de ces exactions et de faire revivre le gouvernement des Antonins; les prétoriens, dont il voulut réprimer les excès, l'assassinèrent et vendirent l'empire à Julien. Septime Sévère, chef des légions d'Illyrie, se crut en droit de le lui disputer; il l'emporta, aidé des

180.

193.

(NOTE 3.) Aureillan, près de Tarbes, dérivé de *vicus Aurelianus*, doit sans doute son nom à cet empereur. Des fouilles y ont fait découvrir, il y a quelques mois, des traces d'un établissement qui paraît avoir servi de thermes ou de fonderie; les fondemens ont été mis à découvert en trop peu d'endroits et d'une manière trop imparfaite pour que l'on puisse baser sur leur disposition des conjectures plausibles. Parmi les décombres s'est rencontrée une pierre avec cette inscription :

DIS
MANIBVS
T.PORC.OPTAT

Cette pierre s'était trouvée près de deux tombeaux, découverts non loin de là il y a environ trente ans.

armées des Gaules, et raffermit l'état chancelant. Caracalla, son successeur, accorda
211. par un édit à tous les sujets de l'empire, le droit de bourgeoisie romaine : dès-lors les usages des vainqueurs s'étendirent dans toutes les Gaules ; les mariages furent fréquens entre les individus des deux nations ; les noms et les vêtemens des anciens Romains furent adoptés par les nouveaux ; les lois romaines devinrent le droit commun des Gaules. Caracalla étant
213. venu y faire un voyage, apporta le trouble dans les provinces, viola les droits des villes, et se fit détester.

L'empire ne fut pas plus heureux sous Macrin et sous Elagabal ; mais un grand homme
222. vint après eux. Alexandre Sévère s'appliqua à réformer tous les abus ; il n'accorda les diocèses qu'à des hommes dignes de les gouverner, et il sépara du commandement militaire, qui fut le seul apanage des propréteurs, l'autorité civile, qu'il confia à des présidens. On lui attribue la distribution des artisans et des ouvriers par classes ou corporations, sous le nom
235. de collèges. Tué dans une émeute, il fut vivement regretté de toutes les provinces.

Les désordres de l'empire sous ses successeurs cessèrent un instant sous le règne du jeune Gordien ; mais ils allèrent ensuite toujours croissant, et les états romains se virent déchirés par trente tyrans à la fois. Cassius Posthume se fit reconnaître empereur de toutes les Gaules, et s'associa Marcus Victorinus, puis son fils, nommé comme lui Posthume : les Gaulois, inconstans dans leurs affections, se dégoûtèrent des Posthumes, et choisirent Servilius Lollien pour leur empereur ; mais celui-ci fut défait et tué par le premier collègue de Cassius Posthume, Marcus Victorinus, qui fut lui-même assassiné. Victorine, sa mère, qui commandait autant que lui dans les Gaules, voulut élever son fils Lucius Victorinus à sa place ; mais il fut massacré par l'armée : alors Victorine parvint à force d'intrigues à faire élever empereur des Gaules Publius Pésurius Tétricus, d'origine consulaire, qui vit bientôt l'Hispanie et la Bretagne reconnaître sa domination, ainsi que les Gaules. Après un règne de six ans, il fut vaincu par Aurélien, et l'Occident rentra sous l'autorité de Rome.

Ces troubles n'empêchaient pas le christianisme de s'établir chez les Bigorrais : saint Saturnin, évêque de Toulouse, et son disciple saint Honeste leur prêchaient la foi évangélique ; mais dans ces premiers tems, le nombre des convertis ne fut sans doute pas assez grand pour qu'on leur donnât un évêque.

260.

267.

273.

Aurélien, maître des Gaules, fit tous ses efforts pour assurer leur tranquillité; Tacite n'y mit pas moins de zèle. Sous Probus elles furent troublées un instant par la révolte de Bonose; Carus son successeur confia à son fils Carinus ce gouvernement important. Sous Dioclétien l'Aquitaine fut divisée en deux provinces: l'une, habitée par neuf peuplades ou cités dont les Bigorrais faisaient partie (4); reçut le nom

284.

(Note 4.) Nous ne trouvons nulle part la désignation précise de ces neuf cités; le nombre en était de douze lors de la rédaction de la Notice des provinces, et c'est parmi ces douze qu'il faut les découvrir. Nous pencherions à croire que les Elusates et les Ausques ne formaient dans le principe qu'une cité; qu'il en était de même pour les Bénéharnais et les Elloronenses, pour les Convènes et les Consorannes; dès-lors les neuf peuples primitifs auraient été les Ausques, les Tarbelliens, les Lactorates, les Convènes, les Boates, les Bénéharnais, les Vasates, les Aturrenses et les Bigorrais. Quoiqu'il en soit, on ne doit point douter que les Bigorrais ne fussent un de ces peuples anciens. L'hypothèse de la primitive union des Ausques et des Elusates, indiquée par d'Anville, nous a semblé cadrer parfaitement à ce que dit Pomponius Méla, que la principale ville des Ausques était Elusaberris; la terminaison celtique *berris* signifie ville. En développant notre pensée, nous dirons qu'Eluse, capitale des Ausques et de la Novempopulonie, l'aurait été aussi d'un canton particulier, celui des Elusates, qui devenu assez puissant, aurait été mis au rang des cités: le reste de la peuplade des Ausques aurait alors été soumis à une autre capitale, Augusta, aujourd'hui Auch. A la place qu'occupait l'ancienne Eluse est maintenant le village de la Ciotat, la cité, près d'Eauze.

A l'époque de la séparation de l'Aquitaine et de la Novempo-

de Novempopulonie, et eut pour métropole Eluse, au pays des Ausques; l'autre, située entre la Loire et la Garonne, retint le nom d'Aquitaine, quoique les véritables Aquitains fussent tous compris dans la Novempopulonie; le pouvoir civil et le commandement militaire furent de nouveau réunis.

Bientôt on vit quatre augustes se partager l'empire : les Gaules entrèrent dans la part de Constance-Chlore; il était bon, sage, vertueux; il s'acquit l'amour des Gaulois, dont il fit le bonheur. « Il vaut beaucoup mieux, disait-il, que les richesses soient répandues et que l'argent circule, que d'être enfermés dans les coffres du prince. » Il mourut adoré de ses sujets. Il eut pour successeur Constantin son fils aîné, zélé partisan de la religion chrétienne.

On ne saurait douter que sous le règne de celui-ci le catholicisme n'ait fini de s'établir dans le Bigorre, et que Tarbes n'ait eu dès-lors un évêque; indiquer le premier prélat qui a rempli ce siège serait une tâche difficile (5) : l'his-

292.

306.

---

pulonie, la Gaule se trouva divisée en onze provinces : deux Belgiques, deux Germanies, la Celtique, deux Lyonnaises, la Séquanaise, la Narbonnaise, l'Aquitaine et la Novempopulonie.

(Note 5.) Oïhénart nomme Antomarius comme premier évêque de Bigorre, sans désigner l'époque de son épiscopat. L'abbé Duco le

toire ne nous a conservé là-dessus que des incertitudes.

place aussi à la tête de sa liste des évêques bigorrais, et le fait siéger en 306. Mazières ne le nomme que dans une note, et sans date; il dit dans le texte que saint Fauste est le plus ancien connu. Un manuscrit anonyme, intitulé Histoire de Bigorre, nous dit qu'au concile de Liberi en Espagne, tenu en 305, souscrivit un évêque de Tarbes. M. Deville rapporte, après M. Picqué, qu'*Antonomarius* assista au concile d'Elvire, en 315. Denis de Sainte-Marthe ne fait mention de ce prélat que pour le rejeter de sa liste. Larcher, en inscrivant Antomarius dans son catalogue des évêques de Bigorre, semble douter de son existence. Nous penchons d'autant plus volontiers pour cette opinion, que ceux qui parlent d'Antomarius ne s'appuient d'aucune preuve, et que nous ne trouvons aucun évêque de Tarbes antérieur à 506 dans la liste de ceux qui ont assisté à des conciles. Nous ne rencontrons non plus la souscription d'aucun évêque français parmi les pères de ce concile *Eliberritanum* d'Elvire, dont la date d'ailleurs est fort incertaine; puisque quelques uns le placent avant 250, d'autres en 300, 305, 313, 315, 324, et même plus tard. L'Art de vérifier les dates le met, avec M. de Tillemont, vers 300. La prétendue souscription d'un évêque de Tarbes est sans doute celle de Senagius, *Begarensis episcopus*, évêque de Béjar, au royaume de Murcie.

Saint Justin, dont l'existence est moins contestée, est désigné par le *Gallia christiana*, nov. ed., comme le premier évêque de Tarbes connu, et antérieur à l'an 420. Larcher observe que saint Justin n'est nommé dans les anciens documens que comme un confesseur qui habitait à Sertz, en Barèges, une cellule où il fut inhumé, au rapport de Grégoire de Tours, et qu'il n'a le titre d'évêque, sans désignation de diocèse, que dans un manuscrit de l'abbaye de Corbie, où il est dit que saint Justin, évêque, mourut aux kalendes de mai dans la cité de Bigorre.

CHAPITRE IV.

Nouvelle organisation de l'empire par Constantin. — Gouvernement politique des provinces et des cités. — Administration ecclésiastique. — Gouvernement militaire; troupes réglées, milices bourgeoises. — Recouvrement des impôts; revenus particuliers des cités. — Successeurs de Constantin.

Lorsque Constantin transporta à Byzance le siège de l'empire, il réforma l'administration des provinces et en fit une nouvelle division. Elles composèrent quatre préfectures du prétoire, divisées chacune en plusieurs diocèses ou vicariats (1) : les diocèses étaient partagés en provinces, et les provinces en cités ou peuplades. Le préfet du prétoire des Gaules, résidant à Trèves, avait sous lui les vicaires de la Brétagne, de l'Hispanie et des Gaules.

(Note 1.) Le nombre total des diocèses était de quatorze, ainsi distribués : trois sous le préfet des Gaules, trois sous celui d'Italie, trois sous celui d'Illyrie, et cinq sous celui d'Orient.

ce dernier demeurait à Vienne. Treize provinces (2), gouvernées les unes par des proconsuls, les autres par des présidens, formaient son département ; la Novempopulonie qui y était comprise et dont les neuf cités s'étaient accrues jusqu'à douze (3), était sous l'administration d'un président. Chaque peuplade était régie par un sénat composé des citoyens les plus considérables élus dans les cantons. Les familles sénatoriales, c'est-à-dire issues de ces sénateurs, formaient une classe distinguée et jouissaient de certains privilèges. Un officier romain, avec le titre de comte, présidait cette assemblée qui tenait ses séances dans le chef-lieu de la cité : le sénat bigorrais se réunissait à Tarbes; il avait sous sa juridiction les curies ou sénats inférieurs qui gouvernaient chaque ville ou bourg, et dont l'autorité s'étendait sur le plat pays dépendant de chacune de ces villes. Les familles curiales, et généralement toutes les

---

(Note 2.) Ces treize provinces étaient les deux Germanies, les deux Belgiques, la Celtique, les deux Lyonnaises, la Séquanaise, les Alpes Grées, les Alpes Maritimes, la Narbonnaise, l'Aquitaine et la Novempopulonie.

(Note 3.) La Notice nomme les Elusates, les Ausques, les Aquenses ou Tarbelliens, les Lactorates, les Gonvènes, les Consorannes, les Boates, les Bénéharnais, les Aturrenses, les Vasates, les Bigorrais et les Elloronenses.

décuries ou classes dans lesquelles étaient distribués les propriétaires de terre qui n'exerçaient d'ailleurs aucun métier pour vivre, formaient le second ordre de citoyens; le troisième renfermait les collèges des ouvriers. Telle était la hiérarchie civile et politique.

L'administration ecclésiastique était réglée sur le modèle de l'administration politique : des archevêques étaient établis dans les métropoles des provinces; ils avaient pour suffragans les évêques des cités qui relevaient politiquement de leur métropole. L'évêque de Bigorre résidant à Tarbes, dépendait de l'archevêque de la Novempopulonie dont le siège était à Éluse.

Le commandement militaire fut de nouveau distrait des attributions des gouverneurs politiques : il fut confié dans chaque prétoire, à un maître de la milice ou généralissime; celui-ci avait sous ses ordres les ducs ou généraux, au titre desquels on ajoutait le nom de la province qui formait leur division : le duc de la Novempopulonie commandait les troupes des douze cités; ces troupes étaient divisées en deux espèces de milices, ayant chacune ses tribuns ou colonels : la milice de campagne, destinée principalement à suivre le duc et à marcher incessamment partout où il jugeait à propos de l'envoyer, formait la véritable force des armées; la milice de garnison était établie pour la garde des frontières (4); les soldats qui la composaient étaient stables dans leurs quartiers et y cultivaient les terres qui leur étaient distribuées sous le nom de bénéfices militaires: ces bénéfices pouvaient passer à leurs descendans sous la redevance du service de guerre. Chaque cité entretenait en outre sa milice bourgeoise ou garde nationale, composée de citoyens armés, réunis sous les ordres de chefs instruits dans la discipline militaire. Tarbes avait un château-fort.

Des officiers particuliers commis par le trésorier général de l'empire, étaient préposés au recouvrement des tributs imposés; ces subsides étaient réglés de la manière suivante. Les terres de l'état, c'est-à-dire celles que les Romains s'étaient appropriées lors de la conquête, étaient affermées ou concédées sous une redevance proportionnelle aux récoltes, et fixée ordinairement à la dîme, d'où ces terres furent appelées décumanes. Les tenanciers des autres terres devaient payer un impôt foncier

---

(Note 4.) Il y avait une cohorte en garnison à Bayonne, pour la Novempopulonie; la Notice porte : « Tribunus cohortis Novempopulanæ Lapurdo. »

qu'on croit avoir été du vingtième du revenu; chaque citoyen était en outre sujet à la taxe personnelle ou capitation, égale pour tous; mais pour soulager les pauvres, on associa plusieurs personnes pour former entr'elles une seule tête et payer une quote-part de capitation. Les gabelles, les péages au passage des fleuves et des rivières, le quarantième denier de tout ce qui se vendait aux marchés, et les droits de douanes fixés au huitième du prix d'estimation des marchandises, faisaient une autre branche des revenus publics. Il y avait encore des produits casuels, tels que les amendes, les confiscations, les dons dits gratuits exigés en certaines circonstances, et les corvées ou services en nature. Outre ces revenus, prélevés par les officiers de l'empereur, les cités avaient aussi leurs revenus particuliers qui provenaient, ou du produit des biens-fonds dont elles étaient propriétaires, ou des subsides qu'elles levaient sur elles-mêmes pour subvenir à leurs dépenses (5).

Constantin tâcha de réprimer par des édits sévères l'avarice et les concussions des magis-

---

(Note 5.) L'excellent abrégé de l'ouvrage de l'abbé Dubos, par Thouret, nous a presqu'exclusivement fourni cet aperçu de l'état de la Gaule sous les Romains.

trats tant supérieurs que subalternes qui opprimaient le peuple et trafiquaient de la justice : il défendit sur-tout, sous peine de la vie, aux officiers inférieurs, d'exiger de l'argent pour l'exercice de leurs charges. Deux ans

335. avant sa mort il partagea l'empire entre ses trois fils, Constantin, Constance et Constant, et ses neveux Dalmace et Annibalien : les états accordés au jeune Constantin, l'aîné de ses fils, furent ceux qui composaient la préfecture du prétoire des Gaules. L'empereur confirma en mourant ce partage par un testament ; mais ses neveux furent massacrés par les troupes, et les états qui leur avaient été légués furent partagés entre les fils du grand Constantin, qui tous les trois furent déclarés augustes. L'Illyrie

338. fut cédée à Constant, déjà maître de l'Italie et de l'Afrique, à condition qu'il délaissât cette dernière province en faveur de son frère Constantin.

Celui-ci voyant que Constant n'exécutait pas le traité de partage et refusait de lui remettre l'Afrique, résolut de l'y contraindre par les armes, et il passa en Italie à la tête de quelques troupes ; mais il fut battu par les lieutenans de Constant ; lui-même périt dans le combat, et laissa l'empire des Gaules à son vainqueur qui les gouverna avec fermeté et justice, jusqu'à ce qu'un soldat de fortune, Magnence, lui enleva à son tour le sceptre et la vie. Constance s'apprêtant à venger la mort de son frère, excita d'abord les barbares de la Germanie contre Magnence, qu'il alla ensuite attaquer lui-même et qu'il força à se donner la mort. Les Gaules passèrent alors sous la domination de Constance, qui vint à Lyon casser toutes les ordonnances de l'usurpateur, et pourvoir par de sages règlemens à la tranquillité publique et à l'oubli des maux qu'avait causés la tyrannie de Magnence. Mais bientôt les irruptions des barbares dans les Gaules, et un fléau pire encore, l'avarice des gouverneurs qui désolaient ces belles provinces, engagèrent Constance à s'associer à l'empire son neveu Julien, et à l'envoyer dans les Gaules avec la qualité de consul : il fit en même tems une loi pour arrêter les concussions des officiers des provinces : elle portait que le seul préfet du prétoire pourrait, dans les cas pressans, établir des impôts extraordinaires, encore fallait-il que cette mesure obtint l'approbation de l'empereur.

Julien, par ses victoires sur les Francs et les autres barbares qui désolaient les frontières des Gaules, s'acquit l'amour de ses troupes, en même tems que la jalousie de Constance :

350.

355.

celui-ci pour l'affaiblir, voulut lui retirer l'élite de ses soldats et les envoyer en orient: ce fut le signal d'une révolte; l'armée de Julien refusa de marcher, et proclama son général empereur et auguste. Julien pourvut dès-lors à toutes les charges tant militaires que politiques dans les Gaules; il ne voulut reconnaître que Nébridius préfet du prétoire nommé par Constance; et cet officier ayant refusé de lui prêter serment, il mit à sa place Salluste. Devenu par la mort de son oncle maître légitime de tout l'empire, Julien s'appliqua avec zèle à remédier aux maux qui pesaient sur les provinces, et à réprimer le luxe et la mollesse des présidens et des ducs, qui commettaient impunément des exactions énormes pour fournir à une folle magnificence. Mais tant de bienfaits furent ternis par son apostasie; il renonça à l'évangile, et ses officiers, pour lui plaire, couvrirent les provinces du sang des chrétiens (6); les églises

360.

(Note 6.) C'est peut-être à la persécution de Julien que l'on doit rapporter le martyre de quelques saints bigorrais, dont on ignore l'époque. Sainte Libérate fut décapitée dans le bois de Montus, d'où l'évêque Pierre-Raymond de Montbrun transféra ses reliques, en 1342, dans l'église de Saint-Jean de Mazères. Saint Girin fut décollé sur les bords de l'Adour, là où est le pont de Tarbes : une femme aveugle ayant alors touché sa tête, recouvra la vue. Ses reliques sont à Aureillan, dans une église bâtie sous

furent profanées, pillées, détruites, et les temples des divinités payennes relevés aux dépens des fidèles. « La souffrance est votre partage, leur disait ironiquement l'empereur; c'est ce que votre dieu vous recommande. » Mais ce Dieu, qui recommandait la patience aux justes persécutés, lui semblait-il donc avoir promis l'impunité de leurs bourreaux?

Jovien, successeur de Julien, mit tous ses soins à réparer, ou du moins à faire oublier les maux causés par ses persécutions : les temples des faux dieux furent fermés ou démolis, les églises restaurées. Valentinien, élu pour lui succéder, partagea l'empire avec son frère Valens, et s'étant réservé les pays qui formaient les préfectures du prétoire des Gaules, de l'Italie, et de l'Illyrie, il passa lui-même dans les Gaules pour les défendre contre les Allemands, qui furent battus et repoussés. Vers cette époque, le bigorrais Paul Axius se distinguait dans les lettres; il était l'ami du poète Ausone, précepteur des enfans de l'em-

363.

---

son invocation. Saint Sever confesseur est encor un martyr bigorrais, dont les reliques étaient conservées dans l'abbaye de ce nom dans le Rustan : Grégoire de Tours rapporte que de son tems les lys qui avaient été mis jadis sur la tombe du saint reprenaient chaque année, au jour de sa fête, leur première fraîcheur.

(70)

pereur, et habitait dans son pays natal une maison de campagne nommée Crébennes (7).

375. A la mort de Valentinien, ses deux fils Gratien et Valentinien se divisèrent ses états : Gratien garda les Gaules, l'Hispanie et la
383. Bretagne, qui lui furent enlevées huit ans après par Maxime. Celui-ci accabla les provinces des plus rudes impôts. Non content d'avoir usurpé les états de Gratien, il voulut aussi envahir ceux du jeune Valentinien ; mais Théodose qui avait succédé à Valens en orient, marcha au secours de l'empereur d'occident, défit l'usur-
388. pateur, et rendit Valentinien paisible possesseur de tous les états qu'avait eus son père. Ce jeune prince, entièrement occupé du bien de ses sujets, modéra extrêmement les impôts ; en vain ses officiers, avides d'en profiter eux-mêmes, lui conseillaient de les augmenter. « Imposerai-je, disait-il, de nouvelles charges à ceux qui peuvent à peine payer celles qui exis-
393. tent ? » Le gaulois Arbogast le fit étrangler, et

(Note 7.) Ausone nous apprend que cette campagne se trouvait dans un lieu dénué de vignes. Larcher présume que c'est peut-être Capvern. L'opinion où nous sommes que Capvern est l'*Aquæ Convenarum* de la Notice, nous fait rejeter la pensée de Larcher, rien d'ailleurs ne portant à désigner ce lieu plutôt qu'un autre pour le *Krébennoï* d'Ausone.

n'osant se revêtir lui-même de la pourpre impériale, en décora Eugène. Théodose se mit aussitôt en mesure de venger la mort de Valentinien; il battit l'usurpateur, le fit prisonnier, lui fit trancher la tête, et déclara son jeune fils Honorius empereur d'occident. Il choisit pour général et pour mentor du nouvel auguste le wandale Stilichon, grand homme de guerre, habile politique, propre à soutenir le poids des affaires, aussi prudent au conseil que terrible dans les combats.

395.

CHAPITRE V.

Arrivée des barbares du nord: ravage de la Novempopulonie. — Constantin, empereur des Gaules. — Nouveaux ravages des barbares; ils passent en Hispanie. — La Gaule méridionale cédée aux Wisigoths. — Elle rentre au pouvoir d'Honorius; nouvelle organisation du gouvernement. — La Gaule méridionale est rendue aux Wisigoths: les Bigorrais subissent leur domination.

Des flots de barbares long-tems repoussés dans le nord par les Romains, brisent enfin leurs digues devenues trop faibles, débordent avec fracas, et viennent inonder l'empire : les Bourguignons, les Suèves, les Wandales, entraînant avec eux les Alains, s'avancent jusqu'en
405. Italie, et viennent tomber sous les coups de Stilichon. Ceux qui échappent se replient de terreur, et vont errer dans la Germanie. Pourquoi l'ambition de cet homme causa-t-elle la ruine de l'empire qu'il venait de sauver ?

Enflé de ses succès, fier des trophées qui devaient éterniser sa victoire, peu content de n'être que le tuteur de l'empereur, Stilichon voulut arracher le sceptre à Honorius pour le donner à son propre fils Eucher. Les barbares rappelés par lui pour servir ses desseins, reviennent comme un torrent, battent les Francs 406. qui voulaient leur disputer le passage du Rhin, se répandent dans les Gaules, ravagent, désolent les provinces : ils traversent la Novempopulonie 407. pour se jeter sur l'Hispanie ; mais trouvant les passages des Pyrénées trop bien gardés par les braves frères Didyme et Vérinien, cousins d'Honorius, ils refluent sur les douze peuplades et assouvissent sur elles leur rage et leur cruauté ; les femmes, les enfans, les vieillards sont massacrés, les temples brûlés, les vases saints profanés. La famine, dit saint Jérôme, presse dans leurs forts ceux qui ont pu les défendre contre l'épée du barbare. Tout est ravagé : rien, rien n'est épargné par ce fléau dévastateur....

Les légions de la Bretagne sont effrayées jusques dans leurs quartiers : elles songent à s'opposer à ce torrent : elles se nomment successivement deux empereurs, dont elles se défont presqu'aussitôt : enfin un soldat doit son élévation au nom de Constantin qu'il porte. Le nouvel auguste passe dans les Gaules, et les légions romaines s'empressent de se joindre à lui : Limène, préfet du prétoire, et Carioband, maître de la milice, dans l'impuissance de résister à la fois aux barbares et à l'usurpateur, se sauvent en Italie avec le peu de soldats qui leur restent.

Stilichon envoya le goth Sarus pour s'opposer à Constantin; mais après quelques succès, Sarus fut repoussé jusqu'en Italie. Constantin vint établir sa résidence à Arles; il y rallia ses troupes pour résister aux barbares, dont il soutint toujours heureusement les assauts; il en chassa même une partie au delà du Rhin, et traita avec les autres. Il voulut se rendre maître de l'Hispanie, et il envoya son fils Constant contre Didyme et Vérinien, qui furent battus et faits prisonniers. Le vainqueur confia à ses propres soldats le soin de garder les passages des Pyrénées. Honorius, réduit alors par Alaric, roi des West-Gothes ou Wisigoths (1), à de fâcheuses extrémités, fut

---

(NOTE 1.) West-Gothes, c'est-à-dire Goths occidentaux. Malte-Brun, dans la Géographie mathématique, physique et politique qu'il a publiée avec Mentelle, fait la remarque suivante : « Les habitans de la Westro-Gothie en Suède, s'appellent encore aujourd'hui West-Gothes, ce qu'ils prononcent Wesh-Gothes, en adoucissant le t, comme je l'ai souvent entendu moi-même dans un voyage que j'ai fait en Suède. De West-Gothes, les auteurs latins ont fait Wi-

obligé de reconnaître Constantin pour auguste. Bientôt il s'élève un nouveau tyran : Géronce se révolte en Hispanie, et soulève les Wandales, les Suèves et les Alains avec lesquels Constantin avait traité. Ces barbares achevèrent de saccager le pays qu'ils occupaient : la Novempopulonie désolée demeura déserte ; à peine quelques malheureux habitans restèrent-ils pour déplorer tant de maux. Les soldats qui gardaient les Pyrénées s'étaient joints aux barbares pour partager avec eux la dépouille des peuplades ruinées : libres d'entrer dans l'Hispanie, les barbares s'élancèrent avidement sur une si belle proie, et abandonnèrent enfin nos campagnes, sur lesquelles leur fureur sauvage ne laissait que des ruines, des cendres et des cadavres.

409.

Le patrice Constance, général d'Honorius, vint délivrer son maître de Géronce, de Constantin, et des ambitieux qui voulaient prendre leur place. Dans le même tems, Honorius, après avoir vu Rome et l'Italie ravagées par Alaric, et sa couronne mise par deux fois sur la tête d'Attale, chercha à éloigner par un traité

411.

Gothi. Cette remarque épargnera désormais aux étymologistes du midi toute discussion sur l'origine de ce nom. » *Tom. VII*, p. 177.

Athaulf, beau-frère et successeur du farouche roi des Wisigoths. Il lui céda, sous la simple redevance du service militaire en qualité d'auxiliaire, les terres domaniales de l'empire situées entre le bas Rhône, la Méditerrannée et l'Océan, et s'obligea à lui fournir tous les ans une certaine quantité de blés. Athaulf s'étant établi dans les quartiers qui lui étaient cédés, se
413. plaignit bientôt de ce qu'on n'exécutait pas le traité, quant aux blés qui avaient été stipulés : il se mit à ravager plusieurs provinces; pour la troisième fois Attale fut déclaré empereur. Le patrice Constance marcha contre Athaulf et Attale : le roi des Wisigoths, vivement pressé, laissa Attale au pouvoir des Romains
415. et se réfugia en Hispanie, où il fut tué par les siens.

Les Gaules se trouvèrent ainsi un moment tranquilles; on en profita pour remettre de l'ordre dans l'administration des provinces. Trèves
418. ayant été détruite par les Francs, Honorius désigna Arles pour être le siège de la préfecture : les présidens des provinces méridionales et les comtes des cités devaient s'y réunir en assemblée générale, des ides d'août à celles de septembre, pour y régler les affaires de l'état et la répartition des impôts : les cités de la Norempopulonie, trop éloignées de la capitale

furent dispensées d'y envoyer leurs magistrats; elles continuèrent d'être gouvernées par leurs sénats particuliers, qui furent cependant assujétis à soumettre à la révision de l'assemblée générale, les actes de leurs délibérations. A la sollicitation du patrice Constance, Honorius accorda à ces provinces la remise d'une grande partie des impôts. Mais la nouvelle organisation ne dura pas long-tems.

Sigerick, frère de Sarus, n'avait occupé que quelques jours la place d'Athaulf: Wallia l'avait remplacé; ayant fait la paix avec les Romains, il avait tourné ses armes contre les autres barbares qui occupaient l'Hispanie, et en avait détruit la plus grande partie. Ses succès firent craindre à Honorius qu'il ne voulut se rendre maître de ce pays : l'empereur le rappela alors dans le midi des Gaules, sous le prétexte de lui accorder pour lui et sa nation une demeure tranquille et agréable ; il céda aux Wisigoths la seconde Aquitaine, avec la cité des Tectosages qui fut démembrée de la première Narbonnaise, et quelques cités de la Novempopulonie. Il est incertain que celle des Bigorrais leur ait été concédée (2) : la politique semblait

419.

(Note 2.) Nous suivons ici la narration de Laurent Echard. Le président de Marca ne comprenant non plus dans la session que

défendre qu'on les laissât si près de l'Hispanie. Quoi qu'il en soit, cette cité, éloignée de ses faibles souverains légitimes, tomba bientôt au pouvoir des ambitieux et puissans Wisigoths. Si l'histoire n'a pas conservé de date certaine à la réduction du pays des Bigorrais sous la domination gothique, c'est que cette réduction était trop naturelle pour n'avoir pas eu lieu à l'époque même de l'établissement de ces étran-

---

quelques cités de la Novempopulonie, présume que la réduction des autres n'eut lieu qu'au tems d'Euric. M. Faget de Baure dit que la Novempopulonie ne fut pas comprise dans le traité, mais que sa réunion à la domination des Goths fut immédiate. Fréret, dans un savant mémoire (*De l'orig. des Franç. et de leur établis. dans la Gaule*), rapporte que le patrice Constance fit céder à Wallia par Honorius, la Novempopulonie, la seconde Aquitaine, et quelques villes des provinces voisines : c'est aussi ce qu'écrit Diégo de Saavedra Fajardo dans sa *Corona gothica*, et Mariana dans son Histoire d'Espagne. Ces diverses opinions sont toutes nées du témoignage des mêmes auteurs, Idace, Prosper, Isidore, Paul-Diacre ; les termes de ces auteurs n'étant pas précis (ils parlent de l'Aquitaine depuis Toulouse jusqu'à l'Océan, plus quelques cités voisines), les historiens modernes les ont interprétés diversement ; mais le plus grand nombre s'accorde à croire que si la Novempopulonie ne fut point cédée aux West-Gothes, elle n'en devint pas moins immédiatement une de leurs provinces.

M. Deville ignorait la cession, non contestée, de la seconde Aquitaine à Wallia, ou bien il confond la Novempopulonie avec l'une des deux Aquitaines. Evarix, d'après lui, enleva à l'empire les deux Aquitaines : nous présumons qu'il a voulu dire la première Aquitaine et la Novempopulonie.

gers dans leur nouvelle patrie (3). Toulouse, au pays des Tectosages, devint la résidence des rois Wisigoths.

(Note 3.) Cet établissement se fit par le partage des terres entre les anciens et les nouveaux habitans : ceux-ci en prirent les deux tiers ; mais ces deux tiers, observe le président de Montesquieu, ne furent pris que dans certains quartiers qu'on leur assigna. Si nous observons que les nouveaux venus cherchèrent à vexer le moins possible des hôtes qu'ils devaient ménager, nous nous persuaderons facilement que les terres décumanes furent les seules que prirent les Wisigoths, vu que ces terres leur étaient données par les empereurs, du domaine desquels elles dépendaient : les Wisigoths s'établissaient en amis dans le pays cédé ; ils auraient cruellement vexé les anciens habitans s'ils leur eussent enlevé les deux tiers de leurs propriétés.

LIVRE TROISIÈME.

PRÉCIS DES ÉVÈNEMENS DEPUIS L'ÉTABLISSEMENT DES WISIGOTHS JUSQU'A L'ÉRECTION DU BIGORRE EN COMTÉ HÉRÉDITAIRE.

CHAPITRE PREMIER.

État de la Gaule. — Distinction des barbares ou chevelus et des Romains ou Gaulois. — Règne des rois wisigoths. — Fanatisme d'Euric : persécution contre les Bigorrais ; saint Fauste, leur évêque. — Tolérance d'Alaric. — Code des lois romaines. — Canal d'Alaric. — Invasion des Francs : les Bigorrais passent sous leur domination.

Dans le même tems que s'élevait dans les Gaules la monarchie des Wisigoths, d'autres royaumes se formaient à côté d'elle. Quelques tribus de Francs commandées par le marwinge Faramund avaient quitté les bords de la Saale et étaient venus jeter dans le nord des Gaules les fondemens de la plus brillante des monarchies modernes ; les Bourguignons avaient envahi les provinces orientales ; les Armoriques ou provinces maritimes se gouvernaient elles-mêmes en république : en sorte qu'il ne restait sous le joug de Rome qu'une bien petite partie des Gaules.

Les barbares, trop peu nombreux pour occuper à eux seuls les pays qu'ils avaient envahis, en partageaient la possession avec les anciens habitans (1), désignés généralement sous le nom de Romains ; mais ils ne se confondaient pas avec eux, parce que l'enfant qui naissait de parens barbares, c'est-à-dire étrangers, naissait barbare et non gaulois, en quelque lieu d'ailleurs qu'il naquît : chaque nation conservait en outre ses mœurs, son habillement, son langage et ses lois ; de sorte que les Gaulois étaient régis par les lois romaines, et les Wisigoths par leurs coutumes. La croyance religieuse était une démarcation de plus : les Gaulois étaient catholiques, les Wisigoths professaient l'hérésie d'Arius (2).

(Note 1.) Nous avons déjà dit dans la dernière note du livre précédent comment ce partage avait eu lieu.

(Note 2.) Arius était un prêtre d'Alexandrie, qui s'appuyant de ces paroles de l'Ecriture, que le Verbe avait été *engendré*

Après un règne court mais brillant, Wallia mourut à Toulouse. Le sceptre passa à Theuderic Ier : ce prince accrut ses états gaulois en s'emparant de plusieurs villes voisines, dont un traité lui confirma ensuite la possession. — 419.

Attila, conduisant des centaines de milliers de Huns que des révolutions politiques avaient chassés des confins de la Chine et qui avaient appris d'une biche qu'il était encore des terres au delà des Palus-Méotides, arrivait dans les Gaules le fer et le feu à la main et menaçait de tout détruire. Aétius, maître de la milice des Gaules, appelle à son secours les Francs et les Wisigoths. Theuderic Ier va le joindre avec ses meilleures troupes et ses deux fils Thurismund et Theuderic II : ils courent au devant d'Attila et le battent dans les plaines de Châlons. Le roi des Wisigoths périt dans la mêlée en combattant vaillamment : Thurismund fut proclamé roi par l'armée ; il avait deux compétiteurs dans ses frères Theuderic II et Euric : le premier arracha à Thurismund la couronne et la vie, et ses qua- — 451. 453.

---

enseignait que Jésus-Christ était d'une autre nature que Dieu, capable de vertus et de vices, enfin une créature comme nous. Cette erreur fut condamnée dans le premier concile général, tenu à Nicée en 325, et composé de 318 évêques qui dressèrent le symbole, où la consubstantialité des trois personnes est proclamée.

lités éminentes firent presque oublier son crime. Vainqueur des Suèves, couvert de lauriers, chéri, respecté de ses sujets, tout en lui montrait un grand roi : mais il avait appris à Euric qu'un fratricide coûte peu à celui qui est dévoré de la soif de régner, et la couronne lui fut enlevée par le même crime qui la lui avait posée sur la tête : il fut assassiné à Toulouse par les ordres d'Euric.

465.

Maître des états de son frère, Euric les trouva trop peu étendus au gré de son ambition; il prit les armes pour les agrandir : il soumit presque toute l'Espagne, et poussa ses conquêtes dans les Gaules, au nord jusqu'à la Loire, et à l'orient jusqu'aux Alpes, en sorte que les deux Aquitaines, la Novempopulonie, les deux Narbonnaises, les Alpes Maritimes et une partie de la Viennaise se trouvèrent réunies sous son sceptre de fer. Il fit rédiger par écrit les coutumes des Wisigoths; son code ne fut, selon l'expression de Montesquieu, qu'un amas de lois frivoles, écrites d'un style gigantesque : ces lois ne donnaient aucun avantage aux Goths sur les Romains ou Gaulois.

Arien comme ses prédécesseurs et plus fanatique qu'eux, attribuant à sa religion le succès de ses armes, il voulut faire embrasser l'arianisme à ses sujets romains; mais il les trouva fermes dans leur croyance, et les Bigorrais donnèrent l'exemple de la persévérance dans l'orthodoxie. Saint Fauste (3) était alors leur évêque : sa connaissance approfondie des Ecritures et sa mâle éloquence les animaient à conserver leur foi : Euric furieux fait jeter le pieux évêque dans un cachot ; il l'en retire pour l'exiler à Aire avec Glycérius, son disciple, qui depuis fut évêque de Conserans ; il prive les Bigorrais de leurs prêtres, qu'il exile ou qu'il fait mourir ; il défend d'en ordonner de nouveaux, livre les églises au pillage de ses sectaires, et ces temples délabrés, abandonnés des fidèles, fermés par les ronces et les orties, semblent ne montrer leurs ruines que pour attester la fureur du barbare (4).

(Note 3.) « Ad vii. kal. septembris. In Vasconiâ apud Tarbam ad Atyrum flumen natalis sancti Fausti, ejusdem civitatis episcopi, qui in divinis scripturis nobiliter eruditus, vitâ purissimus, spiritûs sancti gladio armatus, ad tuendam fidem catholicam apostolicis prædicationibus supernâ inspiratione plenis, populum in sanâ doctrinâ confirmavit. Cùmque piam Ecclesiæ sententiam constantissimè tueretur, hominum impiorum factione primùm in carcerem trusus et vinculis constrictus, deindè in exilium cum Lycerio suo discipulo, qui posteà Conseranensis episcopus fuit, missus, id diutissimè ac fortissimè toleravit. Sed tandem Deo volente, revocatus, et sedi suæ restitutus. »

(Note 4.) « Videas in ecclesiis aut putres culminum lapsus aut valvarum culminibus avulsis, basilicarum aditâ hispidorum ve-

483. Euric mourut en 483 à Arles, qu'il avait choisie pour sa résidence. Il eut pour successeur son fils Alaric : ce prince ne prit les rênes du gouvernement que pour rendre ses peuples heureux. Aussi attaché à l'arianisme que son père, il ne crut cependant pas devoir signaler par des persécutions son zèle pour sa croyance; il toléra tous les dogmes, toutes les opinions, et prêta même son appui au catholicisme : il permit que les évêques de ses états des Gaules
506. se réunissent en synode à Agde sous la présidence de saint Césaire, archevêque d'Arles. Aper occupait alors le siège épiscopal chez les Bigorrais ; ne pouvant assister lui-même au concile, il y souscrivit par Ingénuus, son vicaire (5). C'est à ce concile que l'on fait remonter l'origine des bénéfices ecclésiastiques, c'est-à-dire la jouissance par le clergé des biens de l'Eglise ; le vingt-deuxième canon autorise en effet une pareille jouissance, avec

---

prium fruticibus obstructa. Ipsa, proh dolor ! videas armenta non modò semipatentibus jacere vestibulis, sed etiam herbosa viridantium altarium latera depasci. » (*Sidonius Apollinaris*, lib. VII, epist. 6.)

(Note 5.) On lit parmi les souscriptions des pères de ce synode « Ingenuus, presbyter, missus à domino meo Apro, episcopo Bigorritanæ urbis, subscripsi. »

la permission de l'évêque, et sauf le droit de l'Eglise (6).

Alaric s'occupa de l'organisation intérieure de ses états, et fit rédiger par le célèbre Anien, le plus fameux jurisconsulte de son siècle, le code qui porte indifféremment le nom de ces deux grands hommes : ce fut une compilation, tant des codes grégorien, hermogénien et théodosien (7), que des écrits des jurisconsultes ; Anien y ajouta une glose pour servir d'interprétation. Ces lois, approuvées par les évêques

---

(Note 6.) Voici ce canon :

« Statuimus, quod omnes canones jubent ut civitatenses sive diœcesani presbyteri vel clerici, salvo jure Ecclesiæ, rem Ecclesiæ sicut permiserunt episcopi teneant, vendere autem aut donare penitus non præsumant, quod si fecerint vel fecerunt, et facta venditio non valebit, et de facultatibus (si quas habent proprias) indemnem Ecclesiam reddant, et communione priventur. »

Le canon cinquante-neuvième ajoute :

« Clerici quilibet quantâcumque diuturnitate temporis de Ecclesiæ remuneratione aliqua possederint, in jus proprium præscriptione temporis non vocentur. »

(Note 7.) Le code grégorien était le recueil des lois et des constitutions des empereurs depuis Adrien inclus, jusqu'à Dioclétien aussi inclus, rédigé par Grégorius, préfet d'Espagne et proconsul d'Afrique sous Valens et Gratien ; le code hermogénien était la continuation du précédent jusqu'en 306 ou 312, publiée par le jurisconsulte Hermogénien, sous le règne de Constantin ; enfin le code théodosien était celui qu'avait fait publier le 15 février 448, l'empereur Théodose II, le jeune : c'était un choix des lois faites jusqu'alors par les empereurs légitimes.

et les nobles, furent publiées à Aire le 2 février 506, sous le nom de code théodosien; elles ne devaient régir que les Gaulois, et ceux-ci les retinrent d'autant plus volontiers qu'ils ne trouvaient aucun avantage à adopter celles de leurs vainqueurs.

La tradition fait remonter au règne d'Alaric la construction d'un canal, dérivé de l'Adour près de Pouzac : il fait mouvoir cinquante-neuf moulins à farine, et arrose sous le nom de canal d'Alaric les terres de la rive droite de l'Adour, jusqu'au delà de Rabastens, où les eaux rentrent dans leur premier lit.

Cependant la monarchie des Francs s'affermissait chaque jour dans les Gaules : la famille marwingienne qui l'avait fondée en conservait le sceptre, et celui qui le tenait alors dans ses mains, le farouche Chludwig (8) ou Clovis, était un homme supérieur à son siècle, fait pour ne point souffrir de concurrent. Vingt-

---

(Note 8.) Ce nom est le même que celui de Louis, *Ludwig* en allemand : la prononciation forte et aspirée des Francs, exprimée par le *ch* des Latins, le même que le *ch* des Allemands modernes, ou le *khi* des Grecs, change seule l'orthographe de ce nom, que quelques auteurs, dont la prononciation était un peu moins aspirée ont écrit *Hludwig*. C'est ainsi que le Chlothocar de Frédégaire n'est autre que Lothaire : Charibert, Chrotbert sont les mêmes que Aribert, Robert; l'Athaulf de Paul-Diacre est notre Adolphe.

cinq années de règne avaient été pour lui vingt-cinq années de gloire et de succès, et sa domination était reconnue alors dans toutes les parties des Gaules, hors celles qu'occupaient les Wisigoths et les Bourguignons; ces derniers étaient même ses tributaires. La puissance d'Alaric lui fit ombrage : il résolut de l'abattre ; la différence de religion et quelques propos inconsidérés lui parurent un prétexte suffisant de guerre : après avoir fait adopter ses projets à la nation assemblée en armes au champ de mars (9), et avoir fait jurer à ses soldats de ne se couper la barbe qu'après la défaite des Wisigoths, il se mit en campagne. Alaric courut se mettre à la tête de ses troupes ; il voulut rétrograder à l'approche des Francs. Clovis, après une marche forcée de neuf à dix heures, l'atteint dans les plaines de Vouglé, à trois lieues de Poitiers : le combat fut opiniâtre ; Clovis terrassa d'un coup de lance le roi des Wisigoths, et la victoire long-tems indécise, se déclara alors pour les Francs.

507.

(Note 9.) Le champ de mars ouvrait l'année chez les Francs, qui tenaient cet usage des Allemands : l'époque de cette assemblée ou plaids, *mallum publicum*, fut transportée, vers 750, au mois de mai ; mais il ne paraît pas que le commencement de l'année ait été reculé par ce changement.

Clovis profitant de ses succès, s'empara de Bordeaux et de Toulouse, où il trouva des trésors immenses ; il passa l'hiver à Bordeaux, et envoya son fils Theuderic soumettre les états des Wisigoths : ce jeune prince leur enleva les

508. deux Aquitaines et la Novempopulonie. Dès ce moment les Bigorrais furent soumis à la domination des rois de France.

CHAPITRE II.

État politique des Bigorrais sous les rois francs. — Partage des terres conquises par les Francs : naissance de la féodalité. — Attributions des comtes. — Redevance du service militaire. — Successeurs de Clovis. — Etablissement des centèniers. — Irruption des Vascons. — Saint Savin vient dans le Lavedan. — Les Aquitaines et la Novempopulonie démembrées de la couronne de France.

Les peuples nouvellement délivrés du joug des Wisigoths, passèrent avec plaisir sous la domination de Clovis; depuis long-tems ils désiraient avec ardeur d'être soumis à un prince catholique, et la tolérance d'Alaric n'avait pu diminuer la haine du clergé pour un prince arien.

Les Wisigoths furent entièrement chassés du pays que Theuderic leur enleva, et les Francs prirent leur place (1) : la distinction des peu-

---

(Note 1.) La place des Wisigoths; or ceux-ci occupaient les anciennes terres décumanes : ce furent ces terres que prirent les

ples en Romains et en barbares ou chevelus subsista toujours chez les Bigorrais, et les lois continuèrent d'être personnelles. Mais les chevelus, ainsi nommés de la longue chevelure qu'ils portaient et qu'ils ne pouvaient couper sans devenir Romains (2), y étaient si peu nombreux, que la loi romaine était devenue en quelque sorte territoriale, et que les Bigorrais par cette raison même, la conservèrent malgré les avantages qu'offrait la loi des Francs. Le petit nombre des barbares dans la cité des Bigorrais fut aussi cause qu'il n'y fut rien innové quant au gouvernement politique : elle eut toujours son sénat, ses curies, sa milice, ses revenus, comme auparavant : un comte, officier du prince, fut établi à la place des anciens comtes de l'empire, mais avec une prérogative de plus, celle du commandement militaire et du pouvoir fiscal.

Francs vainqueurs. L'opinion de l'abbé de Mably est que les Francs, conquérans farouches, dépouillèrent impitoyablement les vaincus; Montesquieu dit au contraire qu'ils imitèrent la modération des Wisigoths dans le partage des terres. Thouret, dans son extrait de l'abbé Dubos, croit que les Francs n'occupèrent que les terres décumanes et les anciens bénéfices militaires romains : nous nous rangeons de son parti.

(Note 2.) Tous les Francs libres étaient donc laïques, puisque coupant leurs cheveux pour entrer dans les ordres sacrés, ils devenaient Romains par cette opération.

Les citoyens furent toujours divisés en trois ordres : les familles sénatoriales, les propriétaires soit curiales soit simples tenanciers, et les collèges des artisans. Quant aux Francs, ils étaient aussi généralement distingués en trois classes : les officiers qui commandaient immédiatement après le roi, nommés leudes ou fidèles (3), avaient le premier rang ; les uns formaient le conseil du prince, les autres gouvernaient les Francs répandus dans les provinces ; le second ordre était composé des ingénus ou libres ; le troisième des esclaves ou serfs. Les fidèles étaient ainsi appelés de ce que la manière de les revêtir de leur dignité consistait à leur faire prêter serment de fidélité au roi, dont ils devaient être le conseil et l'appui : il y avait donc des vassaux chez les Francs, quoiqu'il n'y eût point de fiefs : de tems immémorial il y avait des vassaux dans les Gaules ; les ambactes, qui faisaient toute la puissance des chevaliers, étaient des vassaux ; mais ceux-ci étaient entretenus par leurs chefs ; ils tenaient d'eux des terres : ces terres étaient des fiefs (4).

(Note 3.) Les noms de fidèles, leudes, anthrustions, vassaux, seigneurs, leur furent appliqués indifféremment : les trois premiers ont une même signification : authrustion, c'est-à-dire *in thruste regis*, sous la foi du roi, vient du tudesque *trew*, fidèle.

(Note 4.) Le président de Montesquieu trouve chez les Ger

Les bénéfices militaires, anciennes terres domaniales de l'empire conquises par les Francs.

mains la source de la féodalité et croit qu'elle ne s'établit dans les Gaules qu'après la conquête des Francs, et l'opinion de l'abbé de Mably est même que cet établissement n'eut lieu que sous les rois de la seconde race : ils ont eu de puissans contradicteurs, et le témoignage des auteurs anciens semble déposer contre leur système. Aussi regardons-nous comme incontestable l'existence du régime féodal dans les Gaules avant l'arrivée des Francs : les ambactes nous paraissent des vassaux aussi bien que les fidèles, et les terres que les ambactes tenaient des chevaliers étaient des fiefs aussi bien que celles que les leudes tinrent de la munificence des rois francs et qui sont les premiers fiefs selon l'abbé de Mably, et mieux encore que les chevaux de bataille, les armes, les repas dans lesquels M. de Montesquieu voit les premiers fiefs chez les Germains.

Qu'était-ce en effet que les fiefs ? des terres à raison de la possession desquelles on reconnaissait un suzerain ou seigneur. M. de Montesquieu n'a même pas avancé que cet ordre de choses existât chez les Germains. M. de Mably, qui donne des fiefs la définition que nous venons de rapporter, n'en place cependant l'origine qu'à l'époque où la possession de ces terres fut concédée héréditairement sous Louis le Débonnaire et Charles le Chauve ; mais l'hérédité des fiefs est une création distincte de l'érection de ces mêmes fiefs ; et les auteurs les plus recommandables ont reconnu que nos pères regardaient comme synonimes les mots de fiefs et de bénéfices ; or nous entendons par ces derniers des concessions faites par un seigneur sous certaines redevances, pour un tems soit illimité soit limité. De pareilles concessions ne furent-elles pas faites par les premiers rois mérovingiens à leurs leudes ? Les Romains n'avaient-ils pas dans la Gaule des bénéfices ? Et pour remonter jusqu'aux anciens Gaulois, les ambactes ne tenaient-ils pas, autour du manoir des chevaliers, des terres pour lesquelles ils faisaient le service de guerre ? Si nous recherchons même l'époque où les bénéfices furent rendus héréditaires, nous trouverons cette hérédité établie bien avant le tems

furent partagés entr'eux suivant leurs usages, et furent appelés saliques, du surnom de la principale de leurs tribus (5); les rois eurent une part proportionnée à leur dignité; ils purent alors entretenir leurs vassaux; ils leur donnèrent des terres pour se les attacher, en se réservant néanmoins le droit de les reprendre à leur gré : les leudes eurent donc dès-lors des bénéfices, des fiefs (6).

---

indiqué par M. de Mably. Le duché d'Aquitaine ne fut-il pas en effet concédé héréditairement aux enfans de Charibert, par le roi Dagobert, sous la redevance d'un tribut annuel ? Les bénéfices romains n'étaient-ils pas héréditaires moyennant le service de guerre ? Et ne devons-nous pas enfin présumer que les terres possédées par les ambactes passaient à leurs descendans sous les mêmes conditions ? Nous croyons donc pouvoir établir cette proposition : que l'existence des fiefs fut en quelque sorte inhérente au territoire des Gaules, et que ce mode de possession établi chez les anciens Gaulois, se conserva chez les Gallo-Romains, chez les Wisigoths, et fut enfin adopté par les Francs, derniers possesseurs de l'héritage des Gaulois.

Ajoutons à ces considérations que, suivant l'observation du savant Pfeffeld, tout était gaulois dans les mots consacrés pour le vasselage. Il est à propos de consulter sur cette matière le discours sur l'origine des fiefs inséré dans l'Art de vérifier les dates, et les additions de M. Ardillier à la chronologie des rois de France de la première race, dans le même ouvrage.

(Note 5.) Celle des Marwinges, anciens habitans des bords de la Saale, en Franconie, d'où ils avaient pris le surnom de Saliens.

(Note 6.) « Les fiefs, dit M. de Boutaric dans son Traité des matières féodales, n'étaient originairement que des concessions à vie, et de là vient sans doute que dans les Livres des fiefs, ainsi

L'administration ecclésiastique n'éprouva non plus aucun changement; chaque cité conserva son évêque avec les mêmes prérogatives; celui-ci continua de dépendre du même métropolitain. Les archidiacres avaient l'autorité spirituelle dans les cantons : elle était exercée dans les paroisses par les curés. Les Francs idolâtres avaient toujours eu le plus grand respect pour leurs prêtres; devenus chrétiens, ils eurent la même vénération pour le clergé catholique, qui fut comblé de privilèges et obtint même des rois sa part dans la distribution des terres fiscales; il eut comme les leudes, des bénéfices, des fiefs (7).

Les comtes exerçaient le pouvoir judiciaire dans les cités, conjointement avec des échevins et des notables; mais il n'étendaient pas leur juridiction sur les habitans des terres con-

---

que dans les anciennes coutumes, fief et bénéfice sont deux expressions synonimes. »

On appela les bénéfices des fiefs, à fide, parce que le serment de fidélité fut dans le principe la seule condition de l'investiture.

(NOTE 7.) Distinguons ici les bénéfices accordés au clergé par les rois francs, des bénéfices ecclésiastiques dont nous avons parlé au chapitre précédent : ceux-ci étaient biens de l'Eglise, accordés par l'évêque et n'assujétissant à aucune redevance; ceux-là au contraire étaient réellement des fiefs, liant les bénéficiaires au souverain par la redevance du service militaire.

cédées en bénéfice ou fisc aux leudes et au clergé; ces vassaux seuls rendaient la justice dans leurs fiefs; mais le comte avait néanmoins sur eux quelque autorité comme officier du roi, et ils étaient soumis à sa correction s'ils n'aimaient mieux être sous celle du roi.

Les fiefs accordés par les rois francs étant des bénéfices militaires, qui par conséquent ne pouvaient passer aux femmes (8), la redevance du service militaire fut une condition naturelle de leur concession : les leudes et les ecclésiastiques eurent donc à mener leurs vassaux à la guerre. Les comtes de leur côté, ayant le commandement militaire dans les cités, menaient à la guerre les hommes libres, dont les terres se nommaient alleus. Il y avait donc trois milices : celle des leudes, celle du clergé, et celle des comtes. Ce service militaire et la charge de fournir dans certains cas des voitures aux envoyés du roi, tenaient lieu des subsides

---

(Note 8.) Tel est le fondement de la loi salique, qui exclut les femmes de la succession aux terres saliques; cette loi régissait implicitement le domaine royal comme terre salique; de là l'exclusion des femmes de la succession à la couronne regardée comme une disposition de l'ancienne loi de l'état; de la loi salique, dans laquelle cependant il n'est point parlé de la succession à la couronne. « De terrâ verò salicâ, y est-il dit, nulla portio hæreditatis mulieri veniat, sed ad virilem sexum tota terræ hæreditas revertatur. »

imposés autrefois par les empereurs; mais les serfs, qui n'allaient point à la guerre, payaient des tributs réglés ou cens; ce cens était prélevé par les leudes et les ecclésiastiques dans leurs domaines, par les comtes dans les cités. Les fiefs et les comtés étaient gouvernés, comme l'observe Montesquieu, sur le même plan et les mêmes idées.

Sous le règne de Clovis, Nébridius, évêque de Bigorre, assista avec Nicétius d'Auch et Sextilius de Bazas, au premier concile d'Orléans (9). A la mort de ce monarque, ses quatre fils se partagèrent ses états : ce ne fut point une division du territoire en quatre grandes parties, mais une distribution entre les princes, des cités qui composaient chaque province; en sorte

---

(Note 9.) C'est dans les canons de ce concile que le savant président Hénault découvre le fondement du droit de régale, c'est-à-dire du droit qu'ont les rois de France de percevoir, pendant la vacance, les revenus des évêchés et des bénéfices ecclésiastiques. Ce droit fut sans doute une conséquence de la concession des biens et des bénéfices ecclésiastiques, et de l'établissement du régime féodal. Le nom de régale, observe l'abbé de Mably, ne vient point du latin *regalis*, régalien, mais du vieux français régale ou régal, présent. Plusieurs grands vassaux jouissaient en effet de ce droit dans leurs domaines : les comtes de Bigorre avaient cette prérogative, ainsi qu'on s'en peut convaincre en lisant les derniers articles d'une trève conclue en 1260 entre les comtes de Leycester et de Bigorre, et que nous avons rapportée : *note 19, chap. 1, liv. V*.

que ces provinces ainsi morcelées ne formèrent plus de grands corps distincts politiquement organisés, quoique l'organisation ecclésiastique n'en éprouvât aucun dérangement ; mais les cités conservèrent leur système politique et leur subdivision en cantons ; plusieurs cités furent réunies sous l'autorité d'un duc, officier civil et militaire. Le Bigorre entra dans la part de Chlodomer, qui choisit Orléans pour la capitale de ses états.

S'étant ligué avec son frère Thierry, roi de Metz, contre Gundemar, roi de Bourgogne, il fut tué dans un combat : il laissait trois fils ; les deux aînés furent massacrés de sang-froid par Chlothocar ou Clotaire Ier, roi de Soissons, leur oncle ; le dernier se réfugia dans un monastère ; leur patrimoine fut partagé entre leurs trois oncles : la cité bigorraise échut à Childebert, roi de Paris. Ce prince convoqua à Orléans, pour le rétablissement de la discipline ecclésiastique, un concile, le quatrième d'Orléans, où l'on vit souscrire Julien, évêque de Bigorre : la distribution des offrandes, soit pour l'entretien des ministres, soit pour la réparation des bâtimens, fut renvoyée à la prudence des évêques. 528.

541.

Childebert mourut regretté des tous ses sujets qui perdaient en lui un souverain équitable, 558.

plein de modération et de sagesse. Son royaume passa à son frère Clotaire, qui ne devint ainsi maître de toute la monarchie française
562. que pour la diviser à sa mort entre ses quatre fils. Charibert fut roi de Paris, et le Bigorre fut compris dans ses états : il mourut sans enfans
566. mâles, et dans le partage que firent ses frères de son patrimoine, la cité des Bigorrais entra dans le lot de Chilpéric, roi de Soissons. Ce prince épousa Galzuinthe, fille d'Athanagild, roi des Goths d'Espagne, et lui donna en présent de noces, suivant la coutume des Francs, qui appelaient cette donation morgangeba, don du matin, les cités de Bordeaux, Limoges, Cahors, Béarn et Bigorre : mais épris des charmes de la trop célèbre Frédégonde, il ne craignit pas de faire étrangler Galzuinthe pour élever sa maîtresse sur le trône. Sigebert, roi d'Austrasie, qui avait épousé Brunehauld, sœur aînée de Galzuinthe, se ligua avec Gunthram, roi français de Bourgogne, contre l'auteur de ce cruel assassinat, et s'empara d'une grande partie de ses états : cependant la querelle fut terminée par la cession que fit Chilpéric en faveur de Brunehauld, du Bordelais, du Limousin, du Quercy, du Béarn et du Bigorre, pays qu'il avait donnés à Galzuinthe en l'épousant. Nous remarquerons, en passant, que cette cession

n'entraînait point avec elle l'abandon de la suzeraineté, et qu'elle était exclusivement bornée à la jouissance.

Amélius occupait dans ce tems le siège épiscopal de Bigorre; il assista en 580 au concile de Braine, dans le Soissonnais; un aventurier nommé Désidérius remplissait alors l'Eglise de scandale : porteur de fausses reliques, il osait exiger pour elles les plus grands honneurs et trompait le peuple par ses hypocrites simagrées; chassé par Grégoire de Tours de son diocèse, il était venu insulter Ragnemode, évêque de Paris, qui l'avait fait emprisonner : Amélius reconnut dans ce malheureux un de ses esclaves qui s'était enfui : il le réclama et le ramena avec lui en Bigorre.

580

Chilpéric conserva jusqu'à sa mort la souveraineté des cités cédées à Brunehauld ; elle passa alors à Childebert, roi d'Austrasie, sous la tutelle de son oncle Gunthram, roi de Bourgogne : on voit ce jeune prince nommer des gouverneurs à ces cités, et établir le saxon Childéric duc de Bordeaux, Béarn et Bigorre.

584

Gunthram ayant en 585 assemblé en synode à Mâcon les prélats de son royaume, Amélius y assista en qualité d'évêque de Bigorre : c'est dans les actes de ce concile que pour la première fois il est fait mention de la dîme ecclé-

585

siastique comme d'une redevance (10). Deux ans après Childebert conclut avec Gunthram, à Andelaw, un traité par lequel le survivant des deux était appelé à succéder à l'autre si celui-ci ne laissait point d'enfans mâles; Childebert accordait encore au roi de Bourgogne la jouissance viagère des cités de Limoges, Bordeaux, Béarn et Bigorre; le saxon Childéric, duc de ces trois dernières, qui avait exercé sur elles des vexations énormes, fut destitué et condamné à mort.

594. Après le décès de Gunthram, le Bigorre rentra au pouvoir de Childebert, maître alors des royaumes d'Austrasie et de Bourgogne : c'est lui qui dans le but de rendre chaque district responsable des vols qui s'y commettaient, établit dans les cantons des cités des officiers nommés centéniers, qui avaient dans un degré inférieur les mêmes attributions que les comtes : ils menaient à la guerre, sous les ordres du comte, les ingénus de leurs centènes ; quant au pou-

---

(NOTE 10.) Voici le cinquième canon de ce concile :
« Statuimus ac decernimus ut mos antiquus à fidelibus reparetur, et decimas ecclesiasticis famulantibus cæremoniis populus omnis inferat, quas sacerdotes aut in pauperum usum, aut captivorum redemptionem prærogantes, suis orationibus pacem populo ac salutem impetrent. »

voir judiciaire, ils jugeaient en dernier ressort les causes portées à leur tribunal; mais toutes n'étaient pas de leur compétence. L'état était florissant sous le règne de Childebert. « Votre royaume, lui écrivait saint Grégoire le Grand, est autant au dessus de ceux des autres nations, que les rois sont au dessus des autres hommes. » Ce prince laissa ses états à ses deux fils Theudebert et Thierry; ce dernier eut le royaume de Bourgogne avec le Bigorre.

Thierry signala son règne par la défaite des Vascons. Ces peuples, originaires de l'Espagne, chassés de la Cantabrie et de l'Alava par Leuwigild, roi des Goths, tentèrent de traverser les Pyrénées pour venir chercher dans la Novempopulonie de nouvelles demeures et l'affranchissement d'une domination étrangère : le duc Bladaste voulut en vain les arrêter : il fut battu en 581; Austrowald envoyé pour le venger, n'obtint que de légers succès : il ne put les empêcher de se rendre maîtres en 586 des vallées de Labourd, de Basse-Navarre, et de Soule (11).

(NOTE. 11.) Dès les premiers siècles de l'ère vulgaire des Vascons étaient venus s'établir dans l'Aquitaine, où Pline les place sous le nom de *Vaccei*, auprès des Tarusates. Les descendans de ceux qui vinrent s'établir en 586 dans la Soule, le Labourd et la Basse-Navarre, sont les Basques de nos jours, qui ont conservé les mœurs, le caractère, la langue et presque le nom de leurs ancêtres.

(104)

Thierry crut devoir marcher contre eux en personne : il se ligua avec Theudebert son frère, et vint attaquer ces peuples belliqueux qu'il battit : ils reconnurent la souveraineté du roi de Bourgogne et s'engagèrent à lui payer tribut: sous ces conditions, le pays qu'ils occupaient leur fut cédé. Thierry nomma pour les gouverner le duc Génialis, sous les ordres duquel il mit en outre les villes d'Oloron, Bayonne, Dax, Aire et Béarn.

602.

C'est vers ce tems que saint Savin, fils de Hentilius, comte amovible de Poitiers, vint chercher une retraite dans nos montagnes : il fuyait le monde pour se consacrer au culte du Seigneur ; il s'arrêta au couvent de Saint-Lézer près de Vic-Bigorre, et obtint de l'abbé Forminius un diacre nommé Julien, avec lequel il s'achemina vers les hauteurs du Lavedan ; ils construisirent un petit hermitage au lieu que l'on nommait le palais Emilien et où depuis Charlemagne fonda une riche abbaye.

Thierry étant mort, Clotaire II, roi de Soissons, s'empara de son royaume, au préjudice des enfans qu'avait laissés ce prince, et qu'il fit égorger. Après Clotaire II, Dagobert son fils aîné lui succéda dans tous ses royaumes; en dépit des droits de son frère Charibert qui d'après l'usage établi devait obtenir une partie

612.

628.

des états de son père. Mais les éminentes qualités du jeune Charibert lui firent bientôt un grand nombre de partisans ; Dagobert sentit que son frère pouvait lui devenir redoutable : il s'empressa de traiter avec lui. Il lui céda le Toulousain, le Quercy, l'Agénois, le Poitou, le Périgord et la Novempopulonie, en l'obligeant à renoncer à toutes ses prétentions sur le reste de la monarchie.

630.

CHAPITRE III.

Charibert, roi d'Aquitaine; ses enfans; leurs querelles avec Dagobert. — Eudes; sa puissance. — Arrivée des Sarrasins: leur défaite à Tours. — Ils sont taillés en pièces près d'Ossun par Missolin: leurs restes, flétris du nom de cagots, sont voués à l'opprobre. — Querelles d'Eudes et de ses enfans avec les Carlovingiens. — Les princes aquitains ne conservent que la Novempopulonie.

CHARIBERT prit le titre de roi d'Aquitaine, et partit aussitôt pour Toulouse, dont il fit la capitale de ses états: il y vécut avec éclat, subjugua les Vascons révoltés contre leur duc Amand dont il avait épousé la fille nommée Gisèle, soutint avec gloire l'honneur de la royauté, et fut adoré de ses sujets. Une mort prématurée

631. l'enleva un an après son avènement, et remplit son royaume de deuil et de tristesse.

Il laissait trois fils, Childéric, Boggis et Bertrand: Childéric prit la place de son père; mais son règne ne fut aussi que d'un instant: on soupçonna Dagobert d'avoir avancé le terme des jours de ces deux princes; d'autant plus qu'au préjudice de Boggis et de Bertrand le roi de France voulut s'emparer de la couronne d'Aquitaine; mais le duc des Vascons prit hautement la défense de ses petits-fils; il souleva en leur faveur tous les états qui devaient former leur patrimoine, et qui furent dès-lors désignés sous le nom général de Vasconie, parce que les Vascons étaient en tête de la ligue. Dagobert leva en Bourgogne une puissante armée contre ses neveux : le référendaire Chandoind qui la commandait en chef ayant sous lui dix ducs, envahit le pays et poursuivit Amand jusques dans son duché; un échec qu'il y reçut le disposa à la paix, et il fut convenu qu'Amand se rendrait à Clichy pour en régler les articles avec le roi de France. Le duc des Vascons après avoir apaisé par ses soumissions le courroux de Dagobert, obtint de ce prince qu'il laissât jouir ses neveux des états de leur père, à titre de duché héréditaire (1), sous la re-

636.

(NOTE 1.) Ainsi les provinces devinrent des fiefs, et leurs gouverneurs des vassaux. Il ne faut cependant pas conclure de l'hérédité du gouvernement d'Aquitaine, que l'hérédité des fiefs fût généralement établie dans la monarchie française; c'est comme à l'apanage d'une branche royale plutôt que comme à un simple fief que l'hérédité fut attachée à ce duché.

devance d'un tribut annuel. Dagobert ne se réserva que la souveraineté, dont il transmit les droits à sa mort à son fils Clovis II, roi de Neustrie et de Bourgogne : ces droits passèrent ensuite à Clovis III, puis à Thierry III. Sous ces princes, dont l'autorité était à peine reconnue dans les provinces même où ils résidaient, qui par conséquent étaient trop faibles pour la maintenir dans les provinces éloignées, il ne fut pas difficile aux fils de Charibert de se rendre indépendans dans leur apanage, qui s'augmenta à la mort d'Amand, leur aïeul, de tout le duché des Vascons. Bertrand mourut avant Boggis, laissant un fils nommé Hubert, qui abandonnant ses droits sur la succession de son père, se consacra au culte des autels et devint évêque de Maëstricht, d'où il transféra le siège à Liège. Boggis avait eu de sa femme sainte Ode, issue d'une illustre famille austrasienne, deux fils, Eudes et Imitarius : le premier seul lui succéda.

Eudes était un homme de génie, un prince habile : il sut profiter des conjonctures fâcheuses où l'ambition des maires du palais jetait la France, pour agrandir ses domaines : il réunit sous sa puissance, tant par succession que par conquête, tous les pays situés entre la Loire, l'Océan, les Pyrénées, la Septimanie et le Rhône, et même au delà de ce fleuve.

644.

688.

Raimfroy, maire du palais de Neustrie, chercha à obtenir d'Eudes, en faveur du roi Chilpéric, des secours contre l'ambitieux duc d'Austrasie Charles-Martel, qui depuis trente-sept ans affectait dans ce pays la souveraine puissance au mépris des droits de la race de Clovis : Chilpéric ne crut pas trop acheter ces secours en reconnaissant Eudes pour souverain légitime et indépendant de tous les pays qu'il gouvernait. Eudes assembla ses troupes et marcha avec le roi de Neustrie contre le duc d'Austrasie. Charles fut une seconde fois vainqueur de son roi, et le malheureux prince se réfugia dans les états de son allié. Mais bientôt, trop sûr de déplaire au Français en usurpant ouvertement la couronne, Charles crut devoir renoncer pour quelques tems à ses vues ambitieuses et reconnaître l'autorité de Chilpéric : il envoya des ambassadeurs au prince d'Aquitaine pour traiter avec lui. Eudes, assuré des intentions de Charles-Martel, renvoya le monarque français comblé de présens. 717.

718.

719.

Les Sarrasins, maîtres de l'Espagne depuis 714, entrèrent par le Roussillon sur les terres d'Aquitaine, sous la conduite de Zama; s'étant emparés de Narbonne, ils vinrent mettre le siège devant Toulouse : Eudes vole à leur rencontre et les taille en pièces. Mais quelques 721.

730. années après ils reparaissent, commandés par Munuza, gouverneur de la Cerdagne, et menacent d'envahir le Languedoc : Eudes dont alors toutes les vues se portaient à l'abaissement de l'orgueilleux maire du palais de France, s'empressa d'acheter la paix de Munuza, et lui donna en mariage la belle Lampégie, sa fille, sous la promesse que lui fit ce général d'empêcher les Sarrasins de pénétrer dans ses états. Eudes, libre de ce souci, réunit toutes ses forces pour délivrer les princes de sa famille qui occupaient le trône de France, de la tutelle que s'arrogeait un ambitieux ; mais le parti le plus juste n'est pas toujours le plus heureux : battu à plusieurs reprises, il fut repoussé dans ses états.

Dans le même moment Abdalrahman-ebn-Abdoullah, émir d'Espagne au nom du khalyf

731. Haccham, vint châtier Munuza de l'indépendance qu'il affectait ; celui-ci, réduit à l'extrémité, se précipita du haut d'un rocher : sa veuve Lampégie tomba au pouvoir du vainqueur, qui l'envoya captive au khalyf de Damas. Enflé de ce succès Abdalrahman résolut de faire une irruption au delà des Pyrénées ; ses troupes débouchèrent par les vallées d'Aure, de Bigorre et de Béarn, et se répandirent dans la Vasconie, brûlant, pillant, saccageant les

villes et les campagnes. Abdalrahman rencontra Eudes au delà de la Dordogne, et le défit : Dieu seul, au rapport d'Isidore de Beja, auteur contemporain, put connaître le nombre de chrétiens massacrés dans cette bataille. L'intérêt commun opéra alors la réconciliation de deux ennemis acharnés : Charles-Martel vint au secours d'Eudes, et leurs armées réunies battirent complètement, près de Tours, celle de l'émir sarrasin, qui fut tué dans le combat. Le reste des troupes se dispersa et vint chercher un asyle dans les provinces méridionales ; une partie se cantonna dans le Bigorre, et tâcha de s'y maintenir à l'aide de quelques postes fortifiés ; mais les Bigorrais, las du joug de ces barbares, résolurent de s'en délivrer : la tradition a perpétué chez eux le souvenir de leurs efforts et de leurs succès. Ils prirent les armes, et se réunirent sous les ordres d'un prêtre de Tarbes nommé Missolin, que l'amour de sa religion autant que celui de sa patrie animait contre les musulmans ; les Sarrasins, dispersés dans le pays, se rassemblèrent pour résister à l'orage qui les menaçait ; Missolin marche contre eux, les atteint entre Ossun, Juillan et Louey, les taille en pièces, et en fait un carnage horrible. La plaine où l'on combattit a conservé le nom de Lande-Maurine : les

732.

ossemens (2) et les tombeaux que le laboureur y heurte de sa charrue servent encore aujourd'hui de trophées à ce mémorable combat; et la reconnaissance des Bigorrais célébra long-tems d'année en année le triomphe du prêtre guerrier (3). Les malheureux que l'épée du vainqueur épargna n'eurent d'autre ressource que d'embrasser le christianisme ; mais séparés du reste des fidèles, confinés dans des quartiers éloignés, ils y formèrent une caste abhorrée; des distinctions humiliantes, des épithètes injurieuses servirent à les désigner ; et dans les siècles modernes, le sceau de la réprobation semblait encore empreint sur le front des infor-

(NOTE 2.) Les crânes humains qu'on y a trouvés sont d'une épaisseur qui ne laisse point de doute que ce ne soient des Maures qui périrent dans le combat.

(NOTE 3.) Une petite statue équestre de Missolin occupait autrefois une niche dans l'église d'Arcizac ; elle était de bois, et fut brûlée pendant la tourmente révolutionnaire ; les jeunes filles l'ornaient de fleurs le 24 mai de chaque année. Il se pourrait que cette date rappelât celle de la défaite des Sarrasins, que l'on fixerait alors avec assez de vraisemblance au 24 mai 733, sept mois après la bataille de Tours. A la même époque doit se rapporter un autre combat des Bigorrais contre les Maures, dont la tradition seule a aussi conservé le souvenir : il aurait eu lieu dans la vallée de Campan, sur les champs qui s'étendent entre l'ancien prieuré de Saint-Paul et l'Adour. On y a, dit-on, trouvé des ossemens diverses époques.

tumés cagots (4), lorsque la révolution est venue effacer les derniers vestiges de l'antique haine de nos aïeux.

La réconciliation du prince d'Aquitaine et du maire du palais de France, avant la bataille de Tours, eut à peine deux ans de durée : Charles n'avait pas renoncé à ses projets d'usurpation, et Eudes indigné des outrages que

---

(NOTE 4.) Tous les auteurs ne donnent pas la même origine aux cagots ; les uns désignent les Alains, d'autres les Goths, d'autres les Sarrasins, comme les ancêtres de cette caste malheureuse. Le président de Marca avait embrassé cette dernière opinion : le savant abbé Pallassou, le doyen des observateurs des Pyrénées, a publié sur l'origine des cagots un mémoire intéressant, où il se livre à des recherches curieuses sur leur histoire et leur état politique. Quant au nom de cagots, qu'ils ne portèrent que vers le milieu du seizième siècle, et dont quelques auteurs ont imaginé que l'étymologie se trouvait dans le vulgaire ca-Goth, chien Goth, il est plus probablement dérivé du celtique cacood, ladre ; on sait que la superstition avait appliqué à l'hérésie le soupçon de ladrerie et d'infection : le nom de chrestiàs, chrétiens, qu'ils portaient anciennement, se rapporte à leur conversion ; mais comme cette conversion était forcée, on ne les regarda pas du même œil que les anciens fidèles, et dans les églises une place particulière leur fut assignée ; ils eurent une entrée distincte, un bénitier particulier. M. Pallassou désigne le combat de la Lande-Maurine comme celui qui décida la sujétion des cagots et leur abjuration forcée : M. Sanadon, dans son Essai sur la noblesse des Basques, croit aussi que les Maures vaincus et forcés d'abjurer l'islamisme, sont les ancêtres des cagots des Pyrénées. C'est le mémoire même de M. Pallasson que l'on doit consulter, si l'on veut approfondir cette matière.

l'ambitieux maire faisait à l'autorité des princes de son sang, reprit les armes, et alla de nouveau attaquer celui dont la destinée était de toujours vaincre : battu, humilié de l'abaissement de la maison de Clovis, désespéré de n'avoir pu la rendre à son antique majesté, il mourut de chagrin. Ce fut un prince digne des plus beaux éloges, orné de toutes les qualités qui font les grands hommes, et qui eût été le plus illustre de son siècle si son rival n'eût été plus heureux que lui. Il laissa de sa femme Waltrude, princesse de la plus haute naissance (5), trois fils : Hunauld qui lui succéda, Halton, que l'on croit avoir eu le Poitou en partage, et Rémistan.

735.

Héritier de la haine de son père pour l'usurpateur de l'autorité des princes de sa famille, Hunauld continua la guerre ; mais il ne fut pas plus heureux : accablé de revers, il ne put conserver ses états qu'en reconnaissant les tenir à foi et hommage de son vainqueur, et de ses fils Pépin et Carloman. Mais à la mort de Charles, il chercha à recouvrer son indépendance. Pépin et Carloman entrent sur ses terres

736.

(Note 5.) Elle était fille du duc Walchigise : Charles le Chauve la nomme sa parente dans la charte de confirmation de la fondation du monastère d'Alaon, au diocèse d'Urgel.

y font le dégât, et détruisent le château de Loches, qui passait pour imprenable. Hunauld se ligue contre eux avec Odilon, duc de Bavière, et pendant qu'ils sont occupés par les Allemands et les Saxons, ses alliés, il passe lui-même la Loire, et se venge sur Chartres de la destruction de Loches; mais ses succès sont de courte durée: il se voit obligé de demander la paix aux princes français, et de se reconnaître leur vassal: il croit avoir à se plaindre en cette occasion de son frère Halton; il l'attire à sa cour, et lui fait crever les yeux; détestant ensuite son horrible vengeance, il abdique la couronne ducale, et court ensevelir dans le monastère de l'île de Rhé fondé par son père, ses remords et son repentir. Son fils Waïfer, devenu par cette abdication souverain de tous les états de la couronne d'Aquitaine, ne fut pas moins que ses ancêtres l'ennemi acharné de la famille ambitieuse qui détrônait la maison de Clovis.

Grippon, le dernier des enfans de Charles-Martel, mécontent de Pépin qui refusait de partager avec lui sa puissance et voulait le retenir dans une étroite tutelle, vint se jeter dans les bras de Waïfer: il y trouva un asyle; en vain le duc des Français envoya redemander son frère; Waïfer le refusa avec hauteur. Quand

il se fut assis sur le trône des rois de France;
Pépin reçut de Waïfer un nouvel outrage : le
duc, né du sang de Clovis (6), refusa obstinément de reconnaître l'autorité d'une dynastie

---

(NOTE 6.) Plaçons ici un aperçu généalogique de cette descendance :

Clovis mort en 511, fut père de Clotaire Ier, roi de Soissons,
mort en 562, et celui-ci de Chilpéric mort en 584. Chilpéric fut
père de Clotaire II mort en 628 ; ce dernier eut deux fils : 1.°
Dagobert, qui continua la maison de France ; 2.° Charibert, chef
de la branche d'Aquitaine, mort en 631.

Charibert eut trois enfans : 1.° Chilpéric mort en 631 sans
postérité ; 2.° Boggis qui mourut en 688 ; 3.° Bertrand mort avant
Boggis et père de saint Hubert premier évêque de Liège. Boggis eut
deux fils : 1.° Eudes mort en 735 ; 2.° Imitarius. Eudes eut quatre
enfans : 1.° Hunauld, duc d'Aquitaine, qui abdiqua en 745 et fut
tué à Pavie en 774 ; 2.° Halton, comte de Poitou, qui eut les
yeux crevés en 744 ; 3.° Rémistan, pris par Pépin et pendu en 767;
4.° Lampégie, femme de Munuza gouverneur maure de la Cerdagne. Hunauld, l'aîné des fils d'Eudes, était le père de Waïfer qui
se trouvait ainsi être le huitième descendant de Clovis en ligne
directe masculine.

Indiquons maintenant la postérité de Halton, frère de Hunauld;
il eut trois fils : 1.° Loup Ier qui fut duc de Gascogne après
Waïfer et mourut en 774, n'ayant eu qu'une fille femme de Waïfer;
2.° Ictérius, comte d'Auvergne, dont on ne connaît pas la descendance ; 3.° Artalgarius donné en otage à Pépin en 760, par Waïfer.
Artalgarius eut un fils, Wandrégésile, comte de la marche de Gascogne, qui fonda le monastère d'Alaon au diocèse d'Urgel, et mourut avant 845. Celui-ci eut quatre fils : 1.° Bernard comte de la
marche de Gascogne ; 2.° Halton comte de Pailhas au diocèse d'Urgel ; 3.° Antoine vicomte de Béziers ; 4.° Aznar vicomte de Louvigny et de Soule.

usurpatrice ; et Pépin, occupé alors contre les Sarrasins de la Septimanie, fut obligé de dissimuler son dépit de ce double affront. Délivré des infidèles, il marche contre Waïfer, et celui-ci pour arrêter le succès de ses armes, promet de satisfaire à ses griefs au plaids du champ de mai : c'est pendant que Pépin préside cette assemblée, que le fer et la torche à la main, il s'avance jusqu'à Châlons-sur-Saône dont il brûle les faubourgs, et ne repasse la Loire que chargé de butin. Pépin, ne respirant que la vengeance, s'avance contre lui avec toutes ses troupes, ravage ses terres, et le rencontre enfin près d'Issoudun, où Waïfer lui présente la bataille : malgré sa bravoure, l'infortuné duc, abandonné des Vascons de son armée, est défait, et n'échappe qu'à la faveur des ténèbres. Il demande la paix ; mais Pépin la refuse, le poursuit, et le bat une seconde fois près de Narbonne ; pour comble de disgrâces, le comte de Poitiers, Amanuge, est défait et tué dans la Touraine, où il combattait pour Waïfer, et celui-ci se voit abandonné par son oncle Rémistan, qui se soumet à Pépin. Mais par une inconstance qui lui fut funeste, Rémistan quitte le parti de Pépin pour venir au secours de son neveu : il est pris, et il paie de sa tête sa défection. Enfin le malheureux

761.

764.

765.

767.

Waïfer, après avoir erré de caverne en caverne, est assassiné par ses propres domestiques que le roi de France avait gagnés.

Il laissait un fils de sa femme Adèle ; mais ce fils était trop jeune pour prendre les rênes du gouvernement dans ce moment critique : ce fut son aïeul Loup, fils de Halton, cousin et beau-père de Waïfer, qui les saisit. Du vaste domaine d'Eudes il ne restait à Loup que la Novempopulonie : envain le vieux Hunauld, sorti de son cloître, chercha à recouvrer les Aquitaines pour son neveu ; elles étaient perdues sans retour ; la Novempopulonie seule demeura au pouvoir des descendans de Clovis ; le nom de Vasconie ou Gascogne fut alors restreint à cette partie de leur ancien domaine.

CHAPITRE IV.

La Gascogne devient un fief héréditaire de la couronne de France. — Division du duché: Adalric a le Bigorre. — Charlemagne veut capter la bienveillance des Gascons: fondation de l'abbaye de Saint-Savin.—Vaine destitution d'Adalric. — Sa mort. — Ses successeurs. — Le Bigorre érigé en comté héréditaire.—Coup-d'œil sur les progrès de la féodalité.

Les entreprises du vieux Hunauld pour recouvrer les Aquitaines, échouèrent devant la puissance du fameux Charles, fils et successeur de Pépin; poursuivi par ce monarque, il chercha une retraite dans les états de son neveu; mais Charles le fit redemander, et Loup, dans la crainte de se voir entièrement dépouiller par le roi de France, lui livra son oncle. Ce prince prisonnier obtint la permission d'aller finir ses jours à Rome; mais la haine de la dynastie carlovingienne le conduisit à la cour du roi des Lombards, et il mourut enfin en défendant avec lui Pavie contre l'armée de Charles. Loup ne conserva son duché qu'en reconnaissant le tenir

774.

en fief héréditaire mouvant de la couronne de France; et il ne chercha jamais à secouer ce joug, honteux au sang dont il était issu. A sa mort, la couronne ducale revint au fils de Waïfer.

Le nouveau duc, nommé Loup comme son aïeul maternel, était le digne fils de Waïfer; son père lui avait transmis toute sa haine contre les oppresseurs de sa famille; mais Loup était trop faible pour s'opposer de front au redoutable monarque français; il chercha l'occasion de se mesurer avec lui sans trop de désavantage: il la trouva bientôt. Charles appelé en Espagne par quelques gouverneurs sarrasins qui voulaient se maintenir dans leur indépendance contre les entreprises d'Abdalrahman-ebn-Moawiah, fondateur du khalyfat d'Espagne, traversa
778. le Bigorre (1) et le Béarn pour courir à de nou-

___

(Note 1.) Le souvenir du passage de Charlemagne et des preux qui l'accompagnaient est conservé dans nos montagnes par cette tradition populaire dont rarement le fondement est sans vérité, mais que le merveilleux altère à mesure que s'éloigne le siècle où elle prit naissance. Les paysans du Bigorre montrent à l'étranger la fameuse brèche de Roland, énorme scission de deux roches jadis unies, à travers laquelle on aperçoit l'Espagne; et que l'on attribue à un coup de la redoutable épée du neveu de Charlemagne : peut-être est-il vrai que Roland, gravissant le Marboré pendant que les autres troupes débouchaient par des ports d'un accès plus facile, passa avec ses chevaliers par cette ouverture, aux yeux de l'armée stupéfaite

veaux succès; mais à son retour, Loup l'attendit dans les défilés de Roncevaux et lui tailla en pièces son arrière-garde. Charles, furieux de cet échec, ne chercha plus qu'à se venger; il parvint à se faire livrer le malheureux duc, et il n'eut pas horreur de faire périr par le dernier supplice un rejeton de ses anciens maîtres. Le ressentiment de la journée de Roncevaux animait encore le petit-fils de Charlemagne, et les épithètes les plus injurieuses lui semblaient faibles lorsqu'il parlait du fils de Waïfer (2). Loup laissait deux fils, Adalric et Loup-Sanche, qui partagèrent entr'eux les états de leur père : le Bigorre fut compris dans le lot d'Adalric.

Dans le même tems, la reine de France mit au jour un fils nommé Louis, auquel son père donna dès sa naissance le titre de roi d'Aquitaine : la suzeraineté sur le duché de Gascogne

---

et laissa son nom à ce passage, qu'on vient interroger aujourd'hui sur les exploits du preux qu'a chanté l'Arioste.

(Note 2.) Voici comment Charles le Chauve parle de ce prince dans la charte d'Alaon :

« Ille omnibus pejoribus pessimus ac perfidissimus suprà omnes mortales, operibus et nomine Lupus, latro potiùs quàm dux dicendus, Vifarii patris scelestissimi avique apostatæ Hunaldi improbis vertigiis inhærens,..... dùm simulanter atrox nepos sacramentum glorioso avo nostro Carolo multiplex dicebat, solitam ejus majorumque suorum perfidiam expertus, in reditu ejus de Hispanià, cum scarà latronum comites exercitûs sacrilegè trucidavit. »

était atachée à cette dignité. Charles mit tous ses soins à lui attirer la bienveillance des peuples de cette province, dont il ne connaissait que trop la haine pour un joug étranger : il le fit élever avec de jeunes Gascons, et lorsqu'il le manda à la diète de Paderborn, le jeune Louis s'y présenta avec eux et vêtu comme eux ; il portait un pourpoint fort étroit et un petit manteau rond, ayant les manches de la chemise très-amples, le haut de chausses fort large, et des bottines où l'éperon était enfoncé; sa bonne grâce sous le costume gascon fit l'admiration de toute la cour. Peut-être est-ce vers ce tems que Charles fonda, dans la vallée de Lavedan, au comté de Bigorre, un riche monastère sous l'invocation de saint Savin, qui avait habité pendant treize années un hermitage dans ces montagnes; les chartes de cette abbaye désignent Charles comme en étant le fondateur (3).

Tant de soins furent infructueux ; ils ne purent ôter aux Gascons leur amour pour l'indé-

---

(Note 3.) Le monastère de Saint-Savin fut fondé au lieu appelé le palais Emilien : il occupait toute la place où est le bourg ; les églises de Saint-Jean et de Notre-Dame étaient dans son enceinte. Détruit vers 843 par les Nothmans, il fut reconstruit un siècle après par le comte de Bigorre Raymond Ier, ainsi que nous le dirons en son lieu.

pendance, et la Gascogne méridionale, qui formait le domaine du jeune Adalric, se maintint dans une révolte presque continuelle contre l'autorité du roi d'Aquitaine. A peine en état de porter les armes, Adalric se met à la tête de ses Gascons et commet diverses hostilités : Chorson, duc bénéficiaire de Toulouse, est envoyé pour l'arrêter ; mais il a le malheur d'être pris, et il ne rachète sa liberté que par le serment qu'il fait de ne jamais porter les armes contre Adalric, pas même par ordre du roi son maître. Charles irrité cite et Chorson et Adalric à la diète de Worms, destitue le premier de son gouvernement, et ose prononcer aussi la destitution et le bannissement du duc de la Haute-Gascogne. Cette entreprise anima le courroux des peuplades pyrénéennes : elles prennent les armes pour soutenir leur duc, et Charles se voit obligé de révoquer sa sentence; il n'obtint qu'à ce prix la pacification de la Gascogne.

787.

790.

Cette contrée était partagée en plusieurs gouvernemens, dans chacun desquels la principale autorité appartenait à un comte bénéficiaire amovible (4), officier du duc ; le comte avait

---

(Note 4.). Si l'on en croit une généalogie de la maison d'Albret composée dans le quatorzième siècle, quelques comtes de Bigorre,

dans les parties les plus importantes du comté, telles que les frontières, un lieutenant bénéficiaire nommé vicomte, dont l'office devint héréditaire lorsque l'hérédité des fiefs fut généralement établie (5); les autres parties de son gouvernement étaient régies par des officiers nommés vicaires ou viguiers. Les comtés renfermés dans le duché de Gascogne étaient celui de Bazas, celui de Fezensac, celui de Lectoure, celui de Comminges, celui de Bigorre et celui de Gascogne; ce dernier n'était autre chose que le duché accordé autrefois à Génialis. Les comtés qui bordaient les Pyrénées étaient réunis sous l'autorité du duc Adalric; les autres formaient l'apanage de Loup-Sanche.

Louis ayant voulu établir le français Liutard comte de Fezensac, les Gascons refusèrent de reconnaître un comte étranger, imposé d'ailleurs par un autre que leur duc; ils s'ameutèrent, et les gens du roi d'Aquitaine furent massacrés ou brûlés. Louis se rend à Dax et y

---

quoique amovibles, s'étaient transmis leur office de père en fils. A Garcie-Ximin mort en 758, aurait succédé son fils Garcie-Ignigue mort en 802.

(Note 5.) Les vicomtés héréditaires qui existèrent alors en Bigorre furent celles de Lavedan, de Castelloubon, de Montaner, d'Asté, de La Barthe et d'Aure. La vicomté d'Uzer est d'érection bien postérieure et ne date que de l'an 1614.

mande les chefs de la révolte, qui refusent d'obéir; il entre alors avec toute son armée sur les terres d'Adalric, qui se voit obligé de plier : mais à peine le roi a-t-il passé les Pyrénées pour aller combattre les Sarrasins de la Navarre, qu'Adalric se relève et court attendre dans les défilés de Roncevaux, le retour du monarque aquitain, dans l'espoir de laver dans le sang de ses ennemis la honte de ses soumissions : Louis était sur ses gardes; les Gascons furent taillés en pièces, et Centulle, second fils de leur duc, fut tué dans la mêlée. Adalric lui-même fut pris et périt du dernier supplice.

809.

812.

Les états d'Adalric devinrent le partage de Ximin son fils aîné, et de son petit-fils Loup, fils de Centulle tué à Roncevaux. A peine Louis, devenu empereur par la mort de Charlemagne, eût-il quitté l'Aquitaine, que Ximin tâcha de recouvrer l'indépendance de ses aïeux, et ne voulut plus reconnaître de suzerain. Louis, blessé de cette arrogance, le déclara déchu de sa dignité : mais il fallait plus que des sentences pour enlever aux Gascons leur souverain légitime. Des deux côtés on courut aux armes, et Pépin, nommé roi d'Aquitaine, conduisit les troupes impériales contre celles des Gascons. Ximin fut tué dans un premier combat, en 816; son fils Garcie prit sa place, et deux

814.

816.

818. ans après il perdit dans une bataille la victoire et la vie : et ses enfans s'exilant de leur malheureuse patrie, allèrent chercher au delà de leurs montagnes d'autres états et d'autres sujets; ils devinrent les chefs des chrétiens d'Aragon.

Loup-Centulle, cousin de Garcie, restant seul duc de la Haute-Gascogne, chercha à venger tant d'outrages faits à sa famille; il continua la guerre, mais le sort des armes ne lui fut point
819. favorable. Il perdit en 819 une bataille où son frère Gersend fut tué; lui-même, dit Eginhard, n'échappa que par la fuite à une mort certaine: il fut pris bientôt après par Bérenger, duc de Toulouse, et Warin, comte d'Auvergne, et amené à l'empereur, qui le dépouilla de son duché au parlement d'Aix. Pépin fut chargé de pacifier la Gascogne, qui enlevée à la race de Clovis (6), fut mise sous le gouvernement d'un

---

(Note 6.) Reprenons la généalogie de cette famille illustre et malheureuse, depuis Waïfer, où nous l'avons laissée dans la note du chapitre précédent.

Waïfer, huitième descendant de Clovis, mourut assassiné en 768; il laissait un fils, Loup II, qui n'hérita de ses états qu'en 774, après la mort de son aïeul maternel Loup Ier; Loup II mort en 778, eut deux fils : 1.º Adalric, duc de la Haute-Gascogne, pris à Roncevaux en 812 et pendu; 2.º Loup Sanche, duc de la Gascogne septentrionale, mort avant 823 laissant deux fils, Aznar tué en 836, et Sanche mort avant 864, qui possédèrent successivement le comté de Gascogne, et ne laissèrent point de postérité. Adalric

duc amovible. Loup-Centulle se retira en Castille, où il obtint un bénéfice; mais il laissait en France deux fils, Donat-Loup et Centulfe-Loup; ces jeunes princes conservèrent, du consentement de l'empereur, une partie de la succession de leur père, sous la redevance de l'hommage. Centulfe fut pourvu de la vicomté de Béarn, au comté de Gascogne, dont la postérité de Loup-Sanche, frère d'Adalric, conserva le gouvernement : Donat-Loup reçut l'investiture du Bigorre à titre de comté héréditaire (7), et c'est seulement depuis cette époque que nos chroniques peuvent former un corps d'histoire distinct de l'histoire générale.

---

deux fils : 1.° Ximin tué en 816, père de Garcie-Ximin qui fut tué en 818 et dont les enfans se retirèrent en Espagne; 2.° Loup-Centulle qui vaincu en 819, passa en Espagne et laissa en Gascogne deux fils : 1.° Donat-Loup, premier comte héréditaire de Bigorre; 2.° Centulfe-Loup, premier vicomte héréditaire de Béarn.

(Note 7.) N'oublions pas que c'étaient des princes apanagés, et non des bénéficiers ordinaires. Le vicomte de Béarn fut le vassal naturel du comte de Gascogne, des états duquel cette vicomté faisait partie, et qui était aussi un prince apanagé de la même famille; mais le comte de Bigorre et celui de Gascogne ne purent être les vassaux du duc de Gascogne, officier amovible : ils furent les vassaux du roi. Le gouvernement du duc de Gascogne ne dut comprendre que la Novempopulonie, hors les deux comtés laissés en apanage au sang de Clovis; mais lorsque le duché et le comté de Gascogne furent réunis sur la même tête, le Bigorre seul demeura hors du domaine des ducs et comtes de Gascogne.

Jetons ici un coup-d'œil sur les progrès qu'avait faits le gouvernement féodal. Les grands avantages civils que présentait la qualité de vassal du roi sur celle d'homme libre avaient fait transformer en fiefs la plupart des alleus, dont les possesseurs n'avaient pas moins continué d'être soumis à la juridiction comtale; lorsque les grands offices furent inféodés, c'est-à-dire que ceux qui les exerçaient devinrent les vassaux du roi, et que les provinces qu'ils gouvernaient furent des fiefs, les comtes se trouvèrent placés entre le roi et ses vassaux; ceux-ci devinrent les vassaux des comtes; les vassaux des comtes devinrent à leur tour les vassaux des vicomtes et des grands seigneurs ou barons; il n'y eut guères plus alors d'hommes libres. Le roi seul n'eut pas de seigneur : le peuple qui formait le dernier chaînon de l'institution féodale fut presque entièrement asservi. L'établissement de l'hérédité des fiefs vint consolider cet ordre de choses, et l'on ne vit plus que des seigneurs, des vassaux et des serfs. Les habitans des vallées de Lavedan et de Barèges conservèrent seuls dans le Bigorre une liberté quelquefois dangereuse à leurs maîtres.

LIVRE QUATRIÈME.

PRÉCIS DES ÉVÈNEMENS DEPUIS L'ÉRECTION DU BIGORRE EN COMTÉ HÉRÉDITAIRE JUSQU'AUX QUERELLES DE LA SUCCESSION DE PÉTRONILLE.

CHAPITRE PREMIER.

Obscurité de l'histoire des premiers comtes.— Donat-Loup. — Ignigue ; il devient roi de Navarre. — Daton-Donat lui succède sous la redevance de l'hommage à la Navarre.— Ténèbres historiques.— Loup-Donat.— Irruption des Northmans : ravage du Bigorre ; prise de Tarbes.— Les Northmans chassés.— Relâchement des mœurs. — Inféodation des dîmes. — Raymond Ier. — Louis. — Garcie-Arnaud. — Fondation de Saint-Pé.— Gersende de Bigorre, mariée à Bernard-Roger de Carcassonne.

Les tems ont enseveli dans une obscurité profonde les annales de nos premiers comtes : en vain l'historien cherche à pénétrer les nuages qui les environnent ; s'il entrevoit un instant quelques uns de ces princes, il est des époques dont il ne peut percer les ténèbres. Le généalogiste fait des conjectures : l'historien respecte la nuit des tems ; il marque les lacunes.

819. Donat-Loup reçut, nous l'avons dit, de Louis le Débonnaire, l'investiture du comté de Bigorre, à titre de fief héréditaire mouvant de la couronne de France. Cette concession n'était à proprement parler que la confirmation de celle qui avait été faite par les fils de Garcie Ximin aux enfans de Loup-Centulle (1). Déjà sans doute existait l'abbaye de Saint-Orens de Lavedan, puisque après la mort du comte Donat nous voyons sa veuve Faquilène donner plusieurs héritages à ce monastère, dont Aner de Buzon était alors abbé.

826. Ignigue succéda à Donat-Loup ; c'était un

(NOTE 1.) Ce fait se trouve rapporté dans la charte de confirmation par Charles le Chauve, de la fondation par Wandrégisile du monastère d'Alaon, aujourd'hui de l'O, au diocèse d'Urgel « Nam post inaugurationem in Hispaniâ filiorum Garcimiri comitis citerioris Vasconiæ suprà nominati, juxtà eorum donationem regiæ diplomate munitam, omne jus super eas, et præcipué super Bigorritanum et Benarnensem comitatus ad Donatum-Lupum et Centu-Lupum, prædicti Lupi-Centulli ducis filios, devolutum. Quod à genitore nostro et nobis confirmatum duplici exstat præcepto. Nunc et illos tenent dictus Donatus-Lupus comes, et Centu- jamdicti Centu-Lupi Benarnensis vicecomitis filius. »

homme vaillant, hardi, entreprenant : son caractère martial lui avait mérité le surnom d'Arriscat. Le renom de sa bravoure remplissait les pays voisins : les Navarrois qui cherchaient à secouer le joug des Maures crurent qu'ils ne pouvaient déférer la couronne et le soin de leur liberté à un prince plus digne que lui : d'une voix unanime ils élurent Ignigue pour leur roi; et le comte se rendant à leurs vœux, alla les affranchir de la domination des Sarrasins, et fonder au delà des Pyrénées la puissance de cette redoutable maison qui donna des rois illustres à tous les trônes chrétiens d'Espagne (2).

―――――――――――

(Note 2.) Présentons ici un aperçu généalogique de cette descendance :

Ignigue, quatorzième descendant de Clovis, élu chef des Navarrois vers 829, mort vers 835, eut pour fils Ximin, qui lui succéda et mourut après 842. Ximin eut deux fils : 1.º Ignigue II, qualifié duc des Navarrois par la chronique de Fontanel, mort avant 858 ; 2.º Garcie-Ximin, qui suivant l'opinion généralement adoptée, porta le premier, vers 860, le titre de roi de Navarre : il mourut sans postérité avant 867. Ignigue II eut pour fils Garcie-Ignigue, qui succéda à Garcie-Ximin, et mourut vers 885, laissant deux fils : 1.º Forton, son successeur, qui dégoûté du monde abdiqua en 905 pour se retirer au couvent de Saint-Sauveur de Leyra ; 2.º Sanche-Garcie, qui succéda à Forton et mourut en 926. Sanche-Garcie eut trois enfans : 1.º Sanche Abarca, ou le Guêtré, mort en 994 ; 2.º Urraque, femme de Guillaume-Sanche, duc de Gascogne ; 3.º Sancie, femme d'Ordogne II, roi de Léon. Sanche Abarca eut pour successeur son fils

8291 En montant sur celui de Navarre, Ignigue céda à son frère Daton-Donat le comté de

Garcie II, surnommé le Trembleur, de ce que, bien que brave, il tremblait toujours en revêtant ses armes ; il mourut vers l'an 1000. Son fils Sanche le Grand réunit par succession ou mariage tous les trônes chrétiens d'Espagne ; il fut assassiné en 1035. Il laissait quatre fils : 1.° Garcie, roi de Navarre ; 2.° Ferdinand, roi de Castille et de Léon ; 3.° Gonzalve, roi de Sobrarre et de Ripagorce, assassiné en 1038, sans postérité ; 4.° Ramire, fils naturel, roi d'Aragon.

Esquissons successivement la généalogie des trois branches issues de Sanche le Grand :

Branche de Navarre : Garcie III, roi de Navarre, fils de Sanche le Grand, eut trois fils : 1.° Sanche IV, qui lui succéda, assassiné en 1076 par son frère Raymond ; il ne laissait pas d'enfans : ses états passèrent au roi d'Aragon au préjudice de ses frères ; 2.° Ramire, seigneur de Calahorra, mort en 1084 ; 3.° Raymond, l'assassin de Sanche IV, mort sans postérité. Ce fut Ramire qui continua la branche de Navarre : il eut un fils nommé comme lui Ramire, qui fut seigneur de Monçon, épousa une des filles du Cid, et mourut en 1116. Il eut pour fils Garcie V, qui recouvra la couronne de Navarre en 1134, et mourut vers 1150, laissant quatre enfans : 1.° Sanche VI, le Sage, son successeur, mort en 1194 ; 2.° Blanche, femme de Sanche III, le Désiré, roi de Castille ; 3.° Marguerite, femme de Guillaume le Mauvais, roi de Sicile ; 4.° Sancie, femme de Gaston V, vicomte de Béarn. Sanche VI eut trois enfans : 1.° Sanche VII, le Fort ou l'Enfermé, qui combattit à la fameuse bataille de las Navas de Tolosa, en 1212, et mourut sans postérité en 1234, après avoir désigné pour son successeur son neveu Thibaud le Posthume ; 2.° Bérengère, femme de Richard Cœur-de-Lion, roi d'Angleterre ; 3.° Blanche, femme de Thibaud III, comte de Champagne, dont elle eut un fils Thibaud le Posthume, qui succéda à son oncle Sanche VI. La couronne de Navarre passa ainsi dans la maison de Champagne.

Bigorre, sous la réserve de l'hommage pour lui et ses successeurs. Remarquons que cette

---

Branche de Castille : Ferdinand Ier, roi de Castille par son père, et de Léon par sa femme, conquit sur les Sarrasins le Portugal et la Vieille-Castille méridionale. Il mourut en 1065, laissant cinq enfans : 1.º Sanche II, roi de Castille, qui eut pour général le fameux Rodrigue Diaz de Bivar ; il fut assassiné en 1072, ne laissant point d'enfans ; 2.º Alphonse VI, roi de Léon, qui succéda à son frère en Castille ; et mourut en 1109 ; 3.º Garcie, roi de Galice, mort en 1091 sans postérité ; 4.º Urraque, qui eut l'infantado de Zamora ; 5.º Elvire, qui eut l'infantado de Toro. Alphonse VI eut quatre enfans : 1.º Urraque, qui lui succéda, mariée en premières noces à Raymond, de la maison de Bourgogne comtale, épousa en secondes noces Alphonse le Batailleur ; elle mourut en 1126, et la couronne de Castille et de Léon passa à la maison de Bourgogne comtale, par l'avènement de son fils Alphonse ; 2.º Sanche mort à onze ans en 1108 ; 3.º Thérèse, mariée à Henri, cadet de la maison de Bourgogne ducale, auquel elle porta en dot le comté de Portugal, érigé ensuite en royaume par son fils ; 4.º Elvire, femme de Raymond de Saint-Gilles, comte de Toulouse.

Branche d'Aragon : Ramire Ier, roi d'Aragon, fils de Sanche le Grand, épousa en 1036 Gisberge de Bigorre, fille du comte Bernard-Roger. Il réunit en 1038 Sobrarve et Ripagorce, et mourut en 1063, laissant ses états à son fils Sanche-Ramire, élu roi de Navarre à la mort de son cousin Sanche IV, en 1076. Il décéda en 1094, laissant trois fils : 1.º Pierre Ier, son successeur, mort en 1104 sans postérité ; 2.º Alphonse, surnommé le Batailleur pour avoir combattu dans vingt-neuf batailles, succéda à Pierre, et mourut aussi sans postérité en 1134 ; 3.º Ramire, dit le Prêtre-Roi, sorti du cloître pour succéder à Alphonse, se marie, et rentre au couvent en 1137, après avoir eu une fille, Pétronille, qui lui succéda, et fut mariée à Raymond-Bérenger, comte de Barcelonne. Elle mourut en 1162, et la couronne d'Aragon passa alors à la maison de Barcelonne, dans la personne de son fils Alphonse le Chaste.

réserve ne pouvait préjudicier aux droits de la couronne de France, dont le Bigorre était un fief, quoiqu'il cessât d'en être une mouvance immédiate. Ignigue ne cessa point d'être vassal du roi de France pour la terre de Bigorre, et ses successeurs ne pûrent conserver de suzeraineté sur ce comté qu'en reconnaissant celle des rois de France. Sous le gouvernement de Daton Donat, nous trouvons un Sanche d'Asté, abbé de Saint-Orens de Lavedan.

Près d'un siècle s'écoule depuis Daton sans que nous puissions découvrir la moindre lumière sur la succession des comtes; le nom de Loup-Donat (3) se rencontre seul au milieu de ces

___

(Note 3.) Ce nom seul pourrait suffire pour combler la lacune qui se trouve ici dans nos annales, s'il était permis à un historien de regarder comme des faits positifs des inductions assez probables. Nous réunirions alors les diverses considérations suivantes : d'abord, que l'intervalle qui sépare Daton-Donat de Raymond Ier a pu être rempli par le règne de deux comtes; c'est le sentiment qu'a adopté le savant de Marca dans la liste qu'il donne des comtes de Bigorre, en tête de son histoire de Béarn, et que l'abbé d'Expilly paraît avoir suivi dans son Dictionnaire des Gaules; l'un de ces comtes est Loup-Donat : observons ensuite que dans ce tems les noms doubles, tels que celui de Loup-Donat, étaient une indication de la filiation de ceux qui les portaient, le second étant patronymique; Loup-Donat, appelé *Lupus-Donati* dans les anciens titres, n'est autre que Loup, fils de Donat : et si nous remarquons enfin que la succession héréditaire était établie dans le Bigorre par concession de Charlemagne, nous pourrons croire avec quelque vraisemblance que le comte Daton qui succéda

ténèbres historiques. Ce défaut de chroniques et de titres nous vient sans doute des désordres que causèrent dans nos malheureuses contrées les dernières irruptions des barbares du nord.

Les sauvages habitans de la Norwège et du Danmoerck, confondus sous le nom de Northmans, quittant, comme autrefois les Goths et les Wandales, les rivages de la Baltique, vinrent porter dans nos campagnes le ravage et la désolation. Montés sur de légers vaisseaux, ils couraient et dévastaient les côtes; lorsqu'elles n'offrirent plus rien à leur avidité, ils s'avancèrent dans les terres.

Pendant que quelques unes de leurs hordes étaient arrêtées devant Bordeaux par Totilon, duc bénéficiaire de Gascogne, et comte en même tems de Bordeaux et de Fezensac, d'autres pénétrèrent dans la Gascogne, pillant, brûlant les monastères et les temples, violant les femmes, les filles, et les vierges consacrées à Dieu, égorgeant les vieillards et les prêtres, emmenant en esclavage les hommes et les enfans.

---

en 829 à Ignigue son frère, fut remplacé par son fils Donat, lequel le fut à son tour par son fils Loup, auquel aurait succédé son fils Raymond, mort vers le milieu du dixième siècle. Alors, chacun des règnes de ces quatre princes aurait pu avoir une durée moyenne de 32 ans, ce qui n'est nullement contre la vraisemblance.

Eluse, Bazas, Aire, Lectoure, Dax, Labourd, Oloron et Béarn ruinées marquent leur passage (4).

Tous les monastères du Bigorre furent bientôt saccagés et détruits. Tarbes, entourée de fossés, protégée par le château fort qui était le séjour ordinaire des comtes, chercha à se défendre de leur rage; mais le bélier abattit ses murs et la capitale du Bigorre ne fut plus dans un instant qu'un monceau de cendres et de ruines : l'évêque Gérauld se déroba par la fuite aux fureurs des barbares. Leurs cruautés excitèrent la rage et le désespoir dans le cœur des Bigorrais; l'horreur d'être égorgés de sang-froid ou de se voir destinés au plus dur esclavage, leur donne une force surnaturelle, et leur fait tenter un dernier effort; secourus de quelques

844.

(NOTE 4.) Voici les expressions d'une ancienne charte de Lescar.

« Post obitum beati Galactorii episcopi et martyris extitit quædam gens Gundalorum, ac destruxit omnes civitates Gasconiæ, et corpora sanctorum quæ invenit destruxit et subvertit flammis et igne. Civitates quæ destructæ fuerunt, fuit Aquis, Lascurris, Oloren, ecclesia Tarbæ, civitas Auxiensis, civitas Elicina metropolitani, Cosorensi, Convenasi, Lactoren, Sotiense, Basatense, Laburdens, et sedes Gasconiæ fuerunt in oblivione multis temporibus, qui nullus episcopus in eas introivit. »

Le président de Marca explique par Northmans le gens Gundalorum, expression qui dans le moyen âge fut employée pour désigner en général les barbares du nord, d'où étaient venus les Wandales

Béarnais, ils se jètent sur leurs avides oppresseurs, appesantis par le butin qu'ils enlevaient: la fortune seconde leur ardeur, et ils font des barbares un horrible carnage (5).

L'irruption des Northmans avait désolé la Gascogne; ses villes étaient abattues, ses campagnes dépeuplées, ses temples détruits, ses prêtres égorgés. Le besoin de se reproduire introduisit parmi les malheureux échappés au fer des barbares, des abus condamnables, des alliances incestueuses : le pape Jean VIII instruit de ce dérèglement de mœurs et de la facilité avec laquelle les Gascons osaient former des nœuds réprouvés par les lois divines, exhorta les évêques à réprimer ces désordres : il écrivit à Ayrard, évêque d'Auch, Sarstonus, évêque de Bigorre, Involdat, évêque de Comminges, et Arnaud, évêque de Conserans, pour leur recommander de s'opposer à ces abus (6). L'évêque

879.

(Note 5.) Tous les ans, le 21 mai, on faisait à Tarbes une procession en mémoire de cette délivrance inespérée, attribuée à l'intercession de saint Lizier et de saint Missolin. L'usage en est suspendu depuis quelques années.

(Note 6.) Voici quelques fragmens de cette lettre :
« Præterea unum valdè illicitum et execrabile malum contra venerabilia sanctorum patrum decreta, eosdem vestros parochianos committere audimus, hoc est ut nullâ generis consanguinitate custodita, nullâ propinquitatis parentelâ observatâ, unusquisque suam propinquam in quocumque fuerit gradu, accipiat in uxorem, atque

d'Auch était devenu métropolitain de Gascogne depuis la ruine d'Eluse.

D'un autre côté, le manque de prêtres laissait sans maîtres les dîmes que le peuple était tenu de leur payer : les seigneurs temporels s'approprièrent comme un bien vacant le droit de les percevoir ; la prescription légitima leur usurpation : dès-lors les dîmes devinrent des droits féodaux, et le propriétaire laïc de ces droits eut, par une conséquence naturelle, celui de présenter à la nomination de l'évêque le clerc en faveur duquel il voulait se départir de la jouissance de ces dîmes ; de là les dîmes inféodées et le droit de présentation à la cure devenus l'apanage des seigneurs : de là les seigneurs devenus abbés laïcs héréditaires (7).

---

in incesto et nefario conjugio se copulent ; quod licitum facere christianis non est, dùm usque se generatio cognoverit... quis verò in hoc nefario conjugio inventus in eo permanere voluerit, aut nunc ab uxore solutus hoc agere tentaverit, sciat auctoritate apostolicâ anathematis vinculo se esse inundatum, et nullus sacerdos illi tribuat communionem ; et si inclinatus ab illicitâ se copulâ diviserit, pœnitentiæ summitatur, ut sacerdos loci consideraverit.

(Note 7.) Le nombre des abbayes-laïques héréditaires était de quarante-trois en 1760, savoir : Berbérust, Lésignan, Sazos, Ossun-ez-Angles, La Hitte, Arrodetz, Gardères, Fourseret, Lamarque, Luquet, Angosse, Poneyferré, Clarac, Lauespède, Luby, Montus, Soubslacause, Viellenave, Saint-Aunis, Préchac, Devèze, Esterre, Sertz, Marsous, Sireix, Arcisans, Lanctan, Arras,

Le Bigorre gémissait encore des funestes suites de l'invasion des Northmans, lorsque Raymond Ier succéda aux comtes ses aïeux : la mémoire de ce prince nous a été transmise par les anciens titres de l'abbaye de Saint-Savin de Lavedan, dont il fut le restaurateur (8). Les North-

---

Ompré, Saint-Pastours, Saint-Germé, Viger, Desbaratz, Vieuzac, Gez, Cazaux, Lias, Lugagnan, Ordins, Juncalas, Gazost, Ousté et Geü.

(NOTE 8.) Chaque fondation ou restauration de monastère était consignée dans une charte dressée à cette occasion. Voici celle de Saint-Savin :

« Manifesta res est et omnibus penè totius Guasconiæ incolis certissimè notum, quòd ego Raymundus, Bigorritanus comes, meis peccatis exigentibus Omnipotentis iram incurrere, et paradisi gaudia perdere timens, pro redemptione animæ meæ et parentum meorum, locum ubi sancti Savini corpus jacere sine dubio cognoscitur, de prædiis meis et aliis bonis hæreditavi; et ut ibi monasterium et monachi sub abbate regulariter degentes in perpetuum durarent, talis Deo auxiliante laboravi. Inter cætera bona quæ ibi diligenter concessi, vallem Caldarensem prædicto monasterio et monachis ibidem servientibus dono et concedo, quatenus ibi ad honorem Dei et beatæ Mariæ convenienter ædificent, et mansiones ad balneandum competentes semper in eodem loco conservent. Et vallem prædictam abbas et monachi Sancti-Savini liberam et quietam possideant, atque nullus alius, neque nos, neque successores nostri ibi potestatem atque podoentiam habeant, neque bestias suas, qualescumque sint, nisi per consilium et voluntatem abbatis Sancti-Savini ad estivas illius vallis introducant. Concedimus etiam in ipsâ valle, ut si quis porcum singularem sive cervum venando ceperit, quartam sive spaldarem Sancto-Savino persolvat. Et per totum paschale Sancti-Savini infrà pontes similiter fiat. Insuper ad luminaria Sancti-Savini butyrum quod per illas totas estivas censualiter ac-

mans avaient à peine laissé quelques vestiges du riche monastère fondé par Charlemagne. Raymond, aidé des vicomtes de Lavedan Anermans et Anérils, mit tous ses soins à le reconstruire tel qu'il avait été autrefois, et il y nomma pour abbé un prêtre d'une grande piété, appelé

944. Ignigue, qui eut pour successeur Bernard, homme d'une haute naissance. Le comte de Bigorre, jaloux de rendre à l'abbaye son ancienne

945. splendeur, accorda à Bernard, outre plusieurs autres dotations, la vallée de Cauteretz et toutes les redevances que lui ou son viguier y pouvaient percevoir, à la charge d'y bâtir une église à Notre-Dame, et d'y entretenir des maisons convenables pour se baigner. Huit paroisses furent soumises au paschal (9) de Saint-Savin,

---

cipiebamus, totum præfato monasterio concedendo dimittimus. Adhùc etiàm pro amore Dei omnipotentis et tàm pro nostrâ quàm successorum nostrorum salute, eidem monasterio donamus et concedimus ut si qua pro placitis aut batallis de prædicto monasterio nobis evenerit, neque nos neque vicarius qui per nos in illâ terrâ fuerit, nobis retineamus, sed ad honorem Dei, et pro salute nostrâ super altare Sancti-Savini restituamus. Hanc itaque chartam et hanc confirmationem, procerum et hominum nostrorum authoritate, in manu Bernardi tunc temporis Sancti-Savini abbatis facimus. Regnante in Franciâ Lodoico rege, et in Aragone Garciâ rege. Anno ab incarnatione Domini DCCCC.° XL.° V.° »

(NOTE 9.) Voici comment les titres de l'abbaye expliquent ce paschal :

« Ecclesia de Lau, et ecclesia de Casted, et ecclesia de Balanias,

c'est-à-dire que les curés de ces huit églises, savoir, celles de Lau, Casted, Balagnas, Arcisans,

et ecclesia de Arcisaas, et ecclesia de Adast, et ecclesia de Hus, et ecclesia de Nestalas, et ecclesia de Solon : istæ nominatæ ecclesiæ sunt ex antiquâ consuetudine ordinatæ et titulatæ ad paschale Sancti-Savini ità ut generaliter apud Sanctum-Savinum totum baptismum habeant, et sepulturam ibidem suscipiant nisi fuerint infantuli, aut in tantùm pauperrimi quòd non habeant qui eos illùc deferant. Iterùm semper ex antiquâ consuetudine constitutum et confirmatum est ut istarum ecclesiarum capellani cum parochianis suis tàm clericis quàm laicis in nativitate Domini ad nocturnas apud Sanctum-Savinum conveniant, et ibi ad celebrandas missas et ad communionem suscipiendam permaneant. Sed ipsi capellani lucescente die ad ecclesias proprias redeant, et propter pastores et familias minores domorum communicantes missas ibi celebrent. In purificatione autem sanctæ Mariæ et in ramis palmarum jàmdicti capellani in ecclesiis sibi commissis, finitis matutinis, missas non dicant; sed apud Sanctum-Savinum ad processiones et ad cætera percipienda officia cum parochianis suis conveniant. In die veneris sancto ad adorandam crucem ad paschale suum omnes pariter accedant. In die quoque resurrectionis Domini, matutinis et matutinali missâ celebratis, et pauperibus et pastoribus communicatis, cum dominis domorum et uxoribus eorum ad missam majorem Sancti-Savini concurrant. In die pentecostes similiter faciant. In festivitate sancti Joannis apud ecclesias suas matutinas tantùm dicant, sed ad celebrandas missas et ad solemnia peragenda officia in ecclesiâ Sancti-Joannis pastores deferant. In assumptione sanctæ Mariæ summo manè cum cleris et cæteris parochianis ad matutinas celebrandas ante altare Sanctæ-Mariæ........ monachorum veniant et missam similiter ibidem celeberrimè audiant. In festivitate omnium sanctorum, similiter capellani et parrochiani alii ad missam majorem apud Sanctum-Savinum accedant, et in aliâ die post festum, propter defunctos ad missam percipiendam et ad cimiterium visitandum conveniant. »

Adast, Us, Nestalas et Solon, furent assujétis à célébrer l'office à certaines fêtes de l'année dans l'église de Saint-Savin, à y faire baptiser les enfans nés dans leurs paroisses, et enterrer les morts, à moins qu'ils ne fussent extrêmement pauvres.

Raymond Ier laissa ses états à son fils Louis (10)

(Note 10.) Les historiens ne sont pas d'accord sur la succession de ces comtes. Le président de Marca place après Raymond, Louis, du tems duquel fut fondée l'abbaye de Saint-Orens de la Reüle, lui donne pour successeur un Arnaud, qui souscrivit en 983 charte par laquelle l'abbaye de Pessan fut soumise à celle de Simorre, et qui aurait été remplacé par Garcie-Arnaud, lequel assista en 1032 au plus tard, à la fondation de l'abbaye de Saint-Pé, comme nous le dirons plus loin. La date de la fondation du monastère de la Reüle, qui doit fixer l'époque du règne du comte Louis, a fait naître une difficulté. MM. de Sainte-Marthe rapportent une charte de 1355 dans laquelle en sont transcrites successivement, d'abord une de 1009, par laquelle le fondateur affranchit l'abbaye de toute redevance, puis une autre non datée, mais fort postérieure à la première. Le président de Marca nous assure que l'ancienne charte portait la date de 970. Dès-lors il a fixé la succession des comtes en cet ordre : Louis en 970, Arnaud en 983, et Garcie-Arnaud en 1032. Les auteurs de l'Art de vérifier les dates donnant l'an 1009 pour date à la fondation de Saint-Orens, ont dans cette hypothèse, placé avant le comte Louis, Garcie-Arnaud Ier (ainsi se nomme le comte qui souscrivit la charte de Simorre de 983, et non Arnaud, comme l'écrit M. de Marca), et après Louis, Garcie-Arnaud II, qui souscrivit la charte de Saint-Pé. Un fragment de charte de l'abbaye de Saint-Savin, qui porte que Louis succéda à son père Raymond, nous confirme dans l'opinion que la date indiquée par M. de Marca pour la fondation de Saint-Orens est la véritable ; et que dès-lors le Garcie-Arnaud de la charte

que l'abbaye de Saint-Savin compte aussi au nombre de ses bienfaiteurs ; le nouveau comte, avec la coopération de Fort-Aner, vicomte de Lavedan, octroya au monastère une pleine immunité de toutes charges, et vendit à l'abbé Garcie la juridiction du village de Souin.

960

Simorre lui est postérieur. Les auteurs de l'Art de vérifier les dates voyant un Louis en 1009 entre le Garcie-Arnaud de 983 et celui de 1032, ont dû naturellement les regarder comme deux comtes distincts : mais nous ne saurions nous rendre raison du motif qui a engagé M. de Marca à les regarder aussi comme deux princes différens. La diversité de nom qu'il a supposée n'existe point de fait, la charte de Simorre étant souscrite par Garcie-Arnaud et non par Arnaud. Le docte Oïhénart ne nomme qu'un Garcie-Arnaud, et nous trouvons d'ailleurs la preuve qu'un seul Garcie-Arnaud occupa le trône comtal de Bigorre entre le règne du comte Louis et celui du comte Bernard, dans le fragment de charte que nous avons déjà cité, et que voici :

« Carolus major, Pipini filius cœnobium (*condidit*) collectis in unum cœnobialibus, qui reddèrent excelso sublimia vota Tonanti. Sed, ut solet fieri, ignaviâ minus religiosorum videlicet virorum, inscitiæ multorum obliviosè annorum curriculis, per auctam fomite improvidentiam paulatim decidendo, evenit casus illius desolationis, ità ut nullomodò cernentibus occurreret vestigium pristinæ ædificationis. His igitur ità patratis, atque oblivionis multùm nebulis diùque deditis, cernentes Raymundus, qui erat tunc temporis comes Bigorritanæ telluris, et Anermans et Anerils, vicecomites Levitanicæ vallis ; summo cum studio curavere restituere sicut priùs fuerat, congregatis sub normam Benedicti patris non mediocriter cologeris, præponentes Enecum abbatem, virum maximæ sanctitatis. Successores verò eorum qui fuere Ludovicus comes, filius præfati comitis, ac Fort-Aner vicecomes, præsidente etiam manentibus in monasterio suprà (*abbate*) memorato, pa-

Ce prince voulant, malgré les décisions de l'Eglise, épouser sa cousine Amerna, parvint à y faire consentir Amélius de Lavedan, qui remplissait alors le siège épiscopal, en lui donnant des terres à Beaucens. Le prélat bénit le mariage; mais se repentant bientôt de sa condescendance, il donna à l'abbaye de Saint-Orens de Lavedan le domaine qui avait été le prix de sa faiblesse : il en réserva cependant l'usu-

---

catum ac liberum cum suis villis et agellis, rejectâ omni servore conditione reddidere. Post illorum namque qui fuere successores Guarsi-Arnaldus comes, filius patris supradicti comitis et Guarsi Fort junctis secum proceribus, factâ de rebus propriis donationi statuerunt, residente illo in tempore Bernardo abbate, ineffabili virum nobilitatis, in katedrâ honoris. Præterea excedentes isti jam dicti famosi viri è seculo, successerunt Bernardus in comitatu, Guillem-Fort et Ramon-Guarsia nepos ejus in vicecomitatu, conglobati in unum locum, sancti reliquiis Savini decorum sanctæque omni malignæ servitutis nexu liberum constituerunt. Causaque tantæ bonitatis fuit sanctæ Deo juvante memoriæ Arnaldus abbas filius supradicti Guillem-Fort, qui locum magnificè longè prout potuit latèque dilatavit. Denique peractis funebrique cunctis limite cæpti magnificus abbas successit Bernardus almificus gestis præclaro nomine grandis, et ut notum sit omnibus famâ super æthera felix sermone ducum prægrandi germine celsus, quem principes Bernardus comes, et Eracleus episcopus, ac vicecomites Ramun-Guarsi et Ramun-Guillem magno cum .... » Le reste est effacé.

M. l'abbé Duco, en adoptant l'ordre de succession indiqué par M. de Marca, s'est mépris sur la filiation des comtes. Il écrit d'abord que Raymond eut deux fils, Louis et Arnaud, ce qui est conforme aux monumens que nous avons rapportés, en mettant toutefois Garcic-Arnaud au lieu d'Arnaud; mais cet Arnaud n'est

fruit à son cousin Fort-Aner, vicomte de Lavedan, à la vicomtesse Musola, et à Garcie-Fort
leur fils, à la charge par ceux-ci de payer à
l'abbé dix sous morlans chaque année pendant
leur jouissance.

Ce siècle était celui des fondations pieuses :
Othon-Dat, vicomte de Montaner, signala sa
munificence par la construction de l'abbaye de
la Réule, sous l'invocation de saint Orens (11);

---

point celui de la charte de 983 ; il ne serait connu que par la
charte de fondation de Saint-Sever de Gascogne, dans laquelle
néanmoins il n'en est nullement fait mention. Cet Arnaud aurait
eu une fille nommée Richarde, qui aurait porté en dot le Bigorre
à Garcie-Arnaud. Celui-ci, qui est celui de la charte de Simorre
et de celle de Saint-Pé, aurait été fils d'Arnaud II, comte d'Astarac, lequel n'eut cependant aucun fils de ce nom. Enfin Bernard-
Roger aurait été fils de ce Garcie-Arnaud et de la comtesse Richarde.
Oihénart rapporte aussi que la femme de Garcie-Arnaud se nommait
Richarde ; mais il ne nous dit point que cette princesse fût fille d'un
Arnaud, que d'ailleurs il ne met point dans sa liste des comtes de
Bigorre ; ce savant historien ajoute qu'il ne sait point si Garcie-
Arnaud était comte de Bigorre de son chef ou du chef de son
épouse : l'abbé Duco a sans doute bâti là-dessus les conjectures
qu'il présente ensuite comme des faits irrécusables. Oihénart est donc
le seul qui ait donné une liste de nos comtes conforme aux anciens
documens : Sainte-Marthe et les auteurs de l'Art de vérifier les
dates ont cru le corriger, et se sont mépris ; nous verrons que
ce n'est pas la seule fois que nous devrons préférer son opinion à
celle des savans auteurs qui l'ont peut-être légèrement rejetée.
(Note 11.) Rapportons une charte qui est intéressante comme
monument de cette fondation, et comme pièce invoquée dans la
contestation qui fait l'objet de la note précédente,

il remit à l'évêque Bernard, successeur d'A-
mélius, les sommes nécessaires pour cette fondation, et il dota le nouveau couvent de plusieurs églises et domaines, tant à Pontac et à
Momi qu'en Rivière-Basse, l'affranchissant de
toute redevance envers lui ou ses descendans.

Au comte Louis succéda son frère Garcie-
Arnaud, prince doux et équitable, généreux
envers les monastères, qu'il enrichit de ses libé-
983. ralités. Nous trouvons sa souscription au bas

« In nomine Patris, et Filii, et Spiritûs-Sancti, amen. Hæc
charta dat notitiam quomodo Otto-Dato vicecomes Montanereum
ab omni oppressione servitutis monasterium Regulæ, quod ipse
construxerat in prædio suo, liberavit; ne aliquis de genere suo,
vel aliquis possidens illud castrum videlicet Montanereum,
quam molestiam præsumat inferre monasterio illi, neque illis rebus
quæ ad illud pertinent, sed tantùm protectores sint illius loci
augeant prædia et honores cum libertate in quantùm potuerint pro
amore Dei. Hoc factum est in diebus et in præsentiâ Lodoici comitis Bigorræ, et in manu Bernardi qui tunc gubernabat præ-
latum felici sorte. Impetratur ab eis ut protectores sint illius loci
et omnium quæ ad illum pertinent locum. Eumdem verò Sanctum
Orientii ab omni censu liberum statuit, et cœnobium perpetuum
obtinendum esse decrevit vigorem, addens quòd si quis ecclesias
vel alios honores tribueret monasterio illi, eâdem libertate fange-
retur, remotâ omni occasione servitutis, solummodo serviens monasterio et abbati; notumque voluit haberi hoc Otto-Dato
comes cunctis mortalibus et omnibus filiis suis tam præsentibus
quam futuris, et omni stirpi suæ, quòd tali tenore locum illum
ab omni censu in præsentiâ domini Mansionis abbatis, et prædicti
episcopi Bernardi liberum absolvit; et filii sui ut defensores hujus

d'une charte par laquelle Guillaume, comte d'Astarac, soumettait l'abbaye de Pessan, au diocèse d'Auch, à celle de Simorre, dans le même diocèse.

Sous ce comte, un espagnol de condition nommé Sanche, qui s'était établi à Madiran et y avait bâti une chapelle, prit l'habit monacal dans l'abbaye de Saint-Pierre de Marcillac, au diocèse de Cahors, et fit donation de tous ses biens à l'abbé Etienne, qui envoya deux de ses religieux pour desservir la chapelle. Ces moines étant continuellement molestés par les seigneurs voisins, Sanche quitta l'abbaye de Marcillac, et vint trouver le comte Garcie-Arnaud, et Richard, évêque de Tarbes, pour les prier d'obtenir de Raymond-Arnaud et de Sanche-Arnaud, seigneurs de ce domaine, les

---

loci existant, et receptum ibi non quærant, et nisi abbas suâ sponte eis obtulerit, panem ibi comedant. Si quis igitur contra abbatem quærelas habuerit, filii sui de abbate in eodem loco justitiam faciant, et nullum damnum ab eo exigant. Anno DCCCC. LXX. »

Cette charte est rapportée dans le *Gallia christiana*, nov. ed. avec la date de 1009; mais le savant de Marca affirme que l'ancienne charte portait la date de 970. Nous avons suivi son témoignage.

On conservait dans l'abbaye de la Réule les restes de saint Ezelin, évêque de Sutri, mort à Auriébat en revenant d'un pélerinage: pressé par la soif, il avait frappé la terre de son bourdon, et il en était jailli une source d'eau, dont les moines de la Réule prônaient beaucoup les vertus.

(148)

immunités et franchises nécessaires pour l'établissement d'une communauté religieuse, ce qu'ils accordèrent, moyennant la remise que leur fit le comte du droit annuel d'hébergement pour lui et cinquante cavaliers, auquel ils étaient assujétis. Sanche fonda alors à la place de la chapelle, un prieuré sous la règle de saint Benoît, qu'il enrichit par de nouvelles acquisitions, et dont il fut lui-même le premier prieur.

1030.

Garcie-Arnaud coopéra à la fondation du monastère de Saint-Pierre ou Saint-Pé de Générès (12), qui fut bâti dans la commune de

1032.

(NOTE 12.) La charte de fondation que nous allons transcrire est sans date. On ne saurait la reporter plus tard que 1032, année de la mort de Sanche-Guillaume, ni plutôt que 1010, année de son avènement.

« Ego Sancius, præordinatione Dei totius Gasconiæ princeps et dux, sæpius audiens illud evangelicum : *quia non est arbor bona quæ non facit fructum bonum;* et aliud à Domino præceptum : *thesaurisate vobis thesauros in cœlo, ubi fures non effodiunt nec furantur, sed cum promissione vitæ æternæ bona centuplicantur*; Constituo vobiscum, virones, hoc in loco Generensi, cœnobium in honore beati Petri apostolorum principis, pro redemptione animæ meæ et parentum meorum, atque hunc locum et villam et possessiones ad eam in circuitu pertinentes absolvo, et absolutas esse pronuncio ab omni censu alicujus dominationis, ab amicâ inquisitione ullius potestatis, in præsentiâ principum totius Gasconiæ hic astantium multorumque aliorum hujus absolutionis fautorum, et in præsentiâ Raymundi-Guilhermi de Benaco et Arnaldi-Raymundi

Lassun par Sanche-Guillaume, duc et comte de Gascogne, du consentement de Raymond-Guillaume de Bénac et d'Arnaud-Raymond de

de Baso, à quibus ambobus alodium hujus villæ liberum habeo, quemadmodum nunc in brevibus demonstrabo. Dùm ad hujusmodi ædificationem inspirante Deo mihi animus accenderetur et opportunitas hujus quasi deserti ad id operis nostræ præsentiæ laudaretur, contigit Arnaldum-Raymundum de Baso adesse in curiâ meâ pro solito, similiter verò pòst aliquantulum temporis Raymundum-Guilhermi de Benaco. Hos igitur circumveniens, et voluntatem meam sub tali deliberatione proferens, primitùs habui, et modò habeo sub testimonio vestro, datores hujus alodii cum appenditiis suis, fautores cœnobii, adjutores ædificii, maximè propter amorem Dei, et propter munus quod eis dedi pro velle suo. Dedi enim ob hoc Raymundo-Guilhermi de Benaco, quatuor suæ electionis equos, et meam loricam, cum ingenuitate totius Benacensis honoris qui mihi erat servitialis, videlicet Serrarium cum appenditiis suis. Arnaldo-Raymundi de Baso dedi ob hoc meam in Vigorrâ villam opulentissimam Semeiacum nominatam, cum ingenuitate Basi, et totius Basensis honoris ad eum pertinentis. Insuper autem neuter amborum horum ducatur ex debito ab ullo successore meo in expeditionem, quandò quidem adimpleverunt meam voluntatem. His itaque peractis manus meas ad cœlum elevo, et in præsentiâ vestrâ Deo omnipotenti ac beato Petro apostolorum principi, supradictum alodium cum appenditiis offero, atque sine ullâ contradictione, sicut pridem, absolvo. Deindè donum super ejus altare pono, ut nunquàm in aliquâ hujus donationis particulâ, spem habeat dominandi ulla subsequens potestas, nisi qui regulariter præfuerit abbas. Ad hæc quidem ad victum claustrensium monachorum inter alia dona do Beato-Petro villam Lassunis dictam nomine, cum omnibus appenditiis suis, quam propter propinquitatem hujus loci à Centullo proconsule Bearnensi cambiendo recepi, datis sibi pro eâ duis villis, scilicet Mazerollis et Garlini. Quid plura in dilectione Dei et beati Petri, et mei vestri proximi, vos omnes deprecor, et quibus

Bas, seigneurs du lieu, qu'il dédommagea de la cession qu'ils lui en firent, en affranchissant le sire de Bénac de l'hommage qu'il lui devait,

possum mandans obsecro, tàm consules quàm proconsules, ceterosque viros militares, ut quod ego hîc constituo, vel me fideliter constituere vobiscum existimo, pariter vos servaturos Deo et beato Petro et mihi promittatis, atque promissionem super hoc altare beati Petri apostolorum principis sacramentis corroboretis, vestrosque successores eadem servaturos præordinetis, quatenus tanti operis fructum à redemptore nostro colligere mereamur gaudentes in sæcula seculorum. Dùmque omnes *amen* respondissent, et *fiat, fiat* exultantibus animis proclamassent, paululum adjecit : scitis, inquit, strenuissimi viri, non esse conveniens apostolorum principem in suis honoribus, quasi super habere sibi seculares principes, ideòque hunc honorem ejus ab impedimentis contingentibus penitùs absolvendum esse sensimus. Si igitur abbas hujus loci, propter honorem vel propter aliquam rem Sancti-Petri, causam vel querimoniam adversùs aliquem habuerit, justitiam indè recipiat. Et si eumdem abbatem, vel quem pro se miserit, victum de causâ esse contigerit, non ipse nec quem miserit donationem alicui indè persolvat, nec aliquis ab eis inquirat ; sed expectet pro merito retributionem à Domino. Quapropter in primis procedat mecum ad jurandum Garcias-Arnaldi comes Vigorrensis, quem volo patronum et defensorem hujus loci in partibus suis. Et similiter veniat Centullus-Gastonis vicecomes Bearnensis, quem loco mei volo et impero esse patronum et defensorem hujus loci et honorum Sancti-Petri in partibus nostris. Et veniant alii comites et vicecomites, ac totius Gasconiæ optimates ; quos omnes esse deprecor hujus cœnobii adjutores et defensores ; et sicùt pridem est, juremus, et jurando salvitatem hujus loci confirmemus ; quam si quis unquàm temerarius, quod absit, infregerit, vel aliquem causâ orationis venientem ad Sanctum-Petrum malè impedierit, factâ indè justitiâ coràm abbate, et completâ pro malefacto dignâ emendatione, quingentas auri libras pro infracturâ abbati persolvat, vel quantum

et lui accordant en outre quatre chevaux et sa cuirasse; en affranchissant pareillement le sire de Bas de son vasselage envers lui, et lui fai-

---

pro his recipere voluerit abbas. Si verò aliquis arrogans justitiam indè facere noluerit, mei successores vel prædicti defensores tantùm eum prosequantur donec quod dictum est coram abbate facere cogatur. Ego igitur Sancius totius Gasconiæ princeps et dux, primus juro, et signum indè facio in conspectu præsentium episcoporum nostrorum in hoc adjutorum et in præsentiâ domini Arsii abbatis Sancti-Severi Russitanensis, ad hoc regulariter ædificandum pro sanctitate adducti. Garcias-Arnaldi comes Bigorrensis juravit. Bernardus comes Armaniacensis, Aymericus comes Fidenciacensis, Bernardus comes Pardiniacensis, Centullus-Gastonis vicecomes Bearnensis, Forto vicecomes Levitanensis et filii ejus Garcias et Guilhermus, Guilhermus-Dati vicecomes Sylvanensis, et Guilhermus-Odonis vicecomes de Montanerii, Raymundus-Guilhermi de Benaco, et Arnaldus-Raymundi de Baso, Guilhermus-Garcias Curtaspata, Arnaldus cognomine Ursus, Guilhermus-Lupi vicecomes Martianensis, et Arnaldus vicecomes Aquensis, Arnaldus de Aurâ, Bernardus-Raymundi de Zamatâ, Galinus de Oriaco, Sancius-Aynerii de Gaso, Arnaldus de Linaco, et Garcias-Donati de Orbeiaco, et Dains-Arioli de Montaniaco, Forto-Aynerii de Assoo, et Guilhermus-Lupi de Prexaco, et Forto-Guilhermi de Avisaco, et Garcias-Fortonis de Baso, et alii multi. Post ordinationem autem prædicti cœnobii, ipse idem Sancius, totius Gasconiæ princeps et dux, cupiens cum devotione quod sic inceperat perficere, dedit Beato-Petro xxv vasa argentea, xiv alia vitrea sive chrystalina, et mensam propriam honestè superargentatam, et iv candelabra, duo eburnea et duo argentea, et quædam vestimenta sacerdotalia et cruciculam auream, et duas cruces argenteas. Dedit etiam propria arma militaria auro mirificè fabrefacta, et scutum et lanceam. Ad victum verò claustrensium monachorum dedit propriam curtim quæ dicitur Sancti-Castini, cum omnibus appenditiis suis, scilicet Lar, Figueras, et Bernedet; facto indè dono per zonam suam argen-

sant donation de sa terre de Séméac. Quant à la commune de Lassun, qui était du domaine du vicomte de Béarn, le duc l'acquit par la

team, ab altari in armario Sancti-Petri repositam; et piscaturam quæ dicitur Calcis-Ludi, sinè ullâ contradictione investitam, in Salinis quemdam pagensem cum casali quæ dicitur Paula, cum patellâ salinariâ. »

Après avoir rapporté cette charte, nous ne devons pas omettre de combattre la manière dont l'interprète M. Faget de Baure dans ses Essais historiques sur le Béarn, pour la faire cadrer à ses idées et aux conséquences qu'il en veut tirer. Il traduit le « procedat mecum ad jurandum Garcias-Arnaldi comes Vigorrensis », par ces mots: « J'ordonne que Garcie-Arnaud comte de Bigorre vienne jurer », afin d'attribuer à Sanche sur le comte de Bigorre la même autorité que sur le vicomte de Béarn, auquel Sanche dit dans la charte, impero; il traduit *vicecomes Levitanensis*, vicomte de Lavedan, par vicomte de Louvigny, et *vicecomes Sylvanensis*, vicomte de la Barthe, nommée en latin *de Sylvis*, par vicomte de Soule, pour exclure de l'assemblée des barons les vassaux du comte de Bigorre. Et voici le motif de ces méprises volontaires: c'est qu'il veut que l'assemblée de Saint-Pé ne fût composée que des vassaux du duc de Gascogne, parmi lesquels il compte d'ailleurs inconsidérément le comte de Bigorre, le vicomte de Montaner et plusieurs barons. « La cour d'un seigneur quelconque, dit-il, était formée de ceux qui relevaient immédiatement de lui. » Nous sommes d'accord avec M. Faget de Baure sur ce principe; mais nous croyons le mieux appliquer en disant que l'assemblée de Saint-Pé était la réunion des deux cours de Gascogne et de Bigorre, dont les chefs n'avaient l'un sur l'autre aucune suzeraineté, ainsi que l'indiquent ces mots: « in partibus suis..... in partibus nostris »; que le duc de Gascogne avait avec lui ses vassaux les comtes de Fezensac, d'Armagnac et de Pardiac (ses proches parens, qui possédaient leurs comtés par concession de Garcie, duc de Gascogne, bisaïeul de Sanche, et leur auteur commun), les vicomtes de Béarn, de Mar-

cession qu'il fit au vicomte, de Mazerolles et de Garlin.

L'abbaye se trouvant sur les frontières des comtés de Gascogne et de Bigorre, les deux comtes se constituèrent ses défenseurs, Garcie-Arnaud en personne, et le comte de Gascogne par son vassal Centulle-Gaston, vicomte de Béarn, en présence d'une cour nombreuse qui jura de maintenir les privilèges que Sanche accordait à sa nouvelle fondation. Un grand nombre de seigneurs accompagnaient Sanche-Guillaume à cette assemblée, et signèrent avec lui la charte d'érection : ce furent Garcie-Arnaud, comte de Bigorre, Bernard comte d'Armagnac,

---

an, de Dax, les seigneurs de Bénac, de Bas, d'Asson et autres; que le comte de Bigorre de son côté était accompagné de ses vassaux les vicomtes de Lavedan, de la Barthe, de Montaner, les seigneurs d'Aure, d'Orbéac, d'Avezac, de Préchac, et autres.

Nous trouvons dans les titres de l'abbaye de la Réole sur Garonne, la preuve que le comte de Bigorre ne faisait point partie de la cour de Gascogne; il ne se trouve point dans l'énumération qu'on y fait des seigneurs qui composaient cette cour :

« Ad quem (burgum Beati-Petri Regulæ) cùm comes (Pictaviensis) Vasconiæ principibus se comitantibus, pervenisset, Astanova comite scilicet de Fedensac, et Bernardo de Armaniac, nec non Gastone vicecomite de Bearn, et Lupo-Ancrio de Marsan, et Bibiano de Lomanie et Petro domino de Gavarred, nec non Geraldo Agennensi episcopo, et Stephano qui tunc in loco præsulis Vasatensi præerat, vicecomes (de Benaugiis) comiti se satisfacturum promittit, prout Vasconiæ præsens curia dissereret. »

Aimeri comte de Fezensac, Bernard comte de Pardiac, Centulle-Gaston vicomte de Béarn, Fort-Aner vicomte de Lavedan et ses fils Garcie-Fort et Guillaume-Fort, Guillaume-Dat vicomte de la Barthe, Guillaume-Othon vicomte de Montaner, Guillaume-Loup vicomte de Marsan, Arnaud vicomte de Dax, Raymond-Guillaume de Bénac, Arnaud-Raymond de Bas, Arnaud d'Aure, Garcie-Donat d'Orbéac, Fort-Aner d'Asson, Fort-Guillaume d'Avezac, Guillaume-Loup de Préchac, et une infinité d'autres.

L'abbaye de Saint-Sever de Rustan, dont on ignore le fondateur, existait dès-lors puisque Arsius, que le duc de Gascogne choisit pour premier abbé de Saint-Pé, était auparavant abbé de Saint-Sever.

Garcie-Arnaud contribua à la dotation du monastère de Saint-Pé, par la cession qu'il lui fit de la troisième partie de son marché de Lourdes et de quelques terres au lieu d'Adé (13).

(Note 13.) Voici ce que portent les titres de cette abbaye:
« Garcias-Arnaldi comes Bigorrensis dedit Beato-Petro totam tertiam partem mercati Lurdensis, et unum pagensem in Ader, et unum casalem nomine Susach, qui solvit censum triginta panes et duas pernas porcinas; et dedit duas estivas scilicet Garenderam et Marentam; et posteà fecit Fortonem-Ainerii vicecomitem Lavitanensem jurare super altare Sancti-Petri, quòd nunquàm pro vice comitatu aliquid indè reclamaret. »

Il fit jurer à Fort-Aner de Lavedan de ne jamais former de prétentions sur ces domaines à raison de sa vicomté. Il se joignit aussi au vicomte Garcie-Fort, fils et successeur de Fort-Aner, pour augmenter par diverses donations, suivant l'exemple de ses prédécesseurs, les revenus de l'abbaye de Saint-Savin.

Quelques discussions étant survenues entre Sanche-Guillaume et Garcie-Arnaud sur la délimitation de leurs comtés respectifs, les deux princes convinrent de visiter ensemble les lieux contentieux, pour en reconnaître et renouveler les bornes, ce qu'ils firent en présence des évêques et des barons des deux pays. Les villages de Moncaup et de Rieulettes furent désignés comme fixant les limites des comtés de Gascogne et de Bigorre.

Garcie-Arnaud mourut peu d'années après, sans laisser de postérité de la comtesse Richarde sa femme. Il n'avait qu'une sœur nommée Gersende (14), qui avait épousé Bernard-Roger de

1036.

─────────

(NOTE 14.) Gersende était le dernier rejeton de la maison de Bigorre comtale, dont la tige, Donat-Loup, premier comte héréditaire de Bigorre, était treizième descendant de Clovis. Traçons une récapitulation généalogique de cette famille :

Donat-Loup eut deux fils : 1.º Ignigue, qui fut la tige de la maison royale de Bigorre ; 2.º Daton-Donat, qui continua la maison comtale. Nous présumons, ainsi que nous l'avons indiqué dans la

Carcassonne, comte de Conserans, seigneur de Foix et d'une partie du Carcassez. Gersende de Bigorre étant devenue héritière du comté par la mort de son frère, Bernard-Roger se trouva appelé à cette succession.

Du mariage de la comtesse Gersende avec Bernard-Roger, était née une fille appelée Ermessende à sa naissance, et qui reçut à son baptême le nom de Gisberge. Ramire de Bigorre, roi d'Aragon, frappé de la beauté de sa jeune parente, demanda sa main et l'obtint: il lui constitua à titre d'arrhes et de dot ses châteaux, terres et domaines d'Athères, de Sénaque, de Lobères, d'Aries, de Serra-Castel et de la vallée de Téna, avec toutes leurs dépendances, pour en jouir suivant la coutume du pays : or cette coutume établissait que la femme avait la libre disposition de ces biens si elle n'avait pas d'enfants, et que si elle décédait sans faire de testament, les biens revenaient au mari. Richard, évêque de Tarbes, Garcie-Fort, vi-

---

noté 3 de ce chapitre, que Daton-Donat eut pour successeur son fils Donat-Daton; que celui-ci fut père de Loup-Donat, et ce dernier père de Raymond I.er; Raymond eut trois enfants qui possédèrent successivement le comté : 1.° Louis, mort avant 983, sans postérité; 2.° Garcie-Arnaud, mort vers 1036, aussi sans postérité; 3.° Gersende, qui épousa Bernard-Roger, et porta le Bigorre dans la maison de Carcassonne.

comte de Lavedan, et Guillaume-Fort son frère, furent chargés par Bernard-Roger de conduire Gisberge au roi son époux (15).

Guillaume-Othon, vicomte de Montaner, voulait exiger l'hommage de l'abbaye de la Réule, prétendant, contre la teneur des privilèges accordés par son père Othon-Dat, que c'était une mouvance de sa vicomté; il avait, par ses persécutions, forcé son cousin Grégoire de Montaner, fils de Garcie-Dat et abbé de la Réule, à quitter son cloître et à se retirer à Saint-Sever de Gascogne : revenu à des sentimens plus dignes de lui et voulant faire oublier

---

(Note 15.) « Anno incarnationis Domini M. XXXVI. mense augusto, XXII. die mensis, luna XXV. Ego Ranimirus, gratia Dei proles Sanctionis regis, accepi uxorem nomine Gilberga filiam comitis Bernardi-Rodgeri, et comitissæ matris ejus nomine Garsinde, quam dederunt mihi Richardus episcopus Bigorritanæ civitatis, et Proconsules Levitanensi Garcia-Forto et Gielm-Forto fratres uterini ; et dedi ei sponsalia pro dote, et arram, et propter honorem, et propter amorem, et propter pulchritudinem suam, aliquid de hereditate mea, quam dedit mihi pater meus in territorio Aragonensi ; id est do castellum nomine Atheres cum omnibus sibi adjacentibus villulis ; et Tena cum suis terris cultis et incultis ; et villam quæ vocatur Aries, cum omnibus sibi pertinentibus villis et terris cultis et incultis ; et castrum quod vocatur Serra-Castellum, cum suis villis et cum suis terminis ; et alium castrum Lupera. Ista omnia supradicta totum et ab integro do ei ut teneat et possideat ad consuetudinem terræ nostræ. Regnante imperatore Beremundo in Leone, et comite Ferdinando in Castellâ, et rege Garsiâ in Pampilonâ, et rex Ranimirus in Aragone, et rex Gundesalvus in Ripacurciâ. »

ses torts, il alla trouver son cousin à Saint-Sever, le ramena à son couvent, et exempta de nouveau l'abbaye de toutes redevances, entre les mains de l'évêque Richard. Guillaume-Othon mourut peu de tems après; il eut pour successeur son fils Bernard, qui confirma les immunités du monastère.

Raymond-Garcie avait succédé à son père Garcie-Fort dans la vicomté de Lavedan, et son cousin Arnaud, fils de Guillaume-Fort, était abbé de Saint-Savin. Le comte Bernard-Roger, le vicomte Raymond-Garcie et son oncle Guillaume-Fort se réunirent pour renouveler en faveur d'Arnaud toutes les exemptions et les privilèges dont leurs prédécesseurs avaient comblé le monastère. Arnaud de son côté, faisant un digne usage de ses revenus, les consacra à la restauration et à l'agrandissement des bâtimens de son abbaye.

1038. Environ deux ans après leur avènement au comté de Bigorre, moururent la comtesse Gersende et Bernard-Roger son époux. Ils laissaient trois fils, Bernard, Roger et Pierre, qui se partagèrent leur succession.

CHAPITRE II.

Le Bigorre passe dans la maison de Carcassonne. — Bernard Ier. — Pélerinage à Notre-Dame du Puy en Velai. — Fixation des coutumes. — Raymond II. — Mariage de sa sœur Béatrix avec Centulle de Béarn. — Saint-Pé réuni au diocèse de Tarbes. — Querelles de l'évêque Othon et des moines de Saint-Pé. — Guerre du comte de Bigorre contre le vicomte Sanche de la Barthe, son vassal. — Centulle fait hommage au roi d'Aragon. — Révolte de Barèges. — Saint-Pé réclamé par les évêques de Lescar. — Consécration de l'église de Saint-Pé. — Mort de Béatrix.

Bernard, l'aîné des fils de Gersende de Bigorre et de Bernard-Roger, recueillit la succession de sa mère. C'est ainsi que le comté de Bigorre fut transporté de l'illustre maison issue de Clovis à celle de Carcassonne, dont l'origine est peu connue. (1) 1038.

(Note 1.) Bernard-Roger était fils de Roger Ier mort en 1012; celui-ci l'était d'Arnaud, mort vers 957. Ce dernier, fils d'Amat

Les titres de l'abbaye de Saint-Pé nous apprennent que Bernard Ier gouvernait ses états avec sagesse, et qu'il savait faire respecter son autorité par ses vassaux : Othon de Bénac prétendait avoir quelques droits sur les terres de Saint-Pé, acquises autrefois de Guillaume-Raymond de Bénac, un de ses aïeux, par le duc Sanche-Guillaume ; ces prétentions peu fondées, et que sa mauvaise foi seule appuyait, excitèrent contre lui l'indignation de son souverain, qui le convainquit de félonie, et l'eût sévèrement puni, si Boson de Juillan et Héraclius, alors évêque de Tarbes, tous deux parens du comte, n'eussent fait la paix du baron, moyennant diverses cessions qu'il fit ; il eut en outre à se départir de toutes ses prétentions sur Saint-Pé, et il se soumit, en cas de contravention, à perdre ses terres d'Averan et de Ripefite.

Arnaud, vicomte d'Aure, autre vassal du comte de Bigorre, fonda en 1039 à Sarrancolin un prieuré sous l'invocation de saint Pierre, et le soumit à l'abbaye de Simorre, dont Astarius était alors abbé : le vicomte dota sa nouvelle

1039.

---

comte de Comminges et de Conserans qui vivait en l'an 900 ; avait épousé Arsinde héritière de Carcassonne et de Rasez, dernier rejeton d'une famille qui descendait par les ducs de Toulouse des premiers princes Carlovingiens. La généalogie de Bernard-Roger ne remonte pas plus haut qu'Aznar.

fondation de diverses terres et domaines à Ilhet Cazaril, Germ, Ilheü, Gajan, Mazères, Saint-Plancard, et dans les vallées d'Aure et de Larboust (2).

(Note 2.) Transcrivons la charte de fondation dressée par ordre du vicomte Arnaud, qui s'y qualifie comte d'Aure :

« In nomine domini Dei et salvatoris nostri Jesu-Christi. Lex vetus et nova consuetudo et regalis potestas perhibet, ut homo de suis rebus quas possedit licentiam habeat faciendi quid velit. Igitur ego Arnaldus comes de Aurâ, monasterium de Salangolino, in honore sancti Petri apostolorum principis consecratum, cum villis, cum terris cultis et incultis, videlicet cum allodio de Ilheto, cum Cazarilo et Gimero, et quoddam casale in Aurâ, et cum ecclesiâ Sancti-Petri quæ est in Larbusto, cum Galino, et cum dimidiâ parte decimarum de Ello, et cum allodio de Gajano, tribus casalibus cultis et aliis incultis, cum ipsis cumis quatuor, et alio loco Oissano, cum uno casale et ipsâ culturâ, et in alio loco qui dicitur Mazeres, cum casale et cum ipsâ culturâ, et in Sancto-Plancato cum uno casale et cum ipsis vineis, et in Assenso ecclesia quæ dicitur de Sancto-Medardo, cum ipsâ villâ et ipsis vineis, denique cum ipsis rebus sibi pertinentibus hoc totum et integrum dono Deo et Sanctæ-Mariæ Simorritanæ in manu Astarii abbatis et omnium fratrum sibi subditorum, tali ratione, ut semper Sanctæ-Mariæ Simorritanæ et omnium fratrum subditorum præsentium qui in monasterio vel in futuro permansuri sunt, sit continuum allodium hæreditario vel perpetuò conservandum, nullâ suspicione posteris meis filiis vel nepotibus retentâ, pro remedio animæ meæ vel parentum meorum. Verùm si quis ex progenie meâ, vel aliqua opposita persona insurrexerit contra hanc donationem, ex parte Dei anathematiso atque excommunico, ut iram Dei incurrat, cujus misericordiam omniumque sanctorum intercessionem nullatenùs acquirere valeat, factus particeps Judæ Iscariotis qui Dominum tradidit, et Dathan et Abiron quos terra absorbuit, anima ejus submersa in cloacam

A la prière de Bon-Par, successeur de Sanche au prieuré de Madiran, le comte Bernard se

infernalem à libro vitæ ex toto deletas nisi pœnituerit et redemptionem contradictionis ut in decretis librorum judicum continetur persolverit. Facta est charta ista III.º nonas julii, lunâ x. Signum Arnaldi-Garciæ, qui istam donationem scribere curavit, et Garciæ Arnaldi filii sui, et Aurioli-Mancii vicecomitis, et Arsii-Mancii, et Mancii-Anerii, et Sancii-Garciæ, et Altonis-Lupi, et Gastonis Sancii, et Garciæ-Altilii, et Athonis-Aureoli, et Raymundi-Aureolis, et Arsinii abbatis, et Baronii presbyteri, et Scanciolis, et Guillelmi-Garciæ de Torena, et Guillelmi-Garciæ de Visa, et Guillelmi-Lupi de Varossa, et Rici-Arsini, et Garciæ-Scancii de Ventegnan, et Risii-Assueri, et Lupi-Sancii, et Aureololis, et Guillelmi Bernardi et Arnaldi-Garciæ, Arnaldi et Scancii Piserta, et Sancii Dati, et Sancii presbyteri, et Guillelmi-Arsini, et Raymundi-Arsini, et Lupi-Sancii et Arraconi-Baccarii; et isti et multi alii juraverunt et firmaverunt donationem istam super altare Sancti-Petri et Donati presbyteri de Ilheto, qui juravit super altare cum filiis suis, ut semper esset firmum atque ratum sicut superius insertum est. Fiat, fiat, fiat. Amen. »

La date III.º nonas julii lunâ x, se rapporte au jeudi 5 juillet 1039 : le prieuré en effet fut fondé pendant qu'Astarius était abbé de Simorre, c'est-à-dire après 1026 et avant 1055 ; or de toutes les années intermédiaires 1039 est la seule dans laquelle le x de la lune corresponde au 3 des nones de juillet. Voici encore une autre charte de la fondation de ce prieuré, rédigée postérieurement.

« Dicitur merear audire : *Venite benedicti patris mei*, et iterum *venite ad me omnes qui laboratis et onerati estis, et ego reficiam vos*. Propterea diuturnum fuit in animo meo, ut pro me et pro animabus parentum meorum debeo ad Dominum patrem omnipotentem, et ad sanctam Mariam matrem Domini, quæ dicuntur Garzani allodes omnes, dono ibi ad sanctuarium sanctorum Sanctam-Mariam, et sanctum Petrum apostolum, et sanctum Sarturninum. Dono pro pretio animæ meæ, et animæ Garsi-Arnaldi

rendit à ce monastère avec l'évêque de Tarbes et sa principale noblesse pour y renouveler les immunités et privilèges du prieuré. Aimery comte de Fezensac, Bernard comte d'Armagnac, et Gaston vicomte de Béarn assistèrent à cette cérémonie.

Le pape Victor II ayant fait assembler un concile à Toulouse pour remédier à divers abus, 1056.

---

comitis, et animæ Fachilanæ matris meæ, et animæ Garsiæ-Aurioli, et animæ Arnaldi, et pro peccatis eorum dono Grazani villam cum omni intratu et exitu, inquisitum et ad inquirendum totum integrum cum ecclesiâ, et cum libris et vestimentis, terris et silvis et vineis, pratis, aquis, aquarum ruptum et ad rumpendum totum et ad integrum per suos fines et suas carteras, quantùm ibi habeo et habere debeo, totum dono ad Sanctam-Mariam; et in alio loco villam quæ dicitur Gaviano, quantùm habeo vel habere debeo, necnon et locum Salangolini in honorem sancti Petri apostoli secratum: totum dono quod supradictum est ad Sanctæ-Mariæ vocabulo Simorra monastarium, et ad ipsos fratres qui ibidem Deo serviunt, et ad illos qui ibi adveniendi sunt, propter animam meam et propter eas quæ suprà scriptæ sunt, ut de ab hodierno die hoc habeant, teneant et possideant. Quòd si aliquis de parentibus aut ulla opposita persona, qui contra hanc cartulam inquietare voluerit, inprimis ira Dei percutiat, et cum Judâ Iscarioti particeps fiat, et de omnibus excommunicatus permaneat, et vitam à quâ lege vivit talem componat cum stipulatione rogatus. Fuit Ariolus presbyter qui cartulam istam fecit et in altare Sanctæ-Mariæ misit à Guilhelmo qui cartulam istam scribere rogavit et manibus firmavit, et Ariolo presbytero magistro suo, et Arnaldo comite, et Donato-Dat, et Erricho-Dat, et Guilhelmo-Garcia, et Ludovico, et Lupo-Mansi, et Fortone abbate, et Guilhelmo-Desiderato, et Arnaldo, et isti et visores alii multi.

l'évêque Héraclius y assista : on y fit treize canons pour abolir la simonie, prescrire le célibat aux prêtres, et empêcher l'usurpation des biens de l'Eglise.

Une piété fervente fit entreprendre à Bernard I.er, l'an 1062, le pélerinage de Notre-Dame du Puy en Velay, avec la comtesse Clémence, Bernard de Bazilhac, Guillaume d'Asté et quelques autres seigneurs. Il mit sa personne et son comté sous la protection de la Vierge, et constitua à son église une rente annuelle et perpétuelle de soixante sous morlans (3) à payer par

---

(Note 3.) Le sou morlan, ainsi nommé de ce qu'il était fabriqué à Morlas, était la vingtième partie de la livre morlane. Des essais faits aux trois hôtels des monnaies de Pau, Saint-Palais et Morlas démontrèrent que la valeur de la monnaie morlane était triple de celle de la monnaie tournoise. Bernard accorda donc à l'église du Puy une rente de neuf livres tournoises, somme bien supérieure à celle qui serait aujourd'hui désignée par les mêmes termes. La livre tournoise en effet était le poids de douze onces d'argent, dans lequel il entrait à cette époque un tiers d'alliage : elle contenait donc huit onces d'argent pur, ce qui vaudrait aujourd'hui à peu près 54 fr. 39 c. Ainsi les 60 sous morlans mentionnés ici valaient intrinsèquement environ 485 fr. 50 c. de nos jours.

La monnaie morlane avait cours dans tous les diocèses suffragans d'Auch, et le vicomte de Béarn, qui la faisait battre, ne pouvait en changer la valeur que du consentement de tous les évêques et seigneurs de la province, ainsi qu'on le peut voir dans les remontrances faites par l'évêque de la ville de Bazas, à Edouard aux longues jambes, roi d'Angleterre et duc d'Aquitaine, qui voulait supprimer la monnaie morlane, pour y substituer la sienne :

lui et ses successeurs au chapitre de cette église, sous peine d'excommunication et d'anathême contre celui qui voudrait se soustraire à cette redevance. Remarquons bien que ce ne fut qu'une simple offrande de piété, ainsi qu'il est dit dans la charte dressée à cette occasion (4),

---

« Et licet moneta hujusmodi morlanensis sit et fuerit principaliter, nobilis viri domini Gastonis vicecomitis Bearnensis et prædecessorum suorum, ipse tamen, vel quicumque alius locum ejus tenens, monetam ipsam non potest mutare, minuere vel augere sine voluntate et assensu concordi nostro, et cæterorum prælatorum, baronum, communitatum, et locorum provinciæ Auxitanæ, in quorum terris et districtibus dicta moneta morlanensis cursum suum usualiter et communiter habet et habuit ab antiquo. »

(Note 4.) Nous allons transcrire cette charte, monument authentique de l'origine de la redevance dont il est ici question, et sur laquelle les fauteurs de l'église du Puy ont bâti depuis la fable ridicule que nous allons d'abord rapporter, et qui se trouvait consignée, au rapport de M. de Marca, dans l'avant-propos d'un exemplaire manuscrit sur parchemin, des Fors de Bigorre, conservé au trésor de Pau.

« Charlemagne, roi de France et empereur Romain, y est-il dit, se rendant en Espagne, passa par le Bigorre qu'il soumit; il éprouva une grande résistance à Lourdes, que tenaient les Sarrasins sous les ordres de Mirat; mais enfin le château, nommé alors Mirambel, était près de se rendre faute de vivres, lorsque par la faveur de Notre-Dame du Puy, un aigle y apporta dans son bec un grand poisson. Mirat envoya aussitôt ce poisson à Charlemagne, pour lui montrer qu'il avait encore des ressources; mais l'évêque du Puy n'y fut point trompé, et il proposa une capitulation, que Mirat accepta : le sarrasin se reconnut vassal de Notre-Dame du Puy, et donna à l'évêque une poignée de foin pour lui tenir lieu de reconnaissance. Charlemagne ayant ratifié le traité, Mirat et tous ceux

et non une redevance féodale ; et que si dans la suite on s'en prévalut pour appuyer la préten-

---

de sa suite, portant au bout de leur lances des bottes de foin, se rendirent au Puy pour y faire hommage à la Vierge, et y recevoir le baptême ; Mirat prit alors le nom de Lorus, d'où vint à son château celui de Lorde. Les comtes de Bigorre depuis ce tems portaient à Notre-Dame du Puy, lorsqu'ils allaient y prendre leur chevalerie, des bottes de foin coupées dans le pré du comte de Lorde, jusqu'au tems de Centulle, qui l'an 1118 transforma la redevance de foin en redevance de 64 sous morlans. »

Nous ne nous amuserons point à réfuter ces inepties ; contentons-nous de copier ici la charte du comte Bernard.

« Mundi ruinis crebrescentibus, plurimis quoque hominum potiùs transitoriis commerciis quàm perpetuis inhærentibus, coegit me valdè humanitas meæ fragilitatis, ut non pertractaret ultimum inevitabilis mei obitùs diem, verùm etiam præsentem, quoàd vixero mei meorumque utilitatem. Hâc ergo sententiâ nec irrationabiliter suffultus, non meis meritis sed misericordiâ Christi prævenientis, Bigorrensis comitatús, ab ipso auctore Deo qui cuncta disponit regna mundi, comes prælectus, hoc perutile negotium tractavi, ut me et omnem præmissum comitatum omnipotenti Deo committerem, et almæ Mariæ virginis tutelæ ac defensioni me atque omnia mea commendarem. Dominicæ ergo incarnationis M.°LXII.° anno, Petro episcopo Aniciensi ecclesiæ præsidente, ego Bernardus, Bigorrensis comes egregius, adveni prædictam ecclesiam, gratiâ orationis, imploratum suffragia pro salute animæ meæ et corporis. Ergo convocatis canonicis commisi me eorum orationibus assiduis, ac devovi me et omnem comitatum Aniciensi ecclesiæ, sub honore sanctæ et intemeratæ virginis Mariæ consecratæ, quatenùs regina cœli et mundi domina, solamen miserorum ac peccatorum venia, protegat, defendat et muniat me famulum suum necnon et omnia mihi subdita ; eâ scilicet lege ac perpetuo tenore ; ut quam diù mihi vitam concesserit omnipotens Deus, IX. solidos pro salute ac tuitione meâ offeram Aniciensi ecclesiæ, eosque vel defe-

tion que le Bigorre relevait seulement de Notre-Dame du Puy, ce fut par une méprise manifeste et une ignorance totale des droits des suzerains. La comtesse Clémence mourut la même année, et Bernard épousa bientôt après en secondes noces la comtesse Stéphanie.

L'évêque Héraclius suivit en 1063, son métropolitain au concile de Jaca, que présida l'archevêque ; on y fit divers règlemens pour le rétablissement des mœurs et de la discipline ecclésiastique. Héraclius se trouva encore la même année à la consécration de l'église de Moissac.

Le monastère de Saint-Lézer et Saint-Félix était devenu par droit héréditaire le domaine du prélat et du comte Bernard : ils se réunirent

1063.

---

vel deferri faciam in capitulo fratribus meis canonicis. Nec solum ego, sed et omnis posteritas mea hunc servet tenorem, quasi debitum censum præscriptos LX. solidos offerat in perpetuam mei commemorationem. Ut autem hoc donativum, pietatis ac religionis gratia peractum, stabile permaneat atque firmum, ego Bernardus Bigorrensis comes, et uxor mea Clementia comitissa, hanc scripturam pro testimonio donationis fieri rogavimus, ac propriis manibus stabilem atque inviolabilem esse decrevimus. Quod si quis, vel nos, vel posteritas nostra, vel aliquis post obitum nostrum prævidens honori quem mihi Deus concessit, hanc donationem temerare vel violare molitus fuerit, omni subjaceat anathemati, ac perpetuæ maledictione, donec ex præsumptione cepta Deo et beatæ Mariæ virgini satisfaciat, et canonicorum congregationi. Signum Bernardi de Baseliaco. Signum Guilhermi de Aster. Signum Arnaldi Guilhermi . . . . . »

tous deux pour soumettre cette abbaye à l'ordre de Cluny (5), afin d'y établir la réforme, et dès lors elle ne fut plus gouvernée que par des

1064.

(Note 5.) « Ego Heraclius Dei gratiâ Bigorrensis ecclesiæ episcopus, et Bernardus Bigorrensis comes, desideramus et rogamus omnes Christi fideles tàm futuros quàm præsentes ut sint testes et fautores negotii quod iupresentiarum dicturi sumus. Ex hereditate parentum nostrorum devolutum est ad possessionem nostram monasterium in territorio Bigorrensi situm, quod est constructum honore beati Felicis martyris et beati Lycerii confessoris et episcopi ; in hoc ex multo tempore congregatio fuit monachorum, sed pro peccatis nostris, per incuriam nostram et aliarum personarum ad quarum curam et dispositionem idem monasterium pertinet, non itâ valebat ibi regularis disciplina et ordo monasticus, ut vel Deo placeret vel nobis ad salutem animarum nostrarum expediret, visum est nobis quærere consilium et auxilium domni Hugonis reverendi abbatis et regentis illud reverendum collegium monachorum Cluniaco congregatorum ; per hujus loci abbates cum pleraque monasteria restaurata sint et meliorata per charitatem, quæ ut ait apostolus, omnia sperat, affectavimus nos quoque simile beneficium eorum sanctitatis obtinere. Hujus rei gratiâ pro salute animarum nostrarum et parentum nostrorum, facimus ipsis prædicti monasterii traditionem et omnium rerum ad hoc quolibet modo pertinentium domino Deo et sanctis ejus apostolis Petro et Paulo ad locum cujus supra meminimus Cluniacum, eo tenore, ut Cluniacensis congregratio perpetuo jure illud habeat et possideat ; hujus congregationis abbas, videlicet Cluniacensis, secundo loco post se committat cui velit quomodo velit curam monasterii, et hoc semper fiat sine omnium mortalium contradictione. Volumus quoque ut liberum sit et absolutum ab omni servitio et posteris nostris et cuilibet seculari, vel ecclesiasticæ potestati, et hoc sit manifestum et indubitatum quòd nostra est voluntas, nostra petitio, ut hæc eadem nostra traditio per Romanum pontificem confirmetur, ut quicumque eam violare et infringere tentaverit, sciat se per ejus auc-

prieurs. Ils soumirent de même à l'ordre de Cluny, du consentement de Raymond-Garcie, vicomte de Lavedan, et de son oncle Guillaume-Fort, l'abbaye de Saint-Orens de Lavedan, qui fut aussi transformée en prieuré.

L'irruption des Northmans et l'établissement de la féodalité avaient causé une révolution dans la législation : le droit écrit s'était presque perdu, et quelques coutumes barbares l'avaient remplacé ; c'était un mélange confus des lois romaines qui avaient si long-tems régi les Bigorrais, et d'usages que les nouveaux rapports du chef politique avec le peuple avaient introduits. Bernard tâcha de régulariser en quelque sorte ces coutumes, et de les fixer de manière à ce qu'elles pussent servir de règle constante dans l'administration de la justice. Ce prince mourut en 1065, laissant de sa première femme un fils appelé Raymond, et de Stéphanie une fille nommée Béatrix.

1065.

---

toritatem excommunicatum, et à sanctâ Dei ecclesiâ separatum. Hâc autem charta scripta est in ipso Bigorrensi castro, et data xi. cal. decembris, anno Dominicæ incarnationis M.º LX.º IV.º regni autem Philippi regis Francorum IV. Ind. II. Signum domni Heraclii Bigorrensis episcopi ; signum domni Bernardi Bigorrensis comitis, qui hanc chartam dederunt. Signum domni Stephani Olorontensis episcopi. Signum domni Durandi Tolosani episcopi. Signum Gregorii Lascurrensis episcopi. Signum Petri Aturrenris episcopi. Signum domni Bernardi Armaniacensis comitis.

Raymond II fut le successeur de Bernard I*er* au comté de Bigorre; ayant eu quelques différends avec Arnaud II, comte de Comminges, il entra à main armée sur ses terres, et les ravagea; l'affaire s'étant ensuite arrangée, il lui fit réparation de ce dommage.

1073. Ponce, abbé de Simorre, remplaça en 1073 Héraclius dans la chaire pontificale de Tarbes; ayant eu commerce avec un excommunié, il fut déposé par Gérauld, évêque d'Ostie, légat du Saint-Siége; il se rendit aussitôt à Rome pour réclamer auprès du Saint-Père : Grégoire VII blâma la conduite de son légat, et rétablit l'évêque de Tarbes dans son diocèse (6).

Le comte Raymond II n'ayant point d'enfans, la main de la princesse Béatrix sa sœur devait apporter à l'époux qui l'obtiendrait l'espoir d'être appelé par les droits de sa femme

---

(NOTE 6.) Voici un fragment de la lettre qu'écrivit Grégoire l'évêque d'Ostie :

« Pontium verò Bigorritanum dictum episcopum quem simili de causâ depositum esse nuntiasti, ad nos venisse cognoscas; honori tuo providentes nulla querelis ejus responsa dedimus. Attamen quia in paribus causis paria jura tenenda sunt, fraternitati tuæ scribimus, ut habitâ super his quæ sibi intenduntur diligenti investigatione, si aliud quod canonicâ severitate puniendum sit in eo, tamen legati approbatione invenire non possit, officii sui restitutione non careat...... Datum Romæ calendis julii, indict. XI. »

Cette date répond à l'année 1073.

recueillir sa brillante succession : l'ambitieux Centulle vicomte de Béarn sut apprécier d'avance tous les avantages d'une pareille union, et rien ne lui coûta pour y parvenir. Il était déjà marié à la comtesse Gisla : des allégations de parenté offraient à Centulle un moyen sûr quoique usé d'obtenir de l'Eglise sa séparation d'avec son épouse ; comme alors les mariages n'étaient point consignés dans des registres écrits, que le prêtre se contentait de les déclarer de vive voix au peuple, on ne pouvait garder un souvenir bien précis des alliances, et il était facile de se méprendre sur le degré de consanguinité. Ce fut d'un pareil motif que s'étaya le vicomte pour parvenir à la dissolution de son union avec Gisla; l'évêque de Lescar voulut s'opposer à ses désirs : un arrêt d'exil délivra le vicomte de ce censeur incommode. Une lettre de Grégoire VII vint exhorter ce prince à mettre un terme à son commerce illégitime avec sa parente (7). Centulle la

1079.

(Note 7.) « Gregorius episcopus servus servorum Dei, Centullo comiti salutem et apostolicam benedictionem. Audivimus de te, per tales quibus fidem habemus, ea quæ christianum principem bonis omnibus debeant commendare, quia sis videlicet amator justiciæ, defensor pauperum, et propagator pacis. Undè te in dilectionem et gratiam, sicut filium Ecclesiæ romanæ suscipimus, et ut in bonis cœptis de die in diem proficere studeas admonemus. Tamen reprehensibile quoddam in te esse cognovimus, quia scilicet consangui-

renvoya à l'instant, et l'évêque d'Oloron, Aimé, prononça le divorce. Gisla se retira dans l'abbaye de Marcigny, et son époux bâtit un monastère à Morlas pour purifier la naissance du fils qu'il avait eu d'elle (8).

***

neam tuam habes uxorem : et indè nimis cavendum est tibi, scilicet ne ex occasione culpæ istius cætera quæcumque agis bona dispereant. Age ergo, et secundùm consilium Amati episcopi Elorensis, et Bernardi Massiliensis abbatis (si quidem ad vestras partes poterit pervenire), prædictum reatum emendare, et pœnitentiam indè agere stude, ne pro hoc animam tuam perdas, et nobilem feminam quæ sub tutelâ tuâ est commissa confundas. Antè omnia ecclesiam Dei venerari semper, et honorare atque defendere stude, et episcopis quasi patribus tuis reverentiam et obedientiam exibe ; scias quod pro hoc te et in hoc seculo majorem gloriam, et in futuro vitam promereri perpetuam. Si facultas tibi esset veniendi ad nos, desideraremus te videre, ac plenius de animæ tuæ salute instruere. Datum Romæ v.º idûs martii, in die secundâ.

Cette date correspond au 11 mars 1079.

(NOTE 8.) La charte de fondation de ce monastère est ainsi conçue :

« Ego Centullus vicecomes Viarnensis memor omnium peccatorum meorum et consanguinitatis uxoris meæ quam contra Dei legem duxeram uxorem, sciensque post mortem meam nil me boni operaturum, quo possim mea delere peccata, adhuc vigens et vivens tribuo Deo et beato Petro apostolo Cluniacensi, ecclesiam quæ ædificatur in honore sanctæ Fidis, et si quas alias post illam apud Morlas ædificandas, cum omnibus oblationibus quæ offeruntur pro salute omnium vivorum vel defunctorum, et cum primitiis vel decimis omnium agrorum quos homines in burgo degentes colunt vel cultuerunt. Dono etiam decimam monetam partis meæ, et decimam omnium furnorum qui sunt vel futuri erunt. Dono etiam vineam meam propriam, et decimam ipsius vineæ, et decimam agrorum Sanctæ

Libre alors de former de nouveaux nœuds, Centulle chargea l'évêque de Tarbes de négocier l'union à laquelle il aspirait si ardemment. Ponce réussit au gré de ses désirs, et le vicomte de Béarn devint l'époux de Béatrix. La mort de Raymond II, arrivée quelques mois après sans qu'il laissât de postérité, combla tous les vœux de Centulle en appelant Béatrix Ire au trône comtal de Bigorre, où elle le fit monter avec elle. Le nouveau comte s'empressa de témoigner sa reconnaissance à l'évêque qui avait si bien servi son ambition : il obtint du pape que le monas-

1080

---

dis , et omnium propriarum rerum. Ad ultimum dono iterùm totam villam Morlensem, cum omni ingenuitate et cum omnibus rebus sibi pertinentibus, cultis et incultis, adquisitis vel adquirendis, in campis, in landis, in silvis, in vineis, in nemoribus et in omnibus cæteris bonis. Hæc omnia dono Deo ac Sancto-Petro Cluniacensi, propter me, et propter uxorem meam Gislam, et filium meum Gastonem, ut in presenti seculo precibus beati Petri apostolorum principis, Deus nostrî misereatur, et in futuro æterna vita cum omnibus sanctis nobis à Domino tribuatur. Cæterùm notum sit omnibus hominibus, quòd hoc donum feci cum consensu et consilio dompni Willelmi Ausciorum archiepiscopi et Bernardi Lastarensis episcopi, et dompni Amati Holornensis episcopi, et Bernardi Tumapalerii avunculi mei, et omnium principum sub meo dominio degentium, in manu dompni Hunaldi abbatis Moyssacensis, sub potestate dompni Hugonis abbatis Cluniacensis. His verò rebus peractis, misi dompnam Gislam uxorem meam in manu dompni Willelmi Ausciorum archiepiscopi, et Amati Holornensis episcopi, ad Cluniacense cœnobium, causâ sumendi religionis habitum. »

tère de Saint-Pé dépendît à l'avenir de son diocèse (9), ce qui fut la source de longues querelles entre les évêques de Tarbes et de Lescar; il céda à Ponce tous les droits qu'il pouvait avoir sur l'abbaye, dont il augmenta encore les biens par l'abandon de l'église et du domaine de Castets en Vicbilh (10), et il fit ratifier la donation par son fils Gaston, qu'il avait eu de Gisla. D'après les désirs de Ponce, le comte Centulle, du consentement de la comtesse Béatrix et de la comtesse Stéphanie mère de Béatrix, soumit

---

(NOTE 9.) On lit dans les titres de l'abbaye de Cluny :
« Abbatia Sancti-Petri in diœcesi olim episcopi Lascurrensi Gregorius papa illius nominis primus, procurationem dedit *** suo legato pontifico, ut locum hunc distraheret ab episcopo *** tnrrensi Bernardo : significavitque fore in posterum sub *** Pontii episcopi Bigorritani successorumque ejus. »

(NOTE 10.) Cette donation est consignée dans les titres de l'abbaye de Saint-Pé :
« Centullus comes Bigorrensis necnon et vicecomes Bearnii *** iu Bigvilio Beato-Petro ecclesiam de Castello cum propriis *** et cum omnibus quæ jure hereditario illic possidebat, Gastone filio suo simul confirmante et donante; nec fuit ibi aliquid *** uterque non firmaverit Beato-Petro ibique famulantibus perpetuo possidendum. Insuper quamdam villam quæ Lanagrassa vocatur, huic satis proximam, fecit pater cum voluntate filii ingenuam et liberam ab omni servicio malo, eâ scilicet ratione, ut ab illâ *** ampliùs à nemine cogerentur habitatores illius facere aliquid opus in Cadelionensi castro vel in alio loco, sed ut semper servirent Beato-Petro ibique servientibus, absque ullâ inquietudine cujuslibet exactoris. »

à l'abbaye de Saint-Victor de Marseille celle de Saint-Savin de Lavedan, dans l'intention d'y voir rétablir la discipline régulière.

Guillaume-Par avait succédé à son père Bon-Par au prieuré de Madiran; il avait agrandi l'église, et y avait joint celles de Saint-Léon, de Notre-Dame de la Grâce, et de Saint-Michel de Sault; il y avait en outre établi un pensionnat pour l'éducation de la jeune noblesse du pays; mais démentant bientôt de si beaux commencemens, il s'adonna à un tel libertinage que le comte Centulle et l'évêque Ponce le chassèrent de son monastère. Les religieux se choisirent alors eux-mêmes un prieur nommé Bernard; c'était porter atteinte aux droits de l'abbaye de Marcillac, dont dépendait le prieuré; l'abbé Gombert en porta ses plaintes à Guillaume, archevêque d'Auch, qui se rendit auprès du comte Centulle pour terminer ce différend à l'amiable. Le prieur Bernard avait pris la fuite. Le comte ordonna que Gombert fût remis en possession de Madiran : l'évêque Ponce s'y transporta avec Guillaume-Donat, auquel Centulle avait donné le gouvernement du pays, et ils obligèrent les religieux à reconnaître l'autorité de l'abbé de Marcillac. Ponce mourut la même année : Hugues fut après lui évêque de Bigorre; il assista en cette qualité au concile que les légats Aimé évêque d'Oloron, et Hugues évêque de Die assemblèrent à Bordeaux le 6 octobre 1080, pour régler les affaires de quelques églises particulières; mais il n'occupa que quelques mois la chaire pontificale, qui fut ensuite remplie par Othon.

Le nouvel évêque, à peine monté sur son siège, eut à démêler une violente querelle avec les moines de Saint-Pé, dont l'abbé, nommé Othon comme l'évêque, était alors à Rome à la suite du légat Aimé évêque d'Oloron. La sépulture d'un gentilhomme en fut le sujet : ne s'agissait-il dans cette occasion entre des gens morts au monde, s'écrie Larcher, que du dépôt infructueux d'un cadavre ?... Guillaume-Raymond de Barthrez était mort à Ludux, aujourd'hui Loubajac, et en exécution de ses dernières volontés, ses parens prièrent les moines de Saint-Pé de l'enterrer dans leur église ; ceux-ci se rendirent à Ludux avec tout l'appareil funéraire, et dirent l'office des morts ; ils se disposèrent ensuite à transporter le corps dans leur monastère : mais dans ce moment l'archidiacre Bernard d'Azereix, envoyé par l'évêque, se présente à main armée, et malgré l'opposition des moines, enlève de force la dépouille du mort et va la remettre sur la place de Lourdes, au prélat lui-même, qui la fait alors conduire à Tarbes par l'archidiacre et ses chanoines. Une telle violence excita le courroux des moines, qui s'adressèrent aussitôt à l'archevêque d'Auch et au comte Centulle, pour obtenir réparation. Le comte cita les deux parties à comparaître devant lui en son château de Lourdes; elles s'y rendirent; l'abbé Othon et le légat Aimé, de retour de Rome, s'y trouvèrent, ainsi qu'un grand nombre de personnes tant laïques qu'ecclésiastiques. La preuve testimoniale fut admise, et sur les dépositions d'Evrard abbé de Saint-Savin, et de Grégoire de Montaner abbé de la Réüle, l'évêque fut déclaré coupable : il fut condamné à céder à l'abbaye de Saint-Pé le quart de dîme qu'il percevait à Séméac, moyennant la cession en dédommagement que fit l'abbaye, du cazal de Saint-Martial qu'elle possédait à Tarbes auprès de l'église de Sainte-Marie de la Sède (11).

Le vicomte Sanche de la Barthe, vassal du comté de Bigorre, voulut se soustraire à la redevance de l'hommage; Centulle prit les armes pour faire valoir ses droits, et Sanche pour soutenir sa rébellion; mais les chances de la guerre furent pour Centulle : Sanche se remit

---

(Note 11.) Ce jugement ne fut prononcé qu'en 1083, selon Larcher.

entre ses mains, et jura sur l'autel de Saint-Pé d'être fidèle à Centulle, à la comtesse Béatrix, et à leur postérité, s'obligeant à défendre leur vie, leur personne et leur fief; il se soumit à subir jugement devant eux pour son fief dans Castelbajac, Mauvezin, ou tel autre lieu qu'il leur plût d'indiquer : Sanche fit jurer avec lui son frère Aimery de la Barthe, et donna au comte treize otages. Othon vicomte d'Aure et Auger vicomte d'Asté, vassaux aussi du comte de Bigorre, rendirent de même hommage à Centulle (12).

(NOTE 12.) Voici, d'après la coutume de Paris, la forme de l'hommage :

« Le vassal, pour faire la foi et hommage et ses offres à son seigneur féodal, est tenu d'aller vers ledit seigneur, au lieu dont est mouvant ledit fief, et y étant, demander si le seigneur est au lieu ou s'il y a autre pour lui ayant charge de recevoir les foi, hommage et offres ; et ce fait, doit mettre un genouil en terre, nue tête, épée et éperons, et lui dire qu'il lui porte et fait la foi et hommage qu'il est tenu faire à cause du fief mouvant de lui, et déclarer à quel titre ledit fief lui est avenu, le requérant qu'il lui plaise le recevoir ; et où le seigneur ne serait trouvé, ou autre pour lui, suffit de faire la foi, hommage et offres devant la principale porte du manoir, après avoir appelé à haute voix le seigneur par trois fois ; et s'il n'y a manoir, au lieu seigneurial d'où dépend ledit fief; ou en cas d'absence dudit seigneur ou ses officiers, faut notifier lesdites offres au prochain voisin dudit lieu seigneurial, et laisser copie. »

Le château de Lourdes était le lieu seigneurial où le comté de Bigorre recevait l'hommage du vicomte d'Asté ; ce vassal venait

La suzeraineté qu'Ignigue s'était réservée sur le comté de Bigorre, à son avènement au trône de Navarre, avait passé par droit héréditaire à Sanche-Ramire de Bigorre, roi de Navarre et d'Aragon. Ce monarque, voyant que Centulle tardait trop à lui rendre l'hommage qu'il lui devait, entra en armes dans la vallée de Lavedan, afin de l'y contraindre; mais Alphonse de Bigorre roi de Castille et de Léon, Gui-Geoffroy comte de Poitiers et son fils Guillaume s'entremirent de la paix. Centulle fit hommage de sa terre, et Sanche-Ramire s'engagea de son côté à le protéger comme son fidèle vassal : je vous jure (13), lui dit-il, sans

---

trouver sous le grand ormeau, et lui portait un épervier, qu'il perchait sur l'arbre : à défaut d'épervier il payait une redevance de six sous morlans.

(Note 13.) « Hoc est sacramentum quod ego Sancius Aragonensium rex facio tibi Centullo Bigorritano comiti nostro homini. Videlicet ut sim tibi fidelis, ità ut nec ego nec aliquis me consentiente, corpori tuo vel vitæ tuæ aliquod faciam detrimentum ; et hoc absque ullâ conditione in perpetuum. De honore verò quod hodiè tenes vel quem post hinc meo consilio adquisiturus es, vel quem sine meo consilio acquires, per quod ego honorem non perdam, fidelitatem tibi tenebo. Si verò contigerit ut tu aliquid injustum contrà me facias, te per bis xl. dies expectabo, admonens per me et internuncios per hanc fidelitatem, ut indè mihi vel jus et æquum facias, vel meum amorem adquiras Quod si potens et volens, indè mihi vel jus et æquum non feceris vel amorem meum

restriction et à perpétuité, que ni moi ni personne de mon consentement ne porterons quelque préjudice à votre personne ou à votre vie. Quant au fief que vous tenez de moi présentement, ou que vous pourrez acquérir par la suite, avec ou sans mon consentement, je vous y maintiendrai tant que mes droits n'en souffriront point. S'il arrivait que vous les méconnussiez, j'attendrais deux fois quarante jours, vous sommant moi-même et par mes ministres de satisfaire à mon droit ou de recourir à ma bienveillance; que si volontairement vous-vous y refusiez, je ne vous garderais plus ma promesse quant au fief; mais je la maintiendrais toujours quant à votre personne

---

non acquisieris, fidelitas honoris frangatur, corporis et vitæ fidelites ut superiùs dictum est teneatur. His bis XL. diebus peractis quâcumque horâ indè mihi vel jus et æquum feceris, vel amorem meum adquisieris, eamdem fidelitatem quam tibi superiùs promisi tenebo. Ac sicuti in hoc pergameno scriptum est, et legi absque ullâ deceptione intelligi potest juro et tenebo, salvâ fidelitate domini mei Ildefonsi, et Guidonis comitis Pictaviensis, et filii ejus Ihermi; quibus ego juravi, undè tu non perdas volens rectum facere. Similiter juro tibi Gastoni filio Centulli comitis Bigorrensis meo homini, salvâ fidelitate regis Ildefonsi, et filii mei et patris tui, et Guidonis comitis Pictaviensis, et filii ejus Guillermi, quibus ego juravi undè tu honorem non perdas volens rectum facere. Sic Deus me adjuvet, et hæc sancta evangelia et sanctæ reliquiæ. Signum Sancii. Signum Centulli comitis. † v

et à votre vie. Ces deux fois quarante jours passés, à quelque heure que vous satisfissiez à mon droit ou que vous recourussiez à ma bienveillance, je vous garderais la foi que je vous ai déjà jurée, d'après le serment que j'ai fait à mon seigneur Alphonse, à Gui comte de Poitiers, et à son fils Guillaume, de ne vous point enlever votre fief, tant que vous me seriez fidèle vassal.

Richard et Guillaume de Solon avaient profité du désordre que l'invasion des Aragonais avait causé dans le Lavedan, pour s'emparer de la vallée de Cauteretz, et ils la gardèrent une année entière au préjudice de l'abbaye de Saint-Savin, à laquelle elle appartenait. Sur les plaintes des moines, Centulle ordonna le duel entre les parties; le champion des moines fut vainqueur, et les seigneurs de Solon furent condamnés à la restitution de la vallée. Centulle ordonna également le duel pour la décision d'un différend entre la même abbaye et Dat-Loup, viguier héréditaire d'Aspe, sur le village de Souin : le sort du combat fut favorable à l'abbaye. Telle était la jurisprudence d'alors : dans ces tems d'ignorance et de barbarie, le sort d'un combat singulier, la manière de supporter certaines épreuves, servaient à désigner le coupable et l'innocent ; c'était, disait-on, le

1081.

jugement de Dieu, et une pareille décision passait pour infaillible (14).

La comtesse Béatrix s'étant rendue dans la vallée de Barèges pour y exercer ses droits de justice, les habitans se mutinèrent et portèrent leur insolence jusqu'à vouloir l'arrêter prisonnière, ce qu'ils eussent exécuté si les plus sages d'entr'eux ne s'y fussent opposés : une insubordination aussi manifeste méritait un châtiment exemplaire ; mais les Barègeois revenus de leur vertige obtinrent à force de soumissions et de prières le pardon de leur attentat, à la charge de fournir, chaque fois que la comtesse Béatrix et son mari le comte Centulle I.er entreraient dans la vallée, quarante otages à leur choix, en outre de ceux que la vallée était déjà tenue de donner ; ceux-ci étaient pris dans les maisons assujéties à ce devoir, parmi les personnes non mariées, sauf à prendre des hommes mariés à défaut d'autres.

D'après le conseil de l'évêque Othon, le

(NOTE 14.) Cet usage était déjà établi dans le Bigorre en l'année 945, ainsi qu'on l'a pu voir dans la charte de restauration de l'abbaye de Saint-Savin, que nous avons rapportée dans la note 7 du chapitre précédent ; le comte Raymond renonce dans cet acte à tous les droits qui pourraient lui revenir de ce monastère *pro placitis aut batallis* ; nous dirons plus loin quels droits percevait le comte sur la partie perdante.

comte soumit en 1087 au monastère de Saint-Victor de Marseille, l'abbaye de Saint-Sever de Rustan.

Centulle Ier après avoir gouverné huit ans le Bigorre conjointement avec la comtesse Béatrix, fut assassiné dans la vallée de Téna par un de ses vassaux, lorsqu'il marchait au secours du roi d'Aragon, alors en guerre contre les Maures (15). Il laissait de son union avec Béatrix, qui lui survécut plusieurs années, deux fils, Bernard et Centulle. Gaston, né de son premier mariage, hérita de la vicomté de Béarn : il

1087.

1088.

(Note 15.) Le roi Sanche raconte lui-même cet assassinat, et la manière dont il le punit, dans la charte que nous allons transcrire :

« In Dei nomine, ego Sancius, gratiâ Dei rex, vobis omnes homines vivos et mulieres facio agnoscere quomodo factum fuit cum illo comite domno Centullo meum vassallum, et undè veniebat ad me per Tena; sed Garcia filius Aznar-Athonis fecit ei servitium in suâ casâ, et in posteà occisit eum per ingannum, et pro malâ traditione, unâ cum homines suos. Et indè me timendo exivit de illâ terrâ, et fugivit in terra de Mauris, cum hominibus suis. Proptereà placuit mihi cum viris meis, ut in illas casas, ubi illa traditio fuit facta, nullus ampliùs habitet in eas. Indè verò venit mihi domnus Galindo filius Aznar-Athonis, dicens quòd in illâ traditione non habuit culpam, quià mecum erat in Castellâ; et pactavi cum illo ut exeat sua mater cum suis filiis et suis filiabus de Tenâ, et ampliùs nullus ex eis in terrâ revertatur, neque de Vescasa in Sosu unquàm cabam non populent, nisi tantùm quòd ponant in eorum hæreditatibus juberos qui illas terras laborent et quòd eis eorum fructum reddant. Sed tamen ne unquàm in Tenâ intrent

était marié à la vicomtesse Talèse (16), héritière de Montaner, qui lui avait porté en dot ce riche apanage. Bernard II, l'aîné des fils de Centulle Ier et de Béatrix, prit dès la mort de son père, le titre de comte de Bigorre, dont il était héritier présomptif; mais Béatrix conserva jusqu'à sa mort l'autorité comtale.

1095. Le pape Urbain II ayant en 1095 convoqué

---

aut ibi plus mansionem habeant. Et super hanc causam dedit mihi domnus Galindo fidiatores. Et cum amaret me plus quàm alios, et quesierit plus in mea terra stare, quàm in terra de Mauris cum sua matre : dico quòd quamdiù in terra mea fuerit, à nullo homine vel à nulla caussa de mea terra maliciam non faciat, et quòd de illo quarto die in anteà, sine meo mandato in Tena non intret, neque ibi plus casas habeat, sed in suas hæreditates mittat juberos qui laborent illas, sic ille quam et sua mater, et quantum fructum Deus dederit eis de Bescasa à Susu, recipiant illud, quòd si tantùm non quesierit domnus Galindo stare in mea terra, quòd ponant illum isti fidiatores in meas manus, antequàm aliquam malam faciat, et sedeant soluti de fidiaturâ. »

(Note 16.) Le premier vicomte de Montaner dont le nom nous soit parvenu est Dat, dont le fils Othon-Dat fonda en 970 l'abbaye de la Réüle. Othon fut père de Guillaume-Othon qui assista à la fondation de Saint-Pé, vers 1032. Celui-ci eut un fils nommé Bernard, père d'un Othon qui vivait vers 1085. Il est probable que Talèse était fille de cet Othon, et qu'elle hérita de sa vicomté avant 1088.

Nous rencontrons il est vrai, un Arnaud-Aner de Montaner parmi les seigneurs qui assistèrent à la dédicace de l'église de Saint-Pé en 1096; mais il n'a point le titre de vicomte, et était sans doute issu d'une branche collatérale. Il pouvait descendre d'un Garcie, frère d'Othon-Dat, ou d'un Sanche, frère de Guillaume-Othon.

un concile à Plaisance, l'évêque Othon fut du nombre des deux cents prélats qui y assistèrent. Au milieu des grands intérêts qui se traitèrent dans cette auguste assemblée (17), on entendit les réclamations de l'évêque de Lescar, Sanche, qui revendiquait le monastère de Saint-Pé, distrait de son diocèse par Centulle comte de Bigorre et vicomte de Béarn, en faveur de l'église de Tarbes : la mort d'Othon, arrivée pendant la tenue du concile, empêcha cette affaire d'être jugée alors. Sanche ne se rebuta point, et continua ses poursuites contre l'archidiacre Bernard d'Azereix, qui fut élevé après Othon sur le siège pontifical de Bigorre. Ces deux prélats se trouvèrent au célèbre concile de Clermont, où fut résolue la première croisade. Sanche n'oublia pas d'y renouveler ses prétentions sur l'abbaye de Saint-Pé; le concile délégua Guillaume archevêque d'Auch, et

---

(Note 17.) C'est à ce concile, tenu dans les premiers jours de mars, que l'impératrice Praxède vint se plaindre des infamies auxquelles son époux Henri l'avait livrée; c'est dans cette assemblée que l'on suspendit jusqu'à la Pentecôte prochaine l'excommunication lancée au concile d'Autun, tenu au mois d'octobre précédent, contre le roi de France Philippe Ier, à cause de son mariage avec Bertrade; c'est encore là que l'on vit arriver les ambassadeurs d'Alexis Comnène, qui réclamait les secours de la chrétienté contre les infidèles de la Palestine.

Aimé archevêque de Bordeaux et légat du Saint-Siège, pour prononcer sur cette discussion. Guillaume, blessé de se voir adjoindre un collègue pour connaître d'une affaire dont il croyait devoir être le seul juge, s'empressa à son retour en Gascogne, de fixer aux parties le jour et le lieu où il voulait les juger ; mais l'évêque de Lescar se récria sur cette manière de procéder, et en appela ainsi que de toute l'affaire au souverain pontife.

Bernard, fils de Béatrix, se distinguait en même tems en combattant les Sarrasins d'Espagne ; il contribua, par les secours qu'il conduisit à Pierre de Bigorre, roi de Navarre et d'Aragon, son suzerain, au succès de ce prince contre les Maures : il se trouva à la prise d'Ejéa, emportée par les chrétiens le 5 avril 1095.

1096. Il y eut l'année suivante à Saint-Pé une brillante assemblée des prélats et des seigneurs de la Gascogne, réunis pour assister à la cérémonie qui eut lieu de la dédicace à saint Pierre et saint Paul, de l'église de l'abbaye ; ils confirmèrent avec serment toutes les immunités et franchises accordées au monastère lors de sa fondation (18). On y vit Guillaume archevêque

---

(Note 18.) « Anno ab incarnatione Domini m. xcvi. Indict. IV. Epactâ xxiii. ii.° idûs octobris, præsidente Romanæ Ecclesiæ

d'Auch, Bernard évêque de Bigorre, Sanche évêque de Lescar, Othon évêque d'Oloron et abbé de Saint-Pé, Bernard évêque de Dax, Béatrix comtesse de Bigorre, Gaston vicomte de Béarn, Astanove comte de Fezensac, Bernard de Castelbajac, Bernard de Bénac, Pierre de Juillan et ses frères, Guillaume-Bernard de Saint-Pastours, Othon de Barèges, Raymond-Guillaume d'Azereix et son frère Othon, Raymond de Lavedan, Bernard-Raymond d'Esparros et ses enfans, Garcie-Donat d'Orbéac et ses frères, Arnaud-Aner de Montaner et ses frères, et un grand nombre d'autres seigneurs.

Béatrix Ire mourut quelques tems après, et son fils Bernard lui succéda.

---

bano II papa, incitante Odone II, tertio abbate Generensi, convenerunt ad idem monasterium Guillermus Ausciorum archiepiscopus, atque prædictus Odo abbas simulque episcopus Olorensis, Bernardus præsul Bigorreusis, Sancius Lascurrensis, Bernardus etiam episcopus Aquensis, et dedicaverunt ecclesiam in honore apostolorum Petri et Pauli. Ipsisque monentibus et præcipientibus accesserunt totius Vasconiæ, tàm principes quàm populi, et renovaverunt salvitatem Beati-Petri, quæ nuper à Sancio comite ejusdem loci constructore firmata penè oblivioni tradita fuerat. In primis accessit ad jurandum Beatrix comitissa Bigorrensis......» etc.

CHAPITRE III.

Avènement de la maison de Béarn. — Bernard II fait rédiger une charte constitutionnelle : dispositions de cette charte. — Centulle II. — Révolte des Barègeois. — Centulle créé vicomte d'Aragon. — Mariage de sa fille Béatrix à Pierre de Marsan. — Hommage à Alphonse le Batailleur. — Querelles avec le vicomte d'Aure. — Béatrix II succède à son père. — Discussions sur la suffragance de Saint-Pé. — Fondation de l'Escale-Dieu. — Rébellion du vicomte de Lavedan. — Bordères donné aux Templiers. — Mort de Béatrix II.

BERNARD était le premier des fils nés du mariage de la comtesse Béatrix Ire avec Centulle de Béarn : Gaston, né de Centulle et de Gisle, avait succédé à son père ; Bernard II recueillit l'héritage de sa mère, et le Bigorre passa ainsi de la maison de Carcassonne à celle Béarn, dont l'origine remontait à Centulfe-Loup, premier vicomte héréditaire de Béarn (1), frère

---

(NOTE 11.) Centulfe-Loup ou Centulfe Ier, mort avant 845, fut

de Donat-Loup, premier comte héréditaire de Bigorre.

Le nouveau comte, se voyant obligé d'arrêter les courses des peuples des comtés voisins qui venaient ravager ses terres, résolut d'envoyer contre eux des troupes levées dans la vallée de Barèges; mais les habitans refusèrent de marcher, à moins qu'on ne les déchargeât de la redevance des quarante otages qu'ils avaient promis de fournir à la comtesse Béatrix Ire, et il fallut le leur accorder.

Bernard II, sur le conseil de Guillaume évêque de Tarbes, de Grégoire d'Asté abbé de Saint-Pé, de Pierre abbé de Saint-Savin, de Guillaume prieur de Saint-Lézer, d'Etienne prévôt de la Sède, du vicomte Arnaud de Lavedan, d'Evrard d'Orbéac, d'Auger de Juillan, d'Auger des Angles, et de la principale noblesse du Bigorre, avec le consentement général du

---

père de Centulfe II; celui-ci eut un fils dont on ignore le nom, et qui mourut vers 905, laissant un fils nommé Centulle Ier, mort vers 940. Centulle Ier fut père de Gaston Ier, mort vers 984, et celui-ci de Centulle II, mort vers 1004; ce dernier eut trois fils, dont l'aîné, Gaston II, mort vers 1012, fut père de Centulle III, mort en 1058; Gaston III, fils de Centulle III, était mort avant son père, laissant un fils nommé Centulle, qui fut l'époux de Béatrix et devint ainsi comte de Bigorre.

La maison de Béarn portait d'or, à deux vaches passantes de gueules accolées et clarinées d'azur.

peuple et du clergé, fit rédiger par écrit,
1097. l'an 1097 (2), les coutumes qui avaient été
fixées et déterminées par son aïeul le comte
Bernard Ier, pour servir de constitution à son

(NOTE 2.) M. l'abbé Duco, et M. de Laboulinière après lui
donnent cette date à la rédaction de nos fors; Larcher et Sainte-Marthe semblent la retarder de quelques années, en ne plaçant le commencement de l'épiscopat de Guillaume qu'après celui d'un Ponce, dont les titres de la Réule feraient mention en l'année 1103, *Centullo comite*; lequel Ponce, suivant Larcher, dans son Catalogue des évêques, aurait été celui qui chassa Guillaume-Par du prieuré de Madiran. Si nous remarquons que le comte Centulle qui mourut en 1088, et que Centulle II ne devint comte de Bigorre qu'en 1113, époque postérieure à celle à laquelle Larcher et Sainte-Marthe fixent l'avènement de Guillaume; que du tems de Centulle Ier, il existait un Ponce, qui mourut en 1080, et que Guillaume-Par ne put être chassé que par ce Ponce, puisque le prieur Boson, que l'abbé Gombert mit à sa place, y fut nommé en 1079, d'après Larcher lui-même dans sa liste des prieurs de Madiran, nous ne douterons plus que le Ponce II de Larcher et de Sainte-Marthe ne soit le même que Ponce Ier le négociateur du mariage de Centulle Ier avec Béatrix Ire, et que le double emploi ne vienne d'une méprise qui dans le déchiffrement de la date portée dans le titre de la Réule qui a servi à Sainte-Marthe, d'après lequel Larcher l'a rapportée; cette date me paraît devoir être l'année M. LXXX; la méprise ne paraît point trop étrange à ceux qui savent que le déchiffrement des dates gothiques est d'une grande difficulté, qu'il existe des rapports dans la forme des lettres c et L, x et J, et que quelques chartes se trouvent écrites d'une manière presque indéchiffrable. Le savant Oihénart ne reconnaît qu'un seul évêque Ponce.

Nous avons placé en 1080 l'expulsion de Guillaume-Par de son prieuré, et cependant son remplacement par Boson est mis en 1079 par Larcher; cela tient à la manière de commencer l'année à

gouvernement et de garantie à ses sujets. Raymond-Guillaume de Séméac, Raymond-Guillaume d'Azereix, Garcie-Donat d'Orbéac, et Raymond-Aner de Montaner, qui avaient vécu du tems de Bernard Ier, ou qui en avaient reçu la tradition de la bouche de personnes dignes de foi, furent chargés de cette rédaction. Cette charte est composée de quarante-trois

---

fait s'étant passé avant Pâques 1080, il appartenait à l'an 1079 d'après ceux qui ne prenaient qu'à Pâques le premier jour de l'année.

Le *Gallia christiana* fait encore siéger un évêque Héraclius avant Guillaume ; ce prélat est mentionné dans le chartulaire du prieuré de Madiran, dont presque tous les titres sont sans date, en ces termes : « Hæc venditio facta est..... Grimaldo Barrau existente priore de Madirano, et Eracleo præsule Bigorræ, et Bernardo-Centullo comite Bigorrensi. » Ici il n'y a point de doute que cet Héraclius n'ait précédé Guillaume, puisque Bernard fils de Centulle mourut avant ce dernier prélat ; mais nous pensons que son épiscopat, qui n'est mentionné nulle autre part, ne fut que de quelques mois à la fin de 1096 et au commencement de 1097, année pendant laquelle Guillaume dut lui succéder.

Quant à la date 1097 donnée à la rédaction de nos Fors dans l'Histoire de l'abbé Duco, je l'ai adoptée, parce que celle-là seule qui eût pu me la faire juger apocryphe se trouve fausse, et que l'époque la plus rapprochée du règne de Bernard Ier et de la consécration de l'église de Saint-Pé, dont la charte fut signée en 1096 par trois des rédacteurs de la constitution, est la plus naturelle. S'il en fallait croire M. Picqué, cette charte, ou du moins les coutumes qu'elle rappelle, seraient d'une rédaction bien antérieure, et qui remonterait au sixième siècle ; cette assertion a trop peu de vraisemblance pour que nous nous amusions à la combattre.

articles, dont nous allons analyser les dispositions principales (3).

Le préambule nous dit que le peuple avait

(NOTE 3.) Il est surprenant que cette pièce intéressante ait si peu occupé les historiens bigorrais ; ils gardent là-dessus le plus profond silence, ou en disent à peine quelques mots insignifiants. Le seul président de Marca la rapporte, et en a donné en français une analyse succinte, transcrite depuis par M. Faget de Baure dans ses Essais sur le Béarn. Voici cette charte dans son entier :

« Bernardus, filius Centulli, inspiratione divinâ et terræ suæ procerum commonitione adhortatus, consuetidinumque antiquarum tempore avi sui Bernardi videlicet comitis inventarum præsentem descriptionem fieri præcepit, ut majorum vestigiis imitatis, vigore regiminis ab atavis procedentis terram sibi commissam regeret, pauperes deffenderet et recrearet. Narratores autem faciendæ descriptionis, eorum qui antiqui Bernardi tempora viderant, vel ab his quibus fides adhibenda erat audierant, fuere Ramundus-Willelmus de Semeaco et Ramundus-Willelmus de Ezereisio, et Garcia Donati de Orbeaco et Ramundus-Anerii de Montanerio. Corroboratores verò et facti laudatores fuerunt Willelmus episcopus Bigorrensis, Gregorius abbas Generensis, Petrus abbas Sancti-Savini, Willelmus prior Sancti-Lycerii, Stephanus præpositus Tarbiensis, Arnaldus vicecomes Levitanensis, Ebraldus de Orbeac, Augerius de Julhan, Augerius de Angulis et pars plurima terræ majoris nobilitatis, communi consensu totius cleri et populi.

I. Comitis in Bigorrà substituendi consuetudo talis debet teneri, si naturalis fuerit, antequàm habitatorum terræ fidejussores accipiat, fide suâ securos eos faciat ne extrà consuetudines patrias vel eas in quibus eos invenerit aliquando educat ; hoc autem sacramento et fide quatuor nobilium terræ faciet confirmari ; item juratores duos dabit Levitanensibus et totidem Baraginensibus : si verò gerlibet adventitius, uxorem accipiens in comitatum accesserit, fide et sacramento quod diximus firmabit et totidem ponet juratores ; hoc idem de muliere extraneâ confirmamus, si post obitum viri

donné son consentement, comme la noblesse et le clergé, à l'établissement de ces coutumes; le peuple n'était donc pas alors entièrement

---

terram possiderit. Comes autem, si quemlibet de legibus Bernardi avi sui eduxerit, per legales inquisitiones sibi factas, eductum reducat.

II. Factâ autem comitis securitate, debent comiti fidelitatem quicumque milites facere, per fidejussores præsentarios fide et sacramento illi de quibus voluerit : de vallibus verò tàm milites quàm pedites accipere.

III. Nemo militum terræ castellum sibi audeat facere sine amore comitis non puerili vel consilio, suâ vel alterius guerrâ non constricti ; si castrum antiquum quis habuerit, non faciat de latere sine præfato comitis consilio vel amore : quòd si alterum horum commiserit, comite perquirente vel destruat vel restituat ei quod fecerit.

IV. De castello quod quis in terrâ voluntate et consilio comitis tenuerit, securum comitem faciat ne iratus vel absque irâ comiti castellum retineat, nec ei quidquam mali indè exeat ; nec comes cum lege terræ de castello decipiat.

V. Si quis sibi adquisiverit vel ab antecessoribus suis adquisitam invenerit terram à comite in pueritiâ, propriam vel alterius, dum posteà comes eam requisiverit sibi restituat, et eam quam compulsus guerræ necessitate suæ vel alterius cuiquam contulerit.

VI. Si quem militum præter justitiam et legem terræ eduxerit, injuriatus cum secretariis familiarioribus domûs comitis in propriâ domo comitem inquirat ut justitiam in rectitudinem commutet ; quod si hoc modo proficere non poterit, nobiles terræ quibus comes fidelitatem fecerit adeat et per eos illum usque secundò ad rationem injuriæ quam patitur ponat ; quod si in neutro profecerit, audito quod patitur in communi, XL. dies posteà præstoletur, ut legali inquisitione et expectatione peractâ, legaliter, si voluerit discedere, discedat. Post egressionem autem si comes cum per emendationem injuriæ revocare voluerit, condonabit sibi præter captos quos tem-

asservi ; mais remarquons que ce peuple n'était autre que celui des vallées de Lavedan et de Barèges, qui jamais n'avait été astreint à

---

pore concordiæ solvendos habuerit, quæcumque mala penuria justitiæ fecerit, et sic ad amicitiam et fidelitatem domini lege terræ reverti debebit ; cujus terram si comes cuivis dederit vel modo quolibet impediverit, solutè restituet ei.

VII. Monasteria quibus salvitas consilio comitis et procerum terræ jurata fuerit, capiatur, aliter minimè, sed à rectore monasterii judicio proponatur.

VIII. Usus autem est ut si monasteria quamlibet terram de libertatibus aut adquisiverint aut emerint, in legalibus exercitibus faciat servitium unius legalis militis, et terra valeat monasterii.

IX. Omni tempore pax teneatur clericis ordinatis, monachis et dominabus et eorum comitibus : ità quòd si quis ad dominam confugerit, restituto damno quod fecerit persona solvetur. Rusticus semper pacem habeat, nec quisquam pignoret ei boves vel ferrum aratri ; si quis rusticum pro fidejussorà domini sui pignoraverit, nihil ei nisi quod proprio domino, tempore quo debet, faciat sibi persolvi.

X. Si quis autem molendinum pignoraverit, non ferra auferat, sed molere permittat, et tempore pignoris molendini lucrum accipiat : si quis autem eum invaserit, si monasteriorum vel militum fuerit, XVIII. solidos domino molendini persolvat, damnumque dupliciter, et LXV. solidos comiti.

XI. Hoc idem dicimus de vaccarum cubili, si positum fuerit in loco legali ; damnum verò in duplum restituat. Gallina in molendino non habeatur, juxtà quem accipiter defertur ; quòd si milvus invenerit, deferat si voluerit. Melior villæ miles verrem habeat in monasterium, per pacem securum, non vi inclusum ; sed si in domo fuerit inventus, solutè abjiciatur ; si quis aliter fecerit, verrem in duplo restituat, et comiti LXV. solidos persolvat.

XII. Idem dicimus de militum et monasteriorum tauro, et censore equarum equo.

XIII. Nunquam rusticus per se venetur aut piscetur, nisi ad opus

la servitude de la glèbe; quant aux habitans des villes et des bourgs qui n'étaient ni nobles ni clercs, ils étaient tous serfs.

---

monasteriorum aut militum; tabernam non donet, nisi manu ad manum; à kalendis januarii vinum vendibile usque ad vindemias nullo modo ferat; si verò in proprios usus necessarium vinum habuerit, aut collo deferat, aut karrali. Nisum et accipitrem non habeat.

XIV. Liberi pacem habeant, et ter in anno in karrali comitali vadant. Villa liberorum de carne non ampliùs quàm quinque solidos aut porcos quinque solidorum donet; si verò una persolvere non poterit, juncta secundùm antiquitatem cæteris, partem sibi contingentem persolvat. In villâ liberorum semel in anno comes comedat, ii tamen villa pati poterit; si verò placitum cum terræ convicaneis habuerit, nec ad propria hâc necessitate compulsus redire poterit, aut rediens de exercitu iterùm apud eos hospitabitur: cujus victûs solâ nocte sufficientia dabitur. Civatam bis in anno liberi militibus vicini conferent, unam concham in grosso, alteram tempore milii; armigeris autem nunquàm. Nunquàm poscat ab eis comes agnos vel gallinas, nisi festivitatem paschalem aut natalem Domini ipse vel uxor sua fecerit: tunc unusquisquam gallinam in natali, agnum verò; si habuerit, mittat in festivitate paschali; si autem non habuerit agnum, gallinam. Si quis dominus cuivis libero injustitiam fecerit et inquisitus ab eo amicabiliter emendare noluerit, liber ad comitem adeat; coràm quo injustitiam quam passus est probet; et sic x. diebus protectus à comite, poterit quem voluerit dominum eligere. Præter hoc nihil comes petat à liberis.

XV. Censuales rustici vel liberi non in expeditione comitem sequantur nisi forte exercitus extraneus in terram insurrexerit, vel suum obsessum castrum excutere voluerit, aut ad nominatum bellum abierit.

XVI. Qui de vallibus sunt sequantur comitem in legitimam expeditionem; rusticus censualis nulli civatam donet, nisi voluntarius.

XVII. Ex præcepto comestiones non recipit comes, nisi sex: unam à vicecomite de Silvis, aliam in Pozaco, tertiam in Benaco, quartam in Ossuno, quintam in Anti, sextam in Abatud.

Les devoirs du comte envers ses sujets, à son avènement, forment l'objet du premier article. Quel que soit le droit qui l'appelle au

---

XVIII. Alibi in planitie Bigorræ nescitur ubi ex præcepto debeat comedere, nisi voluntariè poterit adquirere.

XIX. Si quem verò hospitem sibi adquisiverit, nemo nisi invitatus vel ab ipso vel ab hospite eum sequatur, præter legatos et extraneos: in monasteriis autem neque cum ipso neque sinè ipso nisi invitati à majore monasterii; quod si quis præsumpserit LXV. solidos comiti persolvat.

XX. Pugiles in Bigorrà non nisi indigenæ recipiantur; qui pugnaverit XX. solidos accipiat; pro targâ XII. nummos; pro præparatione VI.

XXI. Postquàm comes cum terræ proceribus pacem laudaverit et confirmaverit, si quis eorum quæ in pace posita sunt reus inventus fuerit, et ad rationem positus se purgare nequiverit, LXV. solidos comiti persolvat, exceptâ piscatione rusticorum et tabernâ; de quibus si domini proprii legem priùs extraxerint, quod ad cognitionem comitis perveniat, nihil ibi comes habebit; sin autem, prædictum damnum extorquedit.

XXII. Nemo quamlibet mulierem violenter rapiat; quod si quis fecerit, LXV. solidos comiti persolvat, et legem conquærenti.

XXIII. Rusticus juxtà messem foveam non faciat, nec in viâ vel in semite; damnum legitimè restituat. Si autem obierit, homicidii legem persolvat; equum verò in duplo.

XXIV. Peregrini pacem ubiquè habeant.

XXV. Si quis Bigorritanorum quâvis in parte extrà dominium comitatùs Bigorræ honorem tenuerit, eum Bigorritani in pace custodiant; et si quid injustitiæ passus fuerit, comes et sui per pacem inquirant; si quis pacem infregerit et amicabiliter inquisitus emendare noluerit, non conquærens comitem justitiam de invasore accepturus adeat, sed priùs dominum infractoris inquirat; à quo si justitiam extorquere non poterit, comitem proclamaturus adibit.

XXVI. Venationes, piscationes, tabernas, nisum et accipitrem omnibus prohibemus, exceptis monasteriis, et militibus in exercitum euntibus, et placitum et curtem servantibus.

comté, avant que de recevoir le serment et les cautions de ses vassaux, il doit lui-même leur jurer de ne point enfreindre leurs fors,

XXVII. Liberos comes non debet habere, neque monachus, neque domina, neque aliquis, nisi qui in expeditionem et exercitum abire possint.

XXVIII. Nunquàm judex sit comes aut episcopus, nisi episcopus de solvendis animabus.

XXIX. Piscatores aliundè pisces deferentes et salinarii sint in pace, nisi quodlidet maleficium fecerint, undè oporteat eos respondere.

XXX. Quandò homines Baregiæ et Levitani in Comengiam causâ expeditionis perrexerint, apud Neurest in Neurest hospitabuntur; et si quid aliud quod comedant invenerint, bovem et vaccam non interficiant; quòd si necessitate ingruente oportuerit interficere, residuum carnis cum coriis in hospitiis dimittent. In viâ quidquam nisi de rebus hostium non accipient; quod si acciperint, vicecomes Levitani debet eos facere damnum restituere, et justitiam comiti persolvere, aut ipse restitnat in capite suo et persolvat.

XXXI. Si miles in tali expeditione mortuus fuerit, nemo debet uxorem mortui placitari, nisi virum duxerit, donec filii ejus possint arma portare; nec ibit in exercitum.

XXXII. Si quis captus fuerit, et quemquam hostium comes vinctum tenuerit, debet alter pro altero commutari.

XXXIII. Pagesius autem qui in consuetudine non habet somatas deferre, si inventus fuerit à milite, vel à militis aut comitis serviente, qui invenerit vinum et subsellias accipiat, asinum verò comiti mittat.

XXXIV. Si cui militum præceptum fuerit in expeditionem legitimam ire, et non iverit, aut LXV. solidos comiti persolvat, aut similia super inimicos operetur quæ et comes, et v. solidos persolvat.

XXXV. Domus militis semper sit secura per pacem, et lectus illius nunquàm pignoretur.

XXXVI. Francitalem coopertam nemo emat, vel discooperire faciat ut posteà possit emere; quod si fecerit, servitium comiti sicut quilibet persolvat, aut dimittat.

et son serment doit être appuyé de celui de quatre gentilshommes du pays ; il doit en outre fournir deux cautions à chacune des vallées de

---

XXXVII. Si quilibet liber dominum suum morte interveniente perdiderit, infrà tres hebdomadas dominum quemlibet legitimum accipiat ; quòd si post tres hebdomadas liberum absque domino invenerit quilibet miles, pleium comitis super eum ponat, et sic comiti notificet ; et tunc comes ei qui notificaverit v. solidos tribuat, et liberum cui voluerit militum in perpetuo, lege libri originalis, possidendum tribuat.

XXXVIII. Quod verò de dignitate militum scribitur non omnium militum dicitur, sed de eis tantùm qui exercitum et curtem et placitum legaliter sequuntur.

XXXIX. Si quis militum in prælio præsente comite membrum sui corporis perdiderit, ulteriùs comiti lxv. solidos vel aliquod damnum non persolvat.

XL. Equam indomitam nemo pignoret, nec pullum donec ferretur.

XLI. Nemo rusticorum militem cognitum invadat, nisi domum ejus cremaverit aut boves abstulerit.

XLII. Non solùm autem ea quæ hîc continentur de pace quilibet esse credat, sed etiàm alia quæ dùm comes consilio procerum terræ de pace esse cognoverit, sicut et scripta conservet.

XLIII. Si quis militum necessitate ductus, carnem alterius ubi ipse vel uxor ejus præsentes non fuerint, acceperit, non prius eum pignoret, donec eum amicabiliter inquirat, et si emendare noluerit, comitem proclamaturus adeat, et sic in duplo carnem amissam recuperet, et comes lxv. solidos. »

L'auteur de l'avant-propos d'un exemplaire de ces Fors, dont nous avons déjà parlé dans la note 3 du chapitre précédent, avait ajouté un quarante-quatrième article, ainsi conçu : « Nemo à scripto Foro appellet : sed aliter, ad curtem Sanctæ-Mariæ de Podio tanquam ad caput appelletur. » On se persuadera aisément que le même esprit qui dicta les fables ridicules de l'avant-propos, inspira la fabrication de cet article apocryphe.

Lavedan et de Barèges. L'épouse étrangère d'un comte, qui après la mort de son mari conserverait le comté, serait astreinte aux mêmes formalités. Le comte qui aurait violé quelqu'une des lois en vigueur, serait tenu de réparer son tort, constaté par une enquête légale. Ces devoirs remplis, tous les gentilshommes du pays et généralement tous les habitans des vallées doivent prêter au comte le serment de fidélité, et ceux dont il exigerait des cautions en doivent fournir.

Nous avons vu par l'exemple du vicomte Sanche de la Barthe, que des vassaux puissans pouvaient tenter de se soustraire à l'hommage envers leur suzerain : il importait donc à ce suzerain de se prémunir par des lois contre l'esprit d'indépendance de ses vassaux, de les empêcher de devenir trop redoutables; c'étaient les châteaux qui faisaient leur force ; la constitution de Bernard prévit les inconvéniens qui seraient résultés de la multiplicité de pareilles citadelles. Un gentilhomme ne peut élever un fort sans l'aveu du comte majeur et libre de toute guerre ; un vieux château déjà existant ne peut être rebâti de pierre sans un pareil consentement : en cas de contravention, les ouvrages faits appartiendront au comte, ou seront démolis à sa réquisition. Quant aux forts que l'on garderait de l'aveu du comte, il doit pour sa sûreté en être mis en possession une fois chaque année ; mais il ne peut les retenir au préjudice de ses vassaux.

Ce qui assurait sur-tout la prépondérance du comte sur ses vassaux, c'était d'avoir seul le droit d'armée et de chevauchée ; droit qu'il était cependant nécessaire de restreindre, afin d'en prévenir l'extension abusive. Il ne pouvait faire marcher tous ses vassaux, non plus que les habitans de Lavedan et Barèges et les personnes libres, qu'en cas d'invasion étrangère, du siège de son camp, ou d'une guerre déclarée. Le gentilhomme qui refusait de marcher pour une expédition légitime devait payer au comte l'amende de soixante-cinq sous, ou bien il était tenu de faire de son côté la guerre à l'ennemi, et de payer l'amende de cinq sous. Lors des expéditions dans le Comminges, les soldats de Lavedan et de Barèges faisaient leur étape au château de Nodrest, où l'on devait leur fournir des vivres. Pendant la route ils devaient ne rien prendre que sur l'ennemi : en cas de contravention, le vicomte de Lavedan devait leur faire payer le dommage, ainsi que l'amende due au comte, sous peine d'en être lui-même responsable.

Les monastères et les gentilshommes avaient

de grands privilèges ; mais pour les gentilshommes, c'étaient seulement ceux qui suivaient l'armée du comte et composaient sa cour ou son plaids, c'est-à-dire ses vassaux immédiats, les pairs de Bigorre ; ceux-là seuls pouvaient avoir des taureaux, des étalons, des verrats, le droit de chasse, de pêche, d'avoir autour et épervier, de tenir taverne. Le roturier ne pouvait assaillir la maison du gentilhomme, à moins que celui-ci n'eût brûlé la sienne ou enlevé ses bœufs.

Le comte n'a droit d'hébergement que dans six gîtes, savoir : chez le vicomte de la Barthe, à Pouzac, à Bénac, à Ossun, à Antin et à Labattut : s'il en acquiert quelqu'autre, il ne pourra y être suivi que de ses propres invités, ou de ceux de son hôte ; dans les monastères, il n'amènera que ceux que le supérieur voudra bien admettre.

La jeunesse du comte, ou des besoins pressans pendant la guerre, pouvaient entraîner de grands abus dans la concession des domaines : aussi la charte en prononce-t-elle la rescision de plein droit sur la simple réclamation du comte.

Nous avons dit pour quelle raison, lors de l'établissement des vassaux du roi, la plupart des aleux furent changés en fiefs, dont la suzeraineté passa ensuite aux comtes : la charte du Bigorre nous montre les moyens employés depuis par les comtes pour transformer les hommes libres qui restaient dans leurs comtés, en vassaux. Elle défend l'acquisition des aleux dont la franchise est ignorée, et interdit les recherches propres à la faire revivre, assujétissant ces terres, en cas de contravention, au service féodal. Elle soumet en outre toutes les personnes libres à de certaines redevances envers le comte, savoir : trois corvées par an, un repas, une poule à Noël, un agneau à Pâques; elle les oblige à se choisir un seigneur parmi les vassaux du comte ; et à défaut par elles de se conformer à cette disposition, le comte peut les attribuer à celui de ses chevaliers qu'il voudra. Ce n'étaient donc plus réellement des personnes libres ; c'étaient proprement des vassaux.

La constitution met sous la sauve-garde publique les voyageurs, les étrangers, les laboureurs, les gentilshommes, les prêtres, les dames et leur suite, en un mot tous ceux qui au jugement du comte et de sa cour, méritent une pareille protection. La chevalerie, institution admirable (4) par ses effets, qui au milieu de la

---

(Note 4.) M. Deville n'est point de notre avis, et il assure au contraire que la chevalerie, loin de polir les mœurs, les fit re

barbarie de nos ancêtres venait suppléer à la civilisation, leur avait inspiré tant de respect pour le sexe le plus faible et le plus aimable, qu'ils accordaient aux dames les mêmes droits qu'aux plus privilégiés de leurs temples : le malfaiteur qui se réfugiait auprès d'elles avait

---

grader vers la barbarie, parce qu'il ne conçoit point qu'*il y eût de la politesse à pourfendre un honnête homme qui ne voulait pas convenir que la dame du pourfendeur était la plus belle des belles*. Nous nous garderons de juger de la chevalerie, comme M. Deville, sur quelques romans ridicules dont Cervantès a fait une critique si amusante en composant son immortel Don Quichotte, parodie plaisante des pourfendeurs d'honnêtes gens : nous aimons mieux, avec le savant président de Montesquieu, examiner quelles causes donnèrent naissance à cette institution, et lui prêtèrent ce charme magique qui en entoure encore le souvenir ; nous verrons la jurisprudence du moyen âge enfanter le point d'honneur, et multiplier ces combats singuliers dont la chance dépendit souvent de la trempe d'armes que l'on crut enchantées ; nous aimerons à nous représenter des guerriers qui toujours armés dans un pays hérissé de châteaux, de forteresses et de brigands, trouvaient de l'honneur à punir l'injustice et à défendre la faiblesse : les trouverres chantèrent les prouesses de ces paladins, et les montrèrent bravant les dangers pour servir la beauté et la vertu opprimées ; les fictions des trouverres enflammèrent l'imagination des chevaliers et l'on vit naître alors cet esprit de galanterie que perpétua l'usage des tournois où la beauté couronnait la vaillance ; sans doute alors une teinte de barbarie se retrouvait encore dans les mœurs des guerriers : ils étaient pillards, ignorans, souvent dissolus, mais tout dévoués à un sexe auprès duquel s'adoucit leur rudesse. Nous nous plairons à répéter avec M. le comte de las Casas, que la chevalerie, qui ne semble plus aujourd'hui dans nos tems réguliers qu'une noble extravagance, fut dans les tems d'anarchie le supplément des lois et la sauve-garde des droits les plus chers.

sûreté de sa personne en réparant le dommage. Quelques monastères seulement jouissaient du droit d'asile : le malfaiteur qui s'y était réfugié ne pouvait être arrêté que si le supérieur du monastère le livrait à la justice.

Dans ces tems reculés où l'administration de la justice appartenait au seigneur, il fallait prévoir le cas où le tort serait commis par le seigneur lui-même, celui de faux-jugement, celui de déni de justice ; l'appel à un tribunal supérieur ne pouvait exister pour le vassal : fausser le jugement de son seigneur était un crime. Pour obtenir réparation du tort reçu de son seigneur, il fallait perdre la qualité de son vassal : on abandonnait la seigneurie, et on portait sa plainte à la cour du suzerain, dont l'intérêt était de prononcer en faveur du plus faible ; mais cet abandon du vasselage pouvait dégénérer en abus. Voyons avec quelle sagesse la charte constitutionnelle de Bigorre paraît à ces divers inconvéniens. Le vassal qui a reçu quelque tort de son seigneur, doit lui en demander justice : s'il la refuse, le vassal, vingt jours après le déni, s'adressera au comte, sous la protection duquel il se choisira un autre seigneur, et fournira la preuve du tort qu'il aura reçu. Si un gentilhomme prétend avoir souffert quelque préjudice de la part du comte, au mépris de l'équité et des lois du pays, il le suppliera par le canal de ses secrétaires de faire droit à sa plainte ; s'il n'obtient rien, il s'adressera à ses pairs les vassaux du comte, qui réclameront jusqu'à deux fois réparation de l'injustice : pue si ce moyen ne lui sert de rien, il portera sa plainte aux états (5), et attendra quarante jours ; après l'enquête légale et l'expiration de ce délai, il pourra légalement abandonner le comté, s'il le veut. S'il obtenait ensuite justice, et qu'il revint dans le pays, le comte devrait le tenir quitte de tous les dommages qu'il aurait faits pour se venger du déni de justice, et lui restituer tous ses biens : le gentilhomme rentrera ainsi dans le vasselage du comte, qui lui rendra ses bonnes graces. Si le gentilhomme se rend coupable de félonie, et qu'après l'enquête il ne puisse se justifier, il payera au comte une amende de soixante-cinq sous morlans. Le bigorrais qui possède un fief hors du Bigorre, est sous la sauve-garde du comte pour ce fief : il peut lui demander directement justice des torts qu'il y aurait reçus, ou bien réclamer sa protection en cas de déni

---

(NOTE 5.) Le For dit *in communi*, c'est-à-dire à une assemblée pareille à celle qui approuve la rédaction de ce For ; nous parlerons plus loin des états d'une manière plus précise.

de justice de la part du seigneur naturel de ce fief.

Ainsi que nous l'avons déjà dit, dans tous les procès la connaissance du bon ou mauvais droit des parties se tirait de la manière de supporter diverses épreuves, ou de la chance du combat judiciaire (6). Le comte ni l'évêque

---

(Note 6.) M. de Montesquieu assure que le duel remplaça presque entièrement les autres épreuves ; nous voyons cependant dans les titres de Saint-Pé, des traces de l'existence en Bigorre de l'épreuve de l'eau chaude, long-tems après l'admission de la jurisprudence du combat.

« Peregrinus, vicecomes Levitanensis et Tiborst uxor ejus statuunt : ad præfatum oratorium accedentes pro controversiis per ramentum vel ex aquâ ferventi per extractionem dirimendis, dabunt unum nummum pro clave, et quatuor pro lebete : ex quibus quatuor duo cedunt in partem Generensis monasterii, et alii duo competunt Ecclesiæ cathedrali : datur etiam nummus sacerdoti aquam cum lapide benedicenti »

Voici en quoi consistait l'épreuve de l'eau chaude : l'accusé, après avoir trempé sa main dans l'eau bouillante, la mettait dans un sac, qu'on fermait exactement ; il ne l'en retirait que trois jours après, et s'il n'y restait aucune trace de brûlure, il était déclaré innocent.

Nous avons déjà parlé du combat judiciaire, et des premiers indices que nous ayons de son établissement en Bigorre : cet usage était tellement répandu, que l'on allait jusqu'à louer des champions pour un espace de tems convenu. Pour attacher davantage le champion à la cause qu'il avait à défendre, il devait avoir le poing coupé s'il était vaincu.

Observons avec M. de Montesquieu que lors de l'adoption de cette jurisprudence barbare, les lois furent tellement en harmonie avec

ne pouvaient prononcer par eux-mêmes sur les prétentions des plaignans, à moins qu'il ne s'agît de cas de conscience, que l'évêque avait droit de décider. Lorsque les parties étaient soumises au jugement de Dieu, elles pouvaient se dispenser de combattre ou de subir l'épreuve par elles-mêmes : il leur était permis de fournir un champion à leur place. De certaines gens faisaient métier de défendre ainsi toutes les causes, moyennant une rétribution. La charte ordonne de n'admettre que des champions Bigorrais.

Telle est la constitution qui fut rédigée par les ordres de Bernard II, à une époque où les états de l'Europe n'avaient pas encore de lois écrites (7).

---

les mœurs de la nation, que, comme le dit ce publiciste, « ces lois produisirent moins d'injustices qu'elles ne furent injustes, que les effets furent plus innocens que les causes, qu'elles choquèrent plus l'équité qu'elles n'en violèrent les droits, qu'elles furent plus déraisonnables que tyranniques. »

(Note 7.) Nous entendons parler d'un corps de lois territoriales : l'Angleterre est le premier état européen qui ait eu un pareil code, rédigé en 1171 par Grasvil; la France n'eut le code connu sous le nom d'Etablissemens de Saint-Louis, que postérieurement au règne de ce prince, car les établissemens, ainsi que les capitulaires, n'étaient que des ordonnances détachées : le livre des Assises et bons usages du royaume de Jérusalem, regardé par les historiens comme la première compilation de coutumes générales, est moins ancien que le For de Bigorre; le Béarn seul a sur nous la priorité ; son vieux For est antérieur à 1088.

L'évêque Sanche de Lescar, poursuivant toujours vivement ses réclamations contre l'évêque de Bigorre au sujet de la suffragance de l'abbaye de Saint-Pé, força Guillaume à se trouver au concile de Latran, tenu en 1112 par le pape Paschal II; mais aucun jugement ne vint décider la querelle des deux prélats.

1112.

1113. L'année suivante, Bernard II mourut sans laisser de postérité, après un gouvernement glorieux et paisible de vingt-cinq ans. Son frère Centulle le Jeune fut son successeur au comté de Bigorre.

A peine parvenu à la dignité comtale, Centulle II éprouva de la part des Barègeois un affront semblable à celui qu'en avait autrefois reçu sa mère Béatrix. Etant allé chez eux pour y rendre la justice aux plaignans, suivant l'usage des comtes, les habitans de la haute vallée se portèrent aux plus grands excès, jusques au point de vouloir le tuer; mais les habitans de la basse vallée s'armèrent pour sa défense, et avec leur secours il parvint à échapper aux mutins. Ceux-ci craignant alors les terribles effets de sa juste indignation, cherchèrent à l'apaiser par leurs soumissions; ils offrirent de livrer à l'avenir les quarante otages dont on les avait déchargés, et consentirent à ce que le comte les choisît lui-même à son gré dans les dix sept villages de la vallée ; à ces conditions, Centulle voulut bien leur pardonner leurs excès (8).

Ce prince eut part à la conquête que fit en 1114 le duc d'Aquitaine Guillaume le Jeune, fils de Gui-Geoffroi, du comté de Toulouse, sur le comte Alphonse-Jourdain, fils du célèbre Raymond IV chanté par le Tasse.

1114.

Alphonse de Bigorre, roi de Navarre et d'A-

(Note 8.) La conduite des Barègeois envers Béatrix et Centulle est racontée d'une toute autre manière dans les Annales de M. Deville, et leur rebellion y est consignée comme un de leurs titres à l'admiration de la postérité. Nous ne saurions penser de même, et nous nous garderons de proclamer que leurs excès fussent excusables, quoiqu'il paraisse que Béatrix eût voulu changer leurs usages, ainsi qu'on le peut inférer de ce passage de la charte dressée à l'occasion du pardon qu'accorda Centulle : « Per mudansa de costumas sol lo pobles murmurar, è sol arrancurar contra sos capdets. »

Il y a erreur dans le récit de M. Deville, en ce qu'il dit que les Barègeois refusèrent formellement les quarante otages imposés par Béatrix, car ils n'obtinrent cette composition qu'à force de prières et de submissions ; il y a erreur en ce qu'il raconte qu'ils répondirent tous à l'appel de Béatrix contre les dévastateurs du comté, car ils refusèrent étroussement de marcher ; Centulle, dit-il encore, voulut venger l'outrage fait à Béatrix : nous n'en trouvons la preuve nulle part ; et le président de Marca, autorité respectable, nous dit seulement que ce prince était en Barèges pour lever ses droits et les amendes qui lui étaient dues. Enfin, ajoute M. Deville, Centulle déchargea les Barègeois des quarante otages : nous trouvons au contraire que c'est à lui que ces montagnards s'obligèrent de nouveau à les fournir.

M. Picqué raconte aussi le même fait : son récit est moins inexact, mais il est rédigé dans le même esprit.

ragon, que le succès de ses armes a fait surnommer le Batailleur, ayant résolu la même année d'assiéger Saragosse, alors gouvernée par des officiers du roi de Maroc, appela à son secours les princes de la Gascogne. Le comte Centulle II et le vicomte Arnaud de Lavedan allèrent combattre avec lui les musulmans, qui recevant continuellement des secours d'Ejéa et de Lérida, faisaient d'autant plus facilement traîner le siège en longueur, qu'Alphonse appelé en Castille par les affaires que lui suscitait la répudiation d'Urraque, ne pouvait employer toutes ses forces contre eux. Enfin la quatrième année le siège fut repris avec plus de vigueur, et la ville emportée. Alphonse récompensa la valeur et les services du comte de Bigorre et du vicomte de Lavedan, en leur accordant le titre, et le majorat qui y était attaché, de ricombres ou pairs d'Aragon : c'étaient les conseillers du roi, qui ne pouvait, sans leur consentement, prendre aucune résolution importante.

1118.

Centulle avait dès-lors de son union avec la comtesse Amable, une fille nubile nommée Béatrix, qu'il donna en mariage au vicomte Pierre de Marsan, fils de Loup-Aner (9).

(Note 9.) Ce Loup-Aner, mentionné dans une charte de l'abbaye de la Réole sur Garonne, de 1103, dont nous avons rapporté

Alphonse le Batailleur étant venu en Gascogne, Centulle alla le trouver à Morlas, et lui fit hommage du Bigorre; cet hommage n'était plus attaché à la couronne de Navarre: Sanche le Grand de Bigorre, empereur des Espagnes, distribuant à ses fils les royaumes qu'il avait réunis sous sa puissance, avait attribué la suzeraineté du Bigorre à la couronne d'Aragon. Centulle reçut du monarque aragonais plusieurs domaines en bénéfice à vie ; tels furent le château et la ville de Roda sur le Jalon, la moitié de Tarragonne avec ses dépendances, et une rente annuelle de 2000 sous de Jaca, somme très-considérable en ce tems, à ce que dit l'historien Zurita. Alphonse lui promit en outre Sainte-Marie d'Albarracin, une terre de deux cents hommes d'armes (10), et d'autres grands héritages à conquérir sur les Maures.

1122.

---

un fragment dans la note 12 du chapitre premier de ce livre, était sans doute fils du vicomte Raymond qui signa en 1061, avec Bernard Tumapaler, la charte de fondation de Saint-Jean de Saint-Mont; et ce Raymond, fils du vicomte Guillaume-Loup, dont le nom se trouve parmi ceux des seigneurs qui signèrent la charte de fondation de Saint-Pé vers 1032. Celui-ci était fils d'un autre Loup-Aner, avec lequel il signa en 1009 une charte de donation faite par le comte Bernard-Guillaume en faveur de l'abbaye de Saint-Sever de Gascogne. Nous n'avons pas d'autres lumières sur la généalogie des vicomtes de Marsan.

(Note 10.) C'est-à-dire une terre dont le revenu pût servir à l'entretien de 200 hommes d'armes.

L'évêque Gui de Loos avait succédé à Sanche dans le diocèse de Béarn, et dans ses prétentions sur la suffragance du monastère de Saint-Pé ; il porta ses réclamations au concile tenu à Toulouse en 1124, où se trouvait Guillaume évêque de Tarbes : l'affaire resta encore indécise.

1124.

De longues querelles causées par la félonie du vicomte Sanche-Garcie d'Aure (11), signalèrent les dernières années du règne de Centulle II; le vicomte, son vassal, lui refusa l'hommage, quoique son père Othon se fut acquitté de ce devoir envers Centulle I.er : des deux côtés on prit les armes, et le vicomte d'Aure entraîna dans son parti son cousin Arnaud de Laudic, et Bernard III comte de Comminges ; mais enfin Sanche-Garcie reconnut son devoir et rendit hommage. Cette soumission mécontenta si fort

---

(NOTE 11.) Un vassal était coupable de félonie s'il méconnaissait la suzeraineté de son seigneur, s'il lui refusait le service de guerre, s'il portait les armes contre lui hors le cas de déni de justice, s'il s'emparait de ses terres, ou s'il faussait sa foi ; dans tous ces cas le vassal encourait la perte de son fief, qui revenait alors au seigneur. Le seigneur à son tour perdait son droit de suzeraineté sur son vassal par le déni de justice, l'injuste occupation de ses terres, ou des outrages à sa personne ou à son honneur. Mais les discussions se terminaient rarement ainsi : plus ordinairement le seigneur et le vassal guerroyaient, et las ensuite de se quereller, en venaient à un accommodement presque toujours avantageux au coupable.

les seigneurs qui avaient embrassé le parti du vicomte, qu'ils le provoquèrent au combat : le comte de Bigorre, remplissant les obligations d'un loyal suzerain envers son vassal, prit ouvertement la défense de Sanche-Garcie ; les aggresseurs n'osèrent alors se mettre en campagne ; mais Arnaud de Laudic offrit d'ester en droit pardevant la cour du comte Centulle, et livra les otages exigés en pareil cas. La cour des pairs de Bigorre ordonna le duel entre Sanche et Laudic ; celui-ci n'osa se présenter, et abandonna ses otages à la discrétion du comte ; il continua toutefois les hostilités contre le vicomte d'Aure et lui enleva la vallée de Larboust. Centulle, religieux observateur de ses devoirs de suzerain, bâtit pour la sûreté du vicomte le château fort d'Albespin, qu'il remit entre ses mains. Quelque tems après cependant, Sanche fit sa paix avec Laudic sans la participation de Centulle, qui offensé de ce procédé redemanda le château d'Albespin : Sanche-Garcie vint alors le trouver avec Raymond d'Aspet, et le supplia de lui laisser la garde du fort, s'obligeant à le lui rendre à la première sommation, qu'il le lui redemandât apaisé ou courroucé : Centulle se rendit à sa prière, et reçut pour sa garantie douze otages et le serment de fidélité du vicomte. Peu reconnaissant de tant de bontés, et ne voyant que son intérêt particulier, Sanche-Garcie traita de sa réconciliation avec le comte de Comminges, ennemi déclaré du comte de Bigorre; Centulle indigné voulut reprendre son château, et il somma le comte et l'évêque de Comminges de le lui faire restituer par son vassal qui s'était réfugié auprès d'eux; ils n'eurent aucun égard à sa réclamation, et ce refus occasionna entre les deux comtes une rupture ouverte : Sanche-Garcie alla alors en Aragon réclamer la protection du roi contre Centulle : celui-ci s'étant aussi rendu à la cour d'Alphonse le Batailleur, accusa devant lui le vicomte de félonie. Alphonse ayant reçu Laudic pour caution de Sanche-Garcie, ordonna le combat entre les champions du comte de Bigorre et de son vassal, qu'il condamnait à la mort s'il était vaincu ou qu'il refusât le duel; mais le vicomte aima mieux rentrer en grâce auprès de son seigneur que de subir le jugement de Dieu; ayant repassé les monts, il remit entre les mains du comte sa personne et son château. Centulle s'apaisa et lui rendit le fort d'Albespin : Sanche prêta de nouveau serment de fidélité au comte envers et contre tous (12).

(Note 12.) Cette clause de servir son seigneur envers et contre tous constituait l'hommage-lige, et le différenciait de l'hommage

lui donna des otages, et fit jurer avec lui son fils Othon d'Aure. Les témoins de la soumission du vicomte furent Arnaud de Lavedan et son fils Raymond-Garcie, Auger des Angles, Othon de Bénac, Fort-Aner et Hispan d'Asté, Raymond de Bilar, et quelques autres seigneurs.

Bon et généreux envers ses vassaux, Centulle II reçut quelquefois d'eux des concessions avantageuses : une dame nommée Stéphanie lui fit don du château de Pavatian avec ses dépendances ; l'acte en fut dressé en présence de Ponce de Paolan, Pierre-Raymond de Corneillan, Pierre de Roquelaure, Auger d'Asté et autres.

1127.

Centulle II mourut peu de tems après sans laisser d'enfans mâles ; sa fille Béatrix II recueillit sa succession, et le vicomte Pierre de Marsan devint comte de Bigorre du chef de sa femme. Nous avons vu le comte Centulle II aider de son bras le trop fameux Guillaume de Poitiers (13), dans la conquête qu'il fit du comté

---

simple, dans lequel se trouvaient ordinairement réservés les droits du seigneur suzerain. Le vassal redevable de l'hommage-lige devenait, dit M. de Boutaric dans son Traité des fiefs, homme lige de son seigneur, *ligius*, c'est-à-dire *ligatus domino suo*.

(NOTE 13.) Guillaume VIII, surnommé le Jeune, fit pendant sept ans la guerre à son père, avant son avènement : devenu duc d'Aquitaine, il s'empara à deux reprises du comté de Toulouse, dans

de Toulouse sur Alphonse-Jourdain. Le nouveau comte de Bigorre suivit le parti opposé, et se joignit à Alphonse le Batailleur pour défendre la cause du comte de Toulouse; ils assiégèrent ensemble Bayonne, qui tenait le parti du duc d'Aquitaine, et s'en rendirent maîtres. Observons que dans toutes ces expéditions les comtes de Bigorre ne pouvaient fournir à leurs alliés que leur épée et quelques chevaliers qui s'attachaient volontairement à leur fortune; ils ne pouvaient exercer le droit d'ost ou d'armée, que dans certains cas pressans, et déterminés comme nous l'avons vu par la charte constitutionnelle.

Guy de Loos ne perdait pas de vue les droits que pouvaient avoir les évêques de Lescar à réclamer la restitution du monastère de Saint-Pé, démembré jadis de leur diocèse par Grégoire VII, à la prière de Centulle Ier; il se proposait de faire valoir ses droits au concile

---

la seule vue de satisfaire son ambition ; il dépouilla de ses domaines, sans autre raison que celle du plus fort, Isambert IV, prince d'Aunis ; il embrassa la cause de l'anti-pape Anaclet, et la soutint obstinément jusqu'à ce que saint Bernard le força à l'abjurer; ligué avec Geoffroi Plantagenet, il désola la Normandie et se fit abhorrer des habitans. Les Toulousains révoltés secouèrent sa domination, et Alphonse-Jourdain, aidé du roi d'Aragon et du comte de Bigorre, parvint à recouvrer ses états.

assemblé à Rheims en 1131 par Innocent II : Guillaume reçut de son métropolitain l'invitation de s'y rendre; mais il ne défera point à cet ordre. Guy s'adressa alors directement au Saint-Père, qui ordonna une enquête : après le rapport de ses commissaires Innocent ne se trouvant pas encore assez instruit de l'état des choses, décerna une nouvelle commission aux évêques de Bordeaux et d'Angoulême, afin qu'ils fissent sur les lieux mêmes une seconde enquête; mais il paraît que cette affaire ne fut point suivie, et que l'évêque de Lescar, fatigué d'une procédure lente et dispendieuse, renonça à ses prétentions : du moins est-il vrai que Saint-Pé ne fut plus disputé à l'évêque de Bigorre.

1131.

Forton de Vic avait reçu du comte Centulle II un domaine à Cabadour, dans la vallée de Campan : sur le conseil du comte Pierre, de la comtesse Béatrix et de Guillaume évêque de Tarbes, il céda cette terre à Vaucher, abbé de Morimond, entre les mains de Guillaume archevêque d'Auch et légat du Saint-Siège (14).

1136.

(Note 14.) Voici ce que portent les titres de l'abbaye : « Grangiam verò de Cabadur, ubi abbatia primitùs facta fuit, Forto de Vico, qui locum illum à Centullo comite impetraverat, consensu et voluntate Guilhermi Bigorritanorum episcopi, et Petri Bigorræ consulis, ejusque uxoris Beatricis, dedit Valcherio abbati

Vaucher y éleva une abbaye de l'ordre de Citeaux et y établit pour premier abbé un de ses religieux nommé Bernard; celui-ci, dès l'année suivante, fonda dans le diocèse de Comminges l'abbaye de Bonnefont.

1137.

Une fondation d'un autre genre doit éterniser la mémoire de Pierre; c'est celle de la ville de Mont-de-Marsan. Pour la peupler il invita les habitans de Saint-Genez, de Saint-Père et de quelques autres paroisses, à venir s'y établir, ce qu'ils firent du consentement de l'abbé de Saint-Sever de Gascogne, leur seigneur. Pierre, voulant bâtir une église dans sa nouvelle ville, obtint pour celà l'aveu de l'abbé de Saint-Sever, de la juridiction duquel dépendait Mont-de-Marsan : l'évêque d'Aire s'opposa à cette concession, prétendant qu'à lui seul appartenait le droit d'ériger de nouvelles églises; mais l'abbé leva la difficulté en payant au prélat une somme de trente-six mille sous morlans.

1141.

Bernard de la Barthe, frère du vicomte Othon, étant devenu abbé de Cabadour, voulut transférer son monastère dans un local plus commode et moins retiré dans les montagnes : Arnaud vicomte de Lavedan et Raymond de

---

Morimundensi, et Bernardo Scalæ-Dei abbati, in manu Guilhermi Auxitanensis archiepiscopi et Romanæ ecclesiæ legati.

Bourg obtinrent pour lui du comte Pierre et de la comtesse Béatrix, le site de l'Escale-Dieu, sur les bords de l'Arros; c'est là que Bernard transféra son abbaye six ans après qu'elle eût été fondée à Cabadour (15).

1142.

(Note 15.) La charte de cette translation est ainsi conçue :
« In nomine Domini nostri Jesu-Christi. Noverint universi quòd abbatiæ Scalæ-Dei facta est transmutatio, locum verò illum ad quem translata est domnus Azenarius prior de Sanctâ-Christinâ, consilio Arnaldi Levitanensis vicecomitis et Raymundi de Burgo à quibus illum acceperat, Bernardo Scalæ-Dei abbati et fratribus ibidem Deo servientibus liberè dedit, et dando in manu ipsius abbatis per manum suam firmavit. Consul namque Bigorritanus, et uxor illius Beatrix quibus Bigorritanorum regendorum potestas disponente gratiâ divinâ commissa est, ut rationem Deo reddere valeamus, ad officium nostrum pertinet ut inter discordantes pacem reformemus, subditorum excessus legali censurâ corceamus, et provinciam à malis hominibus extirpemus; et etiàm omnes homines Deum timentes et sub habitu religionis devotè viventes et servitio Dei mancipatos in terrâ novâ loci stabilitatem servantes sub nostrâ protectione, à calumniantium tramite et à pessimorum exactione defendamus, et eorum partem piè et misericorditer sublevemus; locum de Scalâ-Dei in honore beatissimæ virginis Mariæ constructum, ut Dei misericordiam consequamur, non solùm ipsum locum cum suis pertinentiis prædicto abbati firmaverunt, verùm etiàm terras alias quæ in ejus confinio erant abbatiæ necessarias, pro peccatorum suorum remissione in eleemosinam obtulerunt. Ab illo igitur loco ubi domus leprosi esse solet, usque ad rivulum Gurgæ qui Aqua-Calida appellatur, totam terram quæ infrà Bossinum est et montes, eisdem jàm nominatis fratribus in manu Guilhermi Bigorritani episcopi in perpetuum tradiderunt, ne injuriam facere videantur hominibus de bonâ mansione qui eam excolere solebant, Guilhermo de Arcisac vicario suo mandaverunt ut illis qui duas perticas terræ ibi habebant, in consulari nemore juxtà Vidalbos

Raymond-Garcie de Lavedan, fils et successeur du vicomte Arnaud, ayant eu quelques démêlés

tres perticas daret; illis verò qui tantùm unam, alteram et dimidiam. Præthereà ut res in pace et sine quærimoniâ maneret, in perpetuum præfatus abbas pro nemoris extirpatione LXXXVIII. solidos illis dedit, et unicuique, ut jus erat, nummos illos æqualiter divisit, et insuper orationum participes illos fieri voluit. »

Ici se trouve un détail fort long des ventes et des donations faites à la nouvelle abbaye; la charte reprend ensuite :

« Laudamus et confirmamus et in perpetuum per nos et successores nostros, omnia quæcumque sunt oblata, vel vendita, vel data, vel quocumque modo alio adquisita, prout superius descripta sunt, vel in futuro fuerint, iterùm laudamus et confirmamus in perpetuum, et sub nostrâ protectione et nostrorum ponimus. Quapropter ego Beatrix Bigorritanorum comitissa, in conventu Cisterciensium, et abbatibus illius ordinis et monachis et fratribus, in vigiliis et jejuniis et orationibus et cæteris bonis, caritativè ut sim recepta, et in Christo inter fratres de Scalâ-Dei soror numerata, consilio et voluntate mariti mei Petri de Martiano, pro redemptione animæ meæ, et Petri mariti mei, et patris mei Centulli, et Amabiliæ matris meæ, et aliorum parentum meorum, dono et concedo in perpetuum per me et per omnes successores meos, nullâ factâ retentione, in primis Deo et ecclesiæ beatæ Mariæ Scalæ-Dei, et tibi Bernardo ejusdem loci abbati, et tuis successoribus, et omnibus monachis et fratribus tàm futuris quàm præsentibus, confirmo et in perpetuum corroboro, ità ut liberè et quietè et sine omni vexatione à me et à meis, et sine omni servitio et præstatione habeatis quæ ab aliis oblata sunt vel fuerunt sive data sive vendita et quocumque modo adquisita prout superius descripta sunt, sive in locis præsentibus grangiis prænominatis, sive etiàm in toto nostro comitatu, laudo et sub protectionem meam et mariti mei et filii mei Centulli et aliorum descendentium pono. Si quis in posterum huic nostræ institutioni contra ire tentaverit, aut calumniam suscitaverit, de genere nostro, propriâ hæreditate et ab omnibus meis

avec le comte Pierre, au sujet de l'hommage de sa terre, entreprit de se saisir de sa personne, et de le tuer dans la vallée. Instruit de ce dessein, Pierre leva des troupes, et alla assiéger son vassal rebelle dans le château de Barbazan; mais la querelle fut terminée par la médiation de quelques seigneurs, et le vicomte, reconnaissant ses torts, rendit hommage et s'obligea par serment de rendre au comte et à ses successeurs tous ses châteaux trois fois l'année, qu'il les réclamât apaisé ou courroucé. Guillaume-Arnaud de Canet fit le même hommage pour Cahusac et Canet, donnant pour ses cautions,

1145.

---

alienum constituo, quousque centum marchas argenti eidem loco persolvat pro summâ præsumptione, et perenniter omninò deinceps taceat. Facta est hujusmodi donatio et confirmatio in præsentiâ quorum supra, et domini Guilhermi Auxitanensis archiepiscopi, et episcoporum comprovincialium domni Guilhermi Bigorritani, domni Vitalis Adurensis, domni R. Lascurrensis, domni Guilhermi Aquensis, domni A. Convenarum, domni Boni-Hominis Conseranensis, Raymundi Tolosanensis. Anno ab incarnatione Domini M.CXLII, septembris duodecimâ die. »

M. de Marca, qui ne connaissait point cette pièce, a placé vers 1147 la fondation de l'Escale-Dieu.

Dès les premiers tems de cette translation, la nouvelle abbaye devint célèbre par la régularité qui y était observée, et par le séjour de Bertrand, évêque de Comminges. Vital, protonotaire du pape Alexandre III reçut la commission de dresser une enquête pour constater les miracles que le saint prélat y avait opérés; sur le témoignage que rendirent les religieux de l'Escale-Dieu, l'évêque fut compté au nombre des saints.

entr'autres seigneurs, Comte-Bon d'Antin et Arnaud-Guillaume des Angles. Arnaud d'Aragon rendit aussi hommage aux mêmes conditions pour Ost, Poueyferré et Beaucens, et bailla, entr'autres cautions, Bernard de Bazillac et Dolt de Bénac.

Un ordre religieux et militaire, celui du Temple, fondé depuis trente ans en Palestine par un chevalier français (16) pour la défense et la garde des voyageurs qui allaient visiter les saints lieux, marchait rapidement vers ce haut point de renommée qui deux siècles après causa sa destruction fameuse dans tous les âges. Tous les souverains s'empressaient de leur accorder des privilèges, de leur donner des biens considérables, et jusqu'à des royaumes; les grands vassaux imitèrent les rois, et augmentèrent de leur côté par des donations les richesses des templiers. Pierre, comte de Bigorre et vicomte

---

(Note 16.) Hugues de Pains, chevalier champenois, fut fondateur et le premier grand-maître de cette milice illustre; on désignait les membres par le nom de frères de la milice du Temple, de chevaliers du Temple, ou de Templiers, de ce qu'ils avaient à Jérusalem leur quartier dans la partie méridionale du Temple. Ils portaient une croix rouge sur l'habit blanc, et avaient un étendard mi-parti de noir et de blanc. Alphonse le Batailleur les institua ses héritiers, conjointement avec les frères hospitaliers de Saint-Jean. A Hugues de Pains succéda Robert de Craon surnommé le Bourguignon, et à celui-ci Evrard des Barres.

de Marsan, avec le consentement de la comtesse Béatrix et de son fils Centullè, donna le village de Bordères à cet ordre célèbre, sous le magistère d'Evrard des Barres.

Les Béarnais, suivant l'usage de ce tems, où l'habitude du brigandage s'était introduite dans toutes les provinces (17), faisaient des excur-

---

(Note 17.) Les guerres privées étaient devenues si fréquentes, que pour parvenir à en arrêter les désordres, il avait fallu supposer des révélations qui prescrivaient la cessation des hostilités à certains jours consacrés par l'Eglise ; les princes chrétiens se soumirent à la trève de Dieu, dont le concile général de Latran de 1139 sanctionna l'institution par les canons 11 et 12, que voici :

« Præcipimus ut presbyteri, clerici, monachi, peregrini, et mercatores et rustici, euntes et redeuntes, et in agriculturâ persistentes, et animalia cum quibus aratur, et semina portant ad agrum, omni tempore securi sint. »

« Trengam autem ab occasu solis in quartâ feriâ usque ad ortum solis in secundâ feriâ, et ab adventu Domini usque ad octavas Epiphaniæ, et à Quinquagesimâ usque ad octavam Paschæ, ab omnibus inviolabiliter observari præcipimus. »

Nous allons rapporter le mandement publié par Guillaume II, archevêque d'Auch, pour l'exécution des décisions du concile : c'est un monument des mœurs de ce tems. M. de Marca l'attribue à Guillaume Ier, et le suppose néanmoins écrit après le concile de Rome de 1102, tandis que ce prélat était mort en 1096, ainsi qu'on le trouve dans le nécrologe de Saint-Sever de Gascogne : « xv. calend. maii, depositio domini Willelmi Ausciensis archiepiscopi, anno M. XCVI. » Voici le mandement :

« Guillelmus Dei gratiâ Auscitanus archiepiscopus, sedis apostolicæ legatus, carissimis in Christo fratribus venerabilibus episcopis, aliisque ecclesiarum prælatis, et dilectis filiis comitibus, vicecomi-

sions dans le bas Bigorre et désolaient les environs de Vic: Pierre permit aux habitans de cette

tibus aliisque baronibus, universo quoque clero et populo per Auscitanam provinciam constituto, salutem et benedictionem. Cum ex officii nostri debito teneamur universis fidelibus curæ nostræ commissis salubri dispositione providere, nunc præsertim urgente apostolicæ dati auctoritate, ad quem spectat totius populi profectibus invigilare, oportet nos bono pacis et treugæ Dei subditis nostris propensiorem curam impendere. Inde est quòd juxtà statuta generalis concilii Romæ nuper celebrati, pacem et treugam Dei in provincià nostrà ex parte Dei et domini Papæ et nostrà, ab omnibus inconcussè et inviolabiliter præcipimus observari. Forma pacis et treugæ Dei talis est: *treuga* *quartá feriá post occasum solis usque ad secundam feriam post ortum solis; et ab adventu Domini usque ad octavas Epiphaniæ, et à Septuagesimá usque ad octavas Paschæ ab omnibus inviolabiliter observari præcipimus.* Si quis autem treugam violare tentaverit, post commonitionem factam, si non satisfecerit, princeps suus et episcopus cum clero et populo cogant eum injuriis passis satisfacere, ad arbitrium episcopi et principis sui, et aliorum vicinorum baronum. Quòd si princeps, seu barones, vel populus dissimulaverint, tam princeps quàm barones excommunicentur, et tota terra eorum interdicto subjiciatur, omni privilegio personæ et ecclesiæ cessante. Illis verò temporibus, et omnibus festis beatæ Mariæ, cum præcedenti die et subsequenti; sancti quoque Joannis Baptistæ, et beatorum apostolorum Petri et Pauli, et à vigilià Pentecostes usque ad octavas, et omnium sanctorum festo, omnia pacem et securitatem habebunt. Omni verò tempore perpetuá pace et securitate gaudebunt canonici, monachi, presbyteri, clerici et omnes religiosæ personæ, et conversi, peregrini, mercatores, rustici, euntes et redeuntes, et in agriculturá existentes, et animalia quibus arant et quæ semen portant ad agrum. Dominæ cum sociis suis inermibus, et omnes feminæ, et omnes res clericorum et religiosorum ubique et molendina; principibus autem et dominis terrarum jura sua et consuetudines non contradicimus in terris suis. Ecclesiæ salvitatem habeant

ville, d'élever un château fort afin de se précautionner contre les ravages de ces pillards.

---

xx. passuum circùmcirca, monasteria verò lx. Hæc verò ut firmiùs observentur, comites, vicecomites, barones, universum quoque clerum in præsentiâ episcoporum, populum in præsentiâ clericorum, à septem annis et suprà jusjurandum præstare præcipimus : forma juramenti talis est. Jurabunt se pacem et treugam Dei juxtà præscriptum tenorem observaturos, et violatores pacis et treugæ Dei persecuturos, et quòd de rapinâ nihil scienter emant : quòd si quis huic decreto contraire tentaverit in non jurando vel in non persequendo, seu in conductitias gentes vel raptores tenendo aut favendo, vel rapinam emendo, princeps illius terræ et tota ejus terra nisi debitam vindictam exsequatur, omni interdicto et excommunicationi subjiciatur, omni privilegio personæ et ecclesiæ cessante. Excommunicati non salutentur, non tondeantur capita eis, non abluantur, in mappâ non comedant, neque ad aliam communionem christianam recipiantur, præter baptisma parvulorum, et pœnitentias in fine. Princeps autem et cuncti fideles nostris obedientes mandatis, qui bonum pacis ope et consilio foverint, et contra violatores pacis fideliter decertaverint, et præsertim contra conductitias et pestilentes gentes ; si in verâ pœnitentiâ in hoc Dei servitio decesserint, auctoritate Dei et domini Papæ et Ecclesiæ universalis, omnium peccatorum suorum indulgentiam, et fructum mercedis æternæ se non dubitent habituros. Cæteris verò qui contra eos arma susceperint, et ad episcoporum sive aliorum prælatorum consilium, ad eos debellaverint expugnandos, biennium de injunctâ pœnitentiâ relaxamus, aut si longiorem ibi moram habuerint, episcoporum discretioni, quibus hujus rei cura fuerit injuncta, committimus ut ad eorum arbitrium major eis indulgentia tribuatur. Illos autem qui admonitioni episcoporum in hujusmodi parere contempserint, à perceptione corporis et sanguinis Domini jubemus fieri alienos. Episcopi verò sive presbyteri qui talibus fortiter non restiterint, officii sui suspensione multentur, donec apostolicæ sedis misericordiam obtinuerint. »

Les canons du concile de Latran de 1139, textuellement rapportés

Bernard Lobat de Montesquiou avait succédé à Guillaume sur le siége épiscopal de Bigorre; nous le voyons transiger en 1151 avec l'abbé de la Case-Dieu, sur le patronage de l'église de Sainte-Quitterie de Rivehaute, aujourd'hui de Plaisance.

La famille comtale était à cette époque en mauvaise intelligence, ainsi que nous l'apprend un contrat d'échange passé entre le comte Pierre d'une part, et de l'autre Ezius abbé de la Réule, qui exigeait que la comtesse Béatrix et son fils Centulle ratifiassent le traité lorsqu'ils seraient raccommodés avec le comte. Pierre donnait le village de Luerry pour celui de Péré que cédait Ezius. L'échange fut exécuté à Lourdes, en présence de l'assemblée générale du pays, par le comte et son fils.

1154. Pierre fut présent en 1154 au traité passé à Canfranc entre les états de Béarn et Raymond Bérenger, comte de Barcelonne et roi d'Aragon

---

dans le cours du mandement, ne nous laissent aucun doute que ne soit là le concile général dernièrement tenu à Rome, dont parle Guillaume. Denis de Sainte-Marthe croit que c'est Guillaume III qu'il faut regarder comme l'auteur de cette pièce intéressante, parce que, dit-il, ce prélat avait en effet la qualité de légat apostolique consignée dans le préambule : mais Guillaume II avait aussi cette qualité, ainsi qu'on le peut voir dans un fragment de charte de l'abbaye de l'Escale-Dieu que nous avons rapporté dans la note du chapitre.

par ses fiançailles avec Pétronille de Bigorre-Aragon, traité par lequel les Béarnais déféraient à Raymond la tutelle des enfans de leur dernier vicomte Pierre de Gabaret (18).

Othon de Rivière avait donné au monastère de la Réule le village de Bernède; son fils Bernard, mécontent de cette cession, vint troubler l'abbé Ezius dans la possession de ce domaine: celui-ci porta ses plaintes à la cour du comte, qui ordonna le duel entre les parties: le sire de Rivière aima mieux s'accommoder avec l'abbé, et payer au comte l'amende de la désertion du combat, que de se soumettre à la chance du jugement de Dieu. 1155.

La comtesse Béatrix assista en 1160 à la consécration de l'église de l'abbaye de l'Escale-Dieu, 1160.

(NOTE 18.) « Anno ab incarnatione Domini M.CLIV. mortuâ vicecomitissâ Bearnensi nomine Guascardâ, in mense aprilis convenére in unum apud Campum-Franchum omnes illius terræ proceres..... ... cum magnâ multitudine Bearnensium scilicet ac Morlanensium, et Aspensium, atque Orsalentium, antè præsentiam inclyti Raymundi comitis Barcinonensis, Aragonensium principis; qui omnes, tam per se quàm per illos qui deerant, ditioni et dominio comitis jam dicti se supponentes, fecére ei hominium, sacramenta et fidelitates, eligentes eum sibi in dominum et rectorem, salvâ fidelitate filiorum Petri vicecomitis Bearnensis olim defuncti. Facta fuit hæc charta apud Campum-Franchum, in præsentiâ Petri comitis Bigorræ et multorum nobilium inibi pariter assistentium, in mense aprilis, in erâ M.CXCII. »

mise sous la protection de la Vierge; et elle donna au monastère, en cette occasion, la montagne de Durban, en présence de l'archevêque d'Auch et des évêques de Bigorre, d'Aire, de Béarn, de Dax, de Comminges et de Toulouse.

1163. Pierre mourut en 1163, suivant les titres de l'abbaye de Saint-Jean de la Castelle en Marsan, qu'il avait fondée (19); il paraît que la comtesse Béatrix II mourut aussi vers la même époque.

(NOTE 19.) « III. kal. septembris. Commemoratio Petri comitis Bigorræ et Marciani, fundatoris hujus ecclesiæ, anno M.CLXIII. »

CHAPITRE IV.

Maison de Marsan : Centulle III. — Richesses de l'abbaye de Saint-Savin. — Les Béarnais révoltés choisissent un chevalier Bigorrais pour leur vicomte. — Affranchissement des serfs et institution des communes en Bigorre : charte de Bagnères. — Traité entre Bagnères et Lavedan. — Fondation du château de Vidalos. — Le Roi d'Aragon donne la vallée d'Aran au comte de Bigorre. — Guerre avec le duc de Guienne. — Mort de Centulle III. — Stéphanie.

Centulle III, fils de Pierre et de Béatrix II, succéda à sa mère au comté de Bigorre, et à son père dans la vicomté de Marsan ; il avait même suivant d'anciens actes le titre de seigneur de Saragosse (1), titre qu'il devait avoir acquis par cession des vicomtes de Béarn, auxquels il avait été accordé par Alphonse le Batailleur,

---

(Note 1.) Un acte de donation d'Alphonse de Barcelonne, roi d'Aragon, en faveur de Lope Ferrench de Luna, est daté de l'an 1172 ; « Centullo comite Bigurritanorum, seniore de illo quarton de Cæsaraugustâ ».

lors de la prise de cette ville sur les Maures, il est du moins certain que les seigneurs de Béarn cessèrent dès-lors de prendre cette qualité. Au reste, sa juridiction ne s'étendait que sur le quartier de Notre-Dame du Pilier, qu'il gouvernait par un zalmédin ou bailli.

1167. Une bulle du pape Alexandre III, confirmant à l'abbaye de Saint-Savin toutes ses possessions, nous apprend quelle était à cette époque la puissance de ce monastère (2) : on y voit dénombrées les églises de Saint-Martin d'Arcizans

---

(Note 2.) « Alexander episcopus servus servorum Dei, dilectis filiis Deusdet electo Sancti-Savini, ejusque fratribus, tàm præsentibus quàm futuris . . . . Castrum ipsum in quo idem monasterium situm est, ecclesiam Sancti-Joannis cum villâ de Bencos cum pertinentiis suis, ecclesiam Sancti-Martini de Arcissans cum omnibus quæ infrà ejusdem terminos idem monasterium habet, ecclesiam Sancti-Martini de Cauteres cum balneis et quidquid in valle vel in æstivis habetis, capellam Sancti-Andreæ de Solon, villam de Nestalas cum terminis suis et capellâ Sancti-Petri ejusdem villæ, capellam Sancti-Bartholomæi de Adast, capellam Sancti-Martini de Balagnas, ecclesiam Sanctæ-Mariæ de Castel, ecclesiam Sancti-Saturnini de Oront et quidquid infrà terminos ipsius villæ habetis, capellam Sanctæ-Cæciliæ de Uzol, ecclesiam Sancti-Saturnini de Agos, quidquid habetis in ecclesiâ Sanctæ-Mariæ de Serâ, quidquid habetis in villâ de Arreins in prædiis decimis et rusticis, quidquid habetis in villâ de Aucun et in villâ de Gaillagos, et in villâ de Arcisans, et in villâ de Bun in prædiis decimis et rusticis, quidquid habetis in villâ de Arras et infrà terminos ejusdem villæ, quidquid habetis in Villâ-Longâ et in ecclesiâ ejusdem villæ in prædiis decimis et rusticis, ecclesiam Sancti-Vincentii de Beaucens cum

Avant, Saint-Martin de Cauterets, Saint-Martin d'Ourout, Sainte-Marie de Sère, Saint-Martin de Villelongue, Saint-Vincent de Beaucens, Saint-Martin de Géü et autres; les chapelles de Saint-André de Solon, Saint-Pierre de Nestalas, Saint-Barthélemi d'Adast, Saint-Martin de Balagnas et autres; les villages de Nestalas, Arrens, Aucun, Gailhagos, Arcizans-Debat, Bun, Arras, Villelongue, Souin et autres; diverses bouveries, des maisons, des jardins et des vignes à Syracuse, et quantité de domaines, dîmes et paysans en divers lieux.

Les Béarnais, après la mort de leur vicomte Gaston V, ne voulurent point reconnaître sa

1170.

---

pertinentiis suis, villam de Souin cum pertinentiis suis, boveriam de Puisseda cum pertinentiis suis, boveriam de Sois cum pertinentiis suis, quidquid habetis in villâ de Lurp in prædiis et decimis, quidquid habetis in villâ de Curel et infrà terminos ejus, in valle de Batetge cellam Sanctæ-Mariæ cum pertinentiis suis, quiquid habetis in ecclesiâ Sanctæ-Mariæ de Villars, boverias de Chiezan et Balagnan cum pertinentiis suis, quidquid habetis in ecclesiâ de Géü, domos quas habetis in Syracusanâ civitate cum solo sibi pertinenti, hortum cum vineis extrà eamdem civitatem, campos quos habetis in territorio de Curtida; et quidquid præscriptum monasterium à quinquaginta annis huc usque justo titulo quietè et inconcussè possedit, et in præsentiam noscitur pacificè possidere; nobis nihilominus auctoritate apostolicâ confirmamus.........Datum Laterani. xvi. kal. aprilis, indictione xv. Incarnationis Dominicæ anno M.CLXVII, pontificatûs verò domini Alexandri papæ III. anno VIII.

sœur Marie, épouse de Guillaume de Moncade, parce qu'elle avait rendu hommage à Alphonse de Barcelonne roi d'Aragon, fils de Raymond Bérenger choisi en 1154, comme nous l'avons vu, pour tuteur des enfans de Béarn Gaston V et Marie de Gabaret. Ils vinrent chercher dans le Bigorre un prince de la famille de leurs anciens vicomtes, qu'Olhagaray appelle Centoul, et dont la bravoure était renommée, pour en faire leur souverain. Le nouveau vicomte ne répondit pas à l'attente des Béarnais, qui avaient espéré trouver en lui un seigneur équitable. Il viola leurs Fors; la cour majour s'assembla à Pau pour le sommer de les maintenir ; Centoul répondit avec hauteur, et il fut massacré dans cette assemblée, ainsi qu'autrefois Romulus au sénat de Rome (3).

Il est un penchant irrésistible qui entraîne les petits à l'imitation des grands; c'est en obéissant

---

(Note 3,) Ce fait est raconté dans l'avant-propos du vieux For de Béarn, en ces termes :

« Ce sont ici les Fors de Béarn, dans lesquels il est fait mention qu'anciennement en Béarn il n'y avait pas de seigneur, et dans ce tems ils entendirent parler avec éloge d'un chevalier en Bigorre. Ils allèrent le chercher ; et en firent leur seigneur pendant un an. Et après, il ne voulut les tenir en leurs Fors et coutumes ; et la cour de Béarn s'assembla alors à Pau, et ils le requirent de les tenir ez Fors et coutumes, et lui ne voulut pas, et lors ils le tuèrent en pleine cour. »

à cette pente naturelle que les vassaux de la couronne de France s'empressaient de tenir dans leurs fiefs la conduite dont les rois, par une adroite politique, leur donnaient l'exemple dans leur domaine; ils marchaient avec sécurité vers l'avilissement de leur puissance seigneuriale, que les rois avaient tant d'intérêt à abattre. La première démarche qui dut porter atteinte à l'autorité des vassaux, fut l'affranchissement des serfs de leurs domaines; en laissant jouir le peuple de la liberté, ils perdirent la plupart des prérogatives qui avaient établi et consolidé cette puissance. Le brigandage de quelques seigneurs que les guerres domestiques avaient appauvris, et qui pour s'en dédommager venaient piller les terres de leurs voisins, fut la cause de cet établissement qui a rendu fameux le règne de Louis le Gros : ce prince, dont les domaines n'étaient pas plus respectés que ceux des autres seigneurs, imagina de confier à ses sujets le soin de se défendre eux-mêmes contre ces brigands : il institua les communes, c'est-à-dire qu'il permit aux habitans de ses villes et de ses bourgs de se gouverner par eux-mêmes et de veiller à leur sûreté. Par cette institution, les bourgeois des communes recouvrèrent plusieurs droits précieux : ils purent à leur gré changer de domicile, se marier, commercer, aliéner leurs biens. Nous avons déjà vu que les domaines des comtes de Bigorre étaient en butte au pillage des seigneurs voisins, et que le comte Bernard II fut obligé de lever des troupes dans la vallée de Barèges pour empêcher cette dévastation : rappelons-nous aussi les difficultés qu'éprouva ce prince à faire marcher ces montagnards : et ce n'était pas seulement des peuples voisins que les terres du comte de Bigorre avaient à craindre les ravages : ses propres vassaux exerçaient de pareilles déprédations sur son domaine particulier, et d'une autre part, des bandits réunis sous le nom de Tescins (4) s'étaient cantonnés sur les plus hautes montagnes de la frontière, et en descendaient pour venir piller les campagnes et les bourgs. C'étaient de puissantes raisons de suivre l'exemple des rois de France, et Centulle III crut devoir prendre dans les mêmes cas, les mêmes mesures qu'eux. La ville de Bagnères, qui souffrait beaucoup des invasions des Aragonais, des Tescins, des habitans du Lavedan et des autres voisins, fut la

---

(NOTE 4.) C'est l'avocat Mazières qui nous donne l'explication de ce mot, employé dans nos vieilles chartes de communes. « Les Tescins, dit-il, étaient les habitans des plus hautes montagnes d'Aragon, et plus voisines des vallées d'Azun et Barètge ; et encore ces endroits desdites montagnes sont appelés Tescins ; et se trouve que les Tescins, avec l'assistance des Aragonais et Navarrois ont couru la terre de Bigorre, mettant le tout à feu et à sang, jusqu'à la forêt Ousse. »

première dont il affranchit les habitans pour les constituer en commune. La charte dressée à ce sujet est en langue vulgaire du pays (5); nous

---

(Note 5.) La voici cette charte, monument curieux du langage des Bigorrais au douzième siècle.

« En nom de nostre senhor Dieu Jehu-Christ. Coneguda causa sia à totz homes e femnas presentz e abieders, que nos Centod per la gracia de Dieu comte de Begorra, sufertas mantas bergonhas e grans dammadges èl comtat de Begorra per nostres frontaders Navars, Teesiis, Bascos, Aragonés, que aucunas begadas entravan èl comtat de Begorra poderosamentz, e arocbutz aucuns laugs fortz que fasèn grans mals en la terra de Begorra; per so nos auant dit Centod, agud cossèlh e ab autrey dels baros e de tota la cort de la terra de Begorra, dam franquesas e durablas costumas al laug e als pobladors e als habitadors presentz e abieders dels borgs de Banheras asi cum en questa carta s'escriut, per so qu'el senhor et tota la terra i trobas cossèlh e defensa.

« En la prumaria nos Centod comte de Begorra dam e autreyam per for e per costuma al sou et als pobladors dels borgs de Banheras presentz e abieders que tengan e possedesquan lors masons dedentz los murs e defora murs cum son las foraus arrendoes dels ambaradz, els ambaradz, els costoos, els baradz, e d'aqui en entz, ab aqued cens que à nos i an autreyat de dar los ditz borzés de pagar à la festa de Nadal totz ans de an en an.

« E que les dam e que les autreyam per for et per costuma que nulh borzés dels borgs de Banheras à nos ni à nostres successors que no sian tengudz de dar ni de prestar ni de manlevar per dever si nol bolen.

« E en après que les dam els autreyam per for que si aucuns hom se clamaua de nulh son bezin de la biela de Banheras de cab d'home ni de fons de terra qui sia èl territori de la biela de Banheras, ni èl dezmari de la gleisas de la auant dita biela; quem deu clamar e fermar dreit en nostra man, o dels autres seignors qui après nos seràn, et que deu ester judgat e determinat per los judges dels borgs de Banheras,

allons tracer une analyse succinte des principaux articles, qui servira à donner quelques notions

E que les dam mes per for e per costuma e les autreyam que si senhor ni autre home era clamant de nulh hom dels borgs, que deots las cadenas dels borgs fasca dreit e judgament cum deura, e que deo ester judgat e determinat per los judges dels borgs de Banheras e deo las cadenas dels ditz borgs.

E que les dam e les autreyam per for et per costuma als borgs dels borgs de Banheras que totz los embargs els deutes posquan prous sens batalhas, ab testimonis leials per garda dels judges de Banheras, o ab 1. judge.

E quels dam els autrayam als borgs de Banheras que si nulh home i benia per bezin ester e serà mostrad em bezial per bezin, e apres aurà estad èls borgs 1. an e 1. dia sens deguna reclamation, que deuen amparar cum à bezin, e judgar, el senhor defen ét.

E quels dam els autreyam per for e per costuma als borzes de borgs de Banheras espleit à lor obs, e à lors bestiars, els pasters e en las herbas e en las aiguas e èls boscs e en las pex e en las autres causas que als auant ditz laugs apartenen, espleit e usadge franque mentz.

E sober aisò quels dam els autreyam per for e per costuma que si senhor ni aute bezin draps de lheitz no posqua trezer ni penhera de maison dels borgs de Banheras.

E quels dam e quels autreyam per for e per costuma que si ancuns hom estrani aucun autre hom o femna dels auant ditz borgs amenaua en son guidoadge em Banheras, que per dos dias li posqa guidar, si hom no i a mort o prés. Pero si nulh home deforts que lor bezin no fos, hàua tort à bezin dels auant ditz borgs, d'embargs o d'autres damnadges qu'èl agos feit, qu'el senhor ni nulh bezin de la biela que no li deu mete ni guidar oltre sa voluntad, oltre sa voluntat del bezin à cui lo tort auerà de deutes o d'autras causas, sino as cum auant dit es.

E quels dam als autreyam per for e per costuma quel senhor ni bezin no metan tantas de gentz estranias èls auant ditz borgs que dan

sur les usages du tems, et sur les concessions qui accompagnaient celle du droit de commune.

nadges ne mals ne podòssan hier als borgs ni à la senhoria nils bezins i podòssan ester forsadz.

E quels dam els autreyam per for e per costuma als auant ditz borzés que totas lors terras e lors possessions e lors herctadz las cals tenen franquas et afieus, posquan melhurar en totas maneras, lo fieu sauh al senhor.

E quels dam els autreyam per for et per costuma que nil senhor ni autre hom non deu prener nul hom estrani em Banheras, si dreit pod e vol formar, per conoguds dels judges dels borgs de Banheras.

E quels dam els autreyam per for et per costuma que totas lors causas que beneràn posquan guidar del senhor e dels bezins entò quel comprador ag aya en laug sauh.

E quels dam els autreyam per for e per costuma que si nulh caval pot robarana à borzés ni à borzese, tant cum ab lui serà en la carrera per dente ni per embarg no sia penherad.

E quels dam els autreyam per for e per costuma que de Pasqua entò à Pentecosta que totz hom e tota femna posqua bener vii o pomada ab 1. diner de la conqua quen donc al senhor de tant cum ne benerà.

E quels dam els autreyam per for e per costuma que si aucuns hom estrani fazè barata ab aucun borzés dels borgs de Banheras, que no podos prauar la paga ni la solta sinò ab bezins estadgantz e fog elugantz dentz las cadenas dels auant ditz borgs.

E quels dam els autreyam per for e per costuma que si aucuns borzés de Banheras auè batalhas fermadas en maa del senhor, e si estrezè s'en vol, ab LX. e v. sols que done al senhor s'en pod estreze; e si las batalhas fazè et era bencud, ab LX. e v. sols que des de lei al senhor deu garir.

E quels dam els autreyam per for e per costuma que III. begadas en l'an, se nos obs ag auèm, nos deuen far ost; e nos quels ag deuem manar leialmentz per IX. dias deuant; e én après que deuen eixir ab pa per IX. dias. La prumaria ost que es de Pasqua entò à la festa de sen Johan Baptista: la segunda de Marirò entò à Nadal; la tersa de

Centulle, par la grâce de Dieu, comte de Bigorre, déclare dans cet acte qu'avec le consen-

Nadal entò entrada de caresma, can que nos las aiam obs. E que de[u] ost far de cada maison 1. hom, si i es que far la posqua, e aqui[d] que deu ester lo senhor de la maison, o fray, o filh, o cosin o nebo[d]; saub que à la biela gardar ne deuen armaze per garda dels judge[s]; e si nulhs hom se armazè sens tens leyal que no agos, quen de[n] auer nos v. sols de ley. E si la ost anaua en las partidas sober la biel[a] de Banheras, la ost de Banheras no es teuguda de eixir tro en autr[e] dia que la ost aia passada la biela de Banheras : e si la ost anaua de[n] Banheras per madés abant entò que los de sus ne sian passadz. E ni[l] ditz borzés combenia à portar escudz ni garnimentz nos los de[u] auer saums. E après quels deuém trasmete al capdal de la terra ab l[a] cui anen e tornen. El nostre Beger que deu portar la senhera a[b] bezins de Banheras.

E quels dam els autreyam per for e per costuma que nulhs ho[m] que sia bezin de Banheras no sia prés, si dreit pod fermar.

E quels dam els autreyam per for e per costuma que si nos em[?] de clam de nulh bezin terra-tient de Banheras, nol deuém destr[enher] per dar seguransa, mas quel deuém far judgar sober sas causs[es] conoguds dels auant ditz judges.

E quels dam els autreyam per for que dreitz pees, dreits marc[s] dreitas liuras à la arazon del marc de Toloza tengua hom en Banhera[s] e dreitas mesuras et dreitas canas; et qui no ag farà, si proua[d] nos i deuém auer v. sols de ley. E si la cana era usada ni a[brogada] per bielhessa lo trauers d'un did, no i deuém auer ley aquera [?] mas que deu este peciada. E en totz hom qui fausa mesura tiera [?] bener qu'i deuém nos auer v. sols de ley.

E quels dam els autreyam per for et per costuma que si nulh ho[m] bezin del dit laug prenè lairon maas bestidas del laironyz, tot so q[ue] porte s'en prenga sis vol; e arrendud lo laironiz al senhor de ce[l] panad serà estad, quen deu lo cos liurà à nos qu'el fassam judgar.

E qe dizém e dam per for que si nulh hom feriua autre en la gleis[a] si em molii e nos n'aném clamant, qu'i deuém auer v. sols de[?]

tement de ses barons et de toute sa cour; il affranchit à perpétuité les habitans du bourg de

ley : e si autre hom qi deforés fos i entraua per aiudar e i feriua maliciosamentz e nos n'auém clamant, qu'en deuém auer lx. e v. sols de lei.

E quels dam per for que si nulhs hom daua assaut à maison de son bezin dels ditz borgs e per fort li entraua, el senhor de la maison ne fazè clam e ag prauaua, qi den auer lo senhor de la maison xviii. sols per lei, e nos qui deuém auer de cadaun lx. e v. sols; et sil senhor de la maison i fazè plagas ni autres damnadges, si mazòs defendén, non deu dar lei. E si nulhs hom de Banheras bolè despoblar, don nos no aiam agud clam, benuda sa heretad, nos lo deuém guidar lui et las causas entò en laug segurat.

E quels dam els autreyam per for e per costuma que entrò à iii. temps deuant judgament bezin dels borgs de Banheras no done ley ni fidansa : si no ag fazè quels judges conogossen que per mala defuita o quel judgement fos clamat per Tarba.

E quels dam per for que si nulh hom aucizè autre son bezin de Banheras, dadz ccc. sols als parentz per ley e à nos lx. e v. sols, qe esqa del comtad de Begorra per totz temps; els parentz del mort quel deuen perdoar, estàn foras la terra sils diners prenen. E si aquestas leys no volè complir l'umician, tot cant agos deu ester encossat de nos, el son cos que deu ester metud sotz lo mort ; e de las causas encoregudas que deuém dar als parentz del mort la incitad, plus no montaña de ccc. sols. E sil homicidan armasè per orgulh en sa maison, per cada nuit que ag fes, ses de las auant ditas leis nos i deuém auer lxv. sols de lei per cada neit : e si autre homa l'amparaua foranamentz, sober aqued deuém auer la ley de lx. e v. sols per cada dia. E sil homicidan s'armadè en la terra, els parentz del mort lo poden aucide, que no dessen ley ni non eixissen de la biela. E si nulh hom estrani aucidè degun bezin de Banheras, que no deu entrar oqued qui mort l'agos nulhs temps dentz los dex de Banheras : e si ag fazè, e nulh bezin de Banheras l'aucidè, que no deu ester tengud de nos ni de autre home. E si bezin de Banheras fazè tala de fog ni de talh à autre son bezin, nos i auém lxv. sols de ley; e que deuém

17.

Bagnères, et leur octroie divers fors et privilèges. Il leur accorde la possession incommuta-

far adobar la tala el dampnadge ad aqued qui prés l'auerà per cone-
guds dels judges.

E quels dam per for e per costuma que totas las bendas que hom o
femna estrany aportarà ni amenarà à Banheras, que nos benen nis
pausen nis estanquen per hene entrò dentz las cadenas dels borgs de
Banheras, sino en dia de marcad ò en feyra. E nulhs no trega de nulh
blad de la biela de Banheras, de la festa de sen Johan-Babtista entro
à la festa de Totz Sentz, si no ag fazè per grad de la bezial.

E quels dam per for que nulhs hom no abergue em mason de
borzés de Banheras, ses de sa voluntad.

E quels dam per for que totz ans se cambien judges em Banheras,
e la bezial quels alhega, e nos quels deuém far jurar.

E quels dam per for que si nulhs hom plagè de plaga legal autre
hom, la ley del plagat es c. e l. sols, e la ley nostra lxv. sols, si
es prauada leialmentz per testimonys, o per 1. judge jurad que leialmentz la aga menada e gardeada.

E quels dam per for e per franquesa que degun borzés ni estadan
èls borgs de Banheras que no done lezde èl comptad de Begorra en
nulh laug ni em Banheras de peguna causa sino en dia de marcad.

Et quels dam per for que si nulh borzés fermaua batailha ab nulh
home, la batailha deu estar feita èls dex dentz la biela de Banheras.
E si nulhs hom feriua autre en feira o en marcad, la nostra ley es
xx. diners e la del ferid autres xx. diners; el judgament que deu estar
feit e complid ses tot tens adès.

E, quels dam per for e per costuma que totz lors judgamentz
posquan klamar à Tharba, e là que fenesquan.

E nos Centod comte de Begorra dam e autreyam los auant ditz
fors e costumas ester servadas e tengudas e amparadas per nos e per
totz los nostres successors, al laug e als habitadors dels borgs de
Banheras presentz e abieders, per totz temps, asi cum auant dit
ni escriut es, ses nulh corrumpament. Pero si degun senhor apres
nos j contestaua en réé, que asi no ag tengos plencrament cum

ble de leurs maisons, sous une redevance annuelle convenue payable à la Noël, et leur donne le droit de changer à leur gré de domicile, les mettant sous sa sauve-garde jusqu'à leur établissement dans leur nouvelle demeure. Il leur permet de choisir parmi eux leurs juges ; ceux-ci, renouvelés chaque année, doivent prêter serment entre les mains du comte, avant d'entrer en fonctions : ils jugent en matière civile et criminelle, sauf l'appel à la cour comtale à Tarbes. La preuve par témoins était admise en matière civile ; mais il paraît que le jugement de Dieu était de rigueur en matière criminelle : cependant si un habitant de Bagnères veut se soustraire au combat singulier ordonné par le comte, il le peut en payant soixante-cinq sous d'amende pour la désertion du combat : s'il accepte le duel, et qu'il soit vaincu, il doit de même payer soixante-cinq sous d'amende au comte. En cas de flagrant délit, le voleur peut être arrêté et livré à la justice par tout habitant de Bagnères.

Si un habitant de Bagnères se rend coupable

---

aquesta carta es comprengud, nos auant dit Centod dam e autreyam plener poder als auant ditz nostres borzés de Banheras que id los posquan prauar per segramentz, leialmentz senes batalhas, e per combent que posquan prauar totas lors heretads, e lors dex, e lors termes, e lors padoentz. Asò fo feit e dad à Banheras, III.º nonas madii, anno ab incarnatiòne Domini M.C.LXX.º primo.

de voies de fait envers quelqu'un de ses concitoyens, et le blesse grièvement, il doit payer au blessé une composition de cent cinq sous morlans, et au comte une amende de soixante-cinq sous. S'il s'empare par violence de la maison de son voisin, il doit, outre l'amende de soixante-cinq sous pour le comte, dix-huit sous de dommages-intérêts au plaignant, sans que celui-ci soit responsable du mal qu'il aura fait à l'agresseur en pourvoyant à sa légitime défense. Le citoyen de Bagnères coupable d'un meurtre doit, après avoir payé trois cents sous morlans de composition et soixante-cinq sous d'amende au comte, être banni à perpétuité du territoire de la commune. Les parens du mort n'auront plus aucun recours contre le meurtrier après avoir reçu le prix de la composition ; mais s'il refuse de satisfaire à la peine prononcée contre lui, ses biens sont confisqués, et si on se saisit de sa personne, on l'ensevelit vivant sous le cadavre de celui qu'il a tué. Si le meurtrier se retranche dans ses terres pour échapper à sa punition, les parens du mort peuvent le tuer impunément ; les amis du rebelle qui l'aideraient de leurs forces encourraient une amende de soixante-cinq sous morlans par jour, envers le comte. Si le meurtrier était étranger et qu'il ne tînt point son ban, tout habitant de Bagnères aurait droit de le tuer, sans craindre de poursuites.

Le comte se réserve sur les habitans de Bagnères, dans l'acte que nous analysons, le droit d'ost ou de service de guerre, trois fois par an s'il le réclame: il doit les avertir neuf jours d'avance, et les Bagnérais doivent après ce terme se mettre en campagne avec des vivres pour neuf jours. Lorsque le comte aura besoin de les appeler, ils feront leur premier service de la fête de Pâques à celle de saint Jean-Baptiste, le second de la Toussaint à Noël, et le troisième de Noël au jour des Cendres; ils doivent fournir par maison un homme en état de porter les armes, et celui-ci ne pourra refuser de marcher, à moins qu'il ne soit commandé pour la garde de la ville. Si l'armée du comte doit passer par Bagnères, la milice de cette ville n'est tenue de marcher que le lendemain du passage des premières troupes. Le comte donne aux Bagnérais un chef pour les commander; le droit de porter la bannière appartient au viguier.

Nous remarquerons, à propos de cette bannière, que l'usage des armoiries était généralement répandu en France à cette époque (6). L'écu de

_____

(Note 6.) Cet usage devenu général à l'époque des croisades, doit son origine à l'institution des tournois, établis, dit-on, en 934 par Henri l'Oiseleur, roi de Germanie.

Bagnères était de gueules au château ouvert à trois tours d'argent. Le comte de Bigorre portait d'or à deux lions lampassés et couronnés de gueules, passans l'un sur l'autre.

Les principales villes du Bigorre obtinrent sans doute peu après des chartes d'affranchissement (7) semblables à celle dont nous venons

---

Nous disons que les lions de Bigorre sont couronnés, parce qu'ils sont ainsi représentés dans le sceau des États et dans diverses autres gravures; nous les trouvons néanmoins sans couronne dans les sceaux de Henri d'Albret et d'Antoine de Bourbon qui portaient de Bigorre brochant sur l'écu de leurs armes.

Le cri du comte de Bigorre et de ceux qui combattaient sous sa bannière était *Notre-Dame Bigorre*, ainsi que nous l'apprend Froissart qui, parlant du combat de la croix de Mascaras entre les soldats de la garnison de Lourdes qui tenaient pour l'Angleterre, et un parti de Bigorrais qui avaient secoué le joug, nous dit qu'ils s'en vindrent les ungs sur les aultres; car combattre les couroient en s'escryant leurs crys : Sainct-George, Lourde ! Nostre-Dame Bigorre ! »

(NOTE 7.) C'est ce que l'on pourrait inférer de quelques expressions de l'avocat Mazières qui, parlant de l'époque du règne de Centulle comte de Bigorre, emploie pour la fixer le livre censier de la maison de Lavedan, « parce que, dit-il, les vieilles pancartes des privilèges octroyés par ledit comté aux habitans des villes de Bigorre, sont sans date. » Il n'est pas douteux que ces vieilles pancartes ne fussent les chartes des communes, que les incendies et les guerres civiles ont fait disparaître : celle de Bagnères était même désignée, dans le répertoire des archives rédigé par le père Laspales, sous le titre de Fors-et-Privilèges de la ville de Bagnères. Ces chartes furent confirmées par le comte Esquivat de Chabannes; voici la confirmation de celle de Bagnères :

« E nos Esquiuad, per la gracia de Dieu compte de Begorra,

d'indiquer les dispositions les plus remarquables. Tarbes, Lourdes, Vic, Ibos, Maubourguet, Rabastens, furent également érigées en communes. Les vallées de Lavedan et de Barèges avaient toujours joui des prérogatives attachées à cette institution.

L'affranchissement des serfs et l'érection des communes ne mirent pas ces communes à l'abri

---

abbat de Chabanas, bistz e auzidz aquetz fors e aquestas costumas, ab autrey de la bezial de Banheras, que melhuram en aqest for. E dam per for e per costuma que si uns hom de Banheras aucizé autre som bezin, e si per abentura aqell podia abier e accordan ab nos e ab los parentz e ab la bezial; que no gesqa de la terra ni de la biela; mas en aqera maneira de estar o d'anar, com totas las partidas s'arcordaran, los parentz del mort e nos e la bezial. E nos vistz e auzidz aqetz auant ditz fors e costumas e aqest melhurament qu'els ag auem autreyadz e juradz sober sentz que aus guerian je nos, e nostres successors, cum auant dit ny escriut es en qesta carta. E per mayor fermesa nos qels ag auem sagelad de nostre propri sagel l'empendent. Actum fuit hoc iii.° idus septembris, anno ab incarnatione Domini M.° CC.° LX.°

Le sceau est en cire verte sur cordons de soie rouge et verte; toute empreinte est effacée.

Voici ce que nous dit Mazières de la confirmation de la charte de Tarbes par Esquivat : « Et dans le livre des titres de Tarbe est enregistrée la confirmation faite par iceluy des privilèges que Centolt avoit auparavant baillés aux habitants de ladite ville de Tarbe, laquelle confirmation est datée de l'an 1268, dans l'église de Saint-Jean-Baptiste, la veille de la feste dudit saint, en juin ». Je ne sais plus me rappeler où j'ai vu que la charte originale de l'affranchissement de notre capitale portait la date de 1180, et qu'elle a subsisté aux archives de la préfecture jusqu'au dernier incendie.

des incursions des voisins, mais leur donnèrent le pouvoir de repousser la force par la force et d'user de représailles envers les agresseurs; les avantages furent alors balancés, et l'on sentit le besoin d'arrêter par des traités ces dévastations funestes aux deux partis; il nous est resté un pareil traité conclu entre les habitans du Lavedan et ceux de Bagnères (8); en voici le précis.

(Note 8.) « In nomine Domini nostri Jesu-Christi. Hæc est carta quâ continetur pax et convénientia quæ facta est inter Levitanicos et Bagnerenses, pro præsentibus et futuris. In primis pactum statuitur quòd si quis homicidium perpetraverit, nongentos persolvat solidos per III. madios. Si homicidium fit in junctâ vel in exercitu vel in fidejussione vicinali, sine sacramento, pœna detur suprà dicta: de fidejussione vicinali in duplum. Si quis homicidium imposuerit falsò alicui, juret cum XII. hominibus expeditis, Levitanensis in Bagneris, Bagnerensis in Levitano : itâ dico quòd ille qui juramentum susceperit, II. det obsides, quos meliores nominaverit de suâ parentelâ, unâ die susceptos in suâ domo, antè jusjurandum. Si quis pacem infregerit, et cum VII. de melioribus pacis jurare non potuerit, IX. solidi persolvat solidos. Pro quâcumque manuum injectione, IX. solidi et se dabuntur. Si quis equum, vel mulum vel mulam rapuerit, et se purgare nequiverit, tùm illi restituat qui perdidit, quantùm jurare ausus fuerit manu propriâ, et ore in terrâ alienâ vel cum manu tertiâ in terrâ propriâ. Si quis equas rapuerit, de quâlibet XX. persolvat solidos: de electâ, L. Si quis vaccas rapuerit, et se purgare nequiverit, de quâlibet XX. persolvat solidos : de electâ, XXX. de bobus domitis XXX. Si quis asinos rapuerit, et se purgare nequiverit, XV. persolvat solidos. Si quis porcos rapuerit, et se purgare nequiverit, pro qualibet V. persolvat solidos; pro electo, X. Si quis capras vel oves rapuerit et se purgare nequiverit, pro quâlibet II. persolvat solidos. Si quis legem interrogaverit, injuriam cum suâ manu jure

Les habitans du Lavedan et ceux de Bagnères rédigent d'un commun accord divers articles où sont détaillées toutes les compositions à payer en cas d'infraction à la paix qui vient d'être conclue, par ceux qui y auront contrevenu. La composition pour un meurtre sera de neuf cents sous morlans, payables en trois termes; si ce meurtre est commis dans une émeute ou une rixe, et sans que le meurtrier eût donné assurement par serment à sa victime: la peine sera double si le mort s'était livré à la foi de son meurtrier sous son assurement par serment; l'accusé de meurtre ne pourra s'en laver que par le témoignage de douze personnes irréprochables; et il devra livrer deux de ses parens pour otages. Pour toute autre infraction à la paix, l'accusé devra fournir pour sa décharge, sept témoins irréprochables. Les voies de fait seront rachetées par une composition de trente sous. Celui qui aurait enlevé un cheval, serait absolument tenu de la restitution en nature. La

---

vent: Pro exploratione equi vel muli mulæve viii. solidos. Pro explorationé equæ, iv. solidos. Pro asino ii. solidos. Pro bobus vel vaccis iii. solidos. Pro porcis xii. denarios. Pro capris vel ovibus, iv. denarios. Tota pax finit in duobus testibus et in uno auditore. Prædictis istud duximus adjungendum quòd quærelans illius vici sacramentales nominet undè fuerit ipse reus. »

Ce traité fut rédigé en double et divisé par A. B. C.

charte fixe ensuite diverses compositions pour chaque jument, bœuf, veau, vache, génisse, cochon, chèvre, brebis, qui auraient été enlevés. Ce traité nous indique le sujet habituel des petites guerres domestiques qui éclataient assez fréquemment entre les cantons bigorrais.

1175. Centulle III fit bâtir en 1175 le château de Vidalos, sans doute comme un nouveau moyen à opposer à la dévastation de son domaine; mais le besoin d'argent le lui fit engager presque aussitôt à Fort-Aner, vicomte de Lavedan, pour trois mille deux cents sous morlans. Arnaud Guillaume d'Ozon, évêque de Tarbes, et Guillaume de Barèges furent les garans du traité.

Il nous reste de la même année un contrat de donation fait par Alphonse II, roi d'Aragon, en faveur de Centulle III, comte de Bigorre et vicomte de Marsan, qui lui était étroitement attaché : car outre la parenté des maisons de Bigorre et de Barcelonne, dont celle-ci était entée sur celle de Bigorre-Aragon, Centulle s'était plus particulièrement uni à Alphonse, en épousant Matelle d'Aragon, cousine de ce prince; il en avait une fille nommée Stéphanie Béatrix, peut-être déjà mariée alors à Pierre, vicomte de Dax (9). Alphonse, par la grâce de

---

(Note 9.) Aner-Loup est le premier vicomte de Dax connu

Dieu, roi d'Aragon, comte de Barcelonne et marquis de Provence, voulant reconnaître les services que lui avait rendus et que lui rendait journellement Centulle, lui donna, et à la comtesse Matelle son épouse, et à leurs hoirs à perpétuité, la vallée d'Aran avec toutes ses dépendances, et le domaine seigneurial qu'il avait à Bordères, pour tenir le tout en fief de lui et de ses successeurs à perpétuité (10).

Il vivait en 980, et eut pour successeur son fils Arnaud, qui fut remplacé par son fils Garcie-Arnaud : celui-ci eut deux fils : 1.° Raymond-Arnaud, vicomte de Dax, qui vivait en 1080, et fut père de Garcie-Marre ; 2.° Léofranc, qui vivait en 1097. Navarrus, fils de Léofranc, ayant tué son cousin Garcie-Marre, succéda à son oncle Raymond dans la vicomté de Dax ; il vivait en 1107 : il eut deux enfans : 1.° Pierre vicomte de Dax, mort sans postérité ; 2.° Giralde, femme d'un seigneur nommé Arnaud, dont elle eut un fils appelé Raymond, qui succéda à son oncle Pierre dans la vicomté de Dax ; il vivait en 1160 ; ce fut son fils Pierre, vicomte de Dax, qui épousa Stéphanie de Marsan, comtesse de Bigorre ; il paraît qu'il en eut une fille nommée Navarra, qui porta la vicomté de Dax dans la maison de Tartas, en épousant le vicomte Raymond-Arnaud. D'après Oihénart le nom de l'époux de Stéphanie était Raymond-Arnaud, et ils eurent un fils nommé Navarrus qui fut évêque de Conserans.

(Note 10.) « In Christi nomine, et ejus divinâ clementiâ, ego Ildefonsus Dei gratiâ rex Aragonensis, comes Barchinonensis et marchio Provinciæ, facio istam chartam donationis vobis Centullo comiti de Bigorrâ, et uxori vestræ nomine Matellæ, consanguineæ meæ. Placuit mihi bono animo, et spontaneâ voluntate, et propter servitia quæ mihi habetis facta, et quotidiè facitis, ab hâc horâ in antea facietis, quòd dono vobis Aran per hæreditatem cum suis ter-

Le village de Bordères donné à l'ordre religieux et militaire du Temple sous le règne précédent, ainsi que nous l'avons rapporté plus haut, fut vers ce temps érigé en commanderie de cet ordre, et Bernard de Sauveterre fut pourvu, le premier, de ce bénéfice.

1176. Centulle s'étant brouillé avec Richard duc de Guienne, fils d'Henri Plantagenet roi d'Angleterre, ce prince marcha contre lui. Le comte courut se renfermer avec son gendre le vicomte Pierre, dans la ville de Dax qu'ils avaient fait fortifier ; le duc alla les y attaquer, et emporta la place après dix jours de siège. Centulle et Pierre eurent sans doute le sort des seigneurs

---

minis, heremis et populatis, planis atque montanis, pascuis et portibus, aquis, silvis, lignaribus, et cum introitibus et exitibus suis. Dono quoque vobis illud senioraticum quod ego habeo et habere debeo in Borderas. Supradictum autem donum facio vobis, et filiis vestris, et generationi ac posteritati vestræ, ad hæreditatem omni tempore et possidendum, salvâ meâ fidelitate et totâ meâ posteritate per bonam fidem, et sine omni inganno, per secula cuncta. Amen. Prædictam quoque donationem facio vobis et vestris sub hâc conditione atque conventione, ut et vos, et quicumque de filiis vestris, vel de vestrâ generatione ac posteritate, habuerint jam dictam terram quam vobis dono, sint propter illam mei fidelissimi vassalli, et sine lius propriis mihi et meis commendati per bonam fidem, et sine omni inganno, per secula cuncta. Amen. Signum Idelfonsi regis Aragonensis, comitis Barchinonensis, et marchionis Provinciæ. Facta charta apud Saues, in podio quod est inter Gavarretum et Salvaterra, et Spaon et Martiscrra, mense octobris, era M.CC.XIIII.

révoltés de Guienne que Richard venait de châtier : il est à croire que comme eux ils furent envoyés prisonniers au roi d'Angleterre, qui ne les lâcha qu'après en avoir tiré une grosse rançon ; quoi qu'il en soit, Centulle ne continua pas moins à se montrer l'ennemi du prince anglais ; et celui-ci vint en 1178 l'assiéger de nouveau dans Dax : s'étant rendu maître de la place, il trouva le comte de Bigorre détenu dans les prisons par les bourgeois, qui le remirent captif entre ses mains. Centulle traita de sa délivrance avec Richard, et il l'obtint par l'entremise du roi d'Aragon, qui se rendit sa caution. Il céda pour sa rançon au duc de Guienne, Clermont et le château de Montbrun.

1178.

L'évêque Arnaud-Guillaume d'Ozon assista l'année suivante au concile général de Latran, où l'on fit vingt-sept canons, dont le quatorzième défend aux laïcs de transférer les dîmes inféodées à d'autres laïcs, et leur enjoint de les restituer à l'Eglise sous peine d'excommunication. Ce canon n'a jamais été exécuté.

1179.

L'histoire garde le silence sur l'époque de la mort de Centulle III, et de l'avènement au comté de Bigorre, de sa fille Stéphanie, nommée aussi Béatrix, née de son mariage avec Matelle d'Aragon.

La comtesse Stéphanie, veuve de Pierre,

vicomte de Dax, épousa en secondes noces Bernard, comte de Comminges (11), dont elle eut une fille nommée Pétronille : la naissance de cette jeune princesse ne fut pas un nœud assez fort pour assurer à Stéphanie la durée de son union avec le volage Bernard : ce prince inconstant la répudia pour épouser Comtors de la Barthe, fille du vicomte Arnaud-Guillaume. Stéphanie mourut peu d'années après, avant que sa fille eût atteint l'âge de puberté.

1191.

(Note 11.) Bernard, comte de Comminges IV du nom, était fils et successeur de Dodon, qui lui-même avait succédé à son père Bernard III, fils de Roger III ; celui-ci descendait de cet Arnaud fils d'Aznar, duquel tire son origine la seconde maison de Carcassonne, entée depuis sur celle de Bigorre.

Bernard IV eut trois femmes : la première fut Stéphanie de Marsan, comtesse de Bigorre, qui en eut une fille nommée Pétronille ; il la quitta sans aucune formalité pour épouser Comtors de la Barthe, dont il eut trois enfans, entr'autres Bernard V ; il divorça avec celle-ci en 1197, et s'unit aussitôt, du vivant encore de ses deux premières femmes, à Marie de Montpellier, fille de Guillaume VIII, et en eut, dit-on, deux filles, Mathilde et Pétronille. Ce dernier mariage fut déclaré nul par l'Eglise, qui proclama au contraire valide celui que Marie avait contracté en 1204 avec Pierre roi d'Aragon, après avoir quitté Bernard IV sans formalité.

La maison de Comminges portait d'argent à la croix pattée de gueules.

CHAPITRE V.

Maison de Comminges : Pétronille, sous la tutelle du roi d'Aragon. — Fiançailles avec Gaston de Moncade ; mariage. — Hérésie des Albigeois embrassée par Gaston. — Il l'abjure ; il meurt. — Pétronille épouse le comte de Cerdagne, le quitte ; épouse Guy de Monfort. — Les Albigeois chassés. — Mort de Guy. — Aymar de Rançon. — Succession de Comminges. — Bozon de Matas, cinquième époux de Pétronille. — Sagesse de son gouvernement. — Codicile de la comtesse. — États de Bigorre. — Première occupation des Anglais. — Succession d'Armagnac. — Mort de Pétronille ; son testament.

Après le décès de la comtesse Stéphanie, Alphonse II, roi d'Aragon, prit sous sa tutelle la jeune Pétronille, héritière de Bigorre et de Marsan, et tant en cette qualité que comme seigneur suzerain usant du droit connu dans le régime féodal sous le nom de garde-noble, il se mit en possession de cette riche succession. Il était naturel de penser que la main de la jeune com-

(254)

tesse serait vivement recherchée : Gaston de Moncade, vicomte de Béarn (1), y prétendit, obtint la préférence, et fut fiancé avec elle au mois de septembre 1192. Alphonse lui remit la princesse, que Gaston s'engagea à épouser dès qu'elle aurait atteint l'âge de puberté ; le prince béarnais reçut le même jour l'investiture des terres et domaines de Pétronille, hors la vallée d'Aran, qu'Alphonse avait jadis donnée à Centulle, aïeul de Pétronille, et qu'il garda par devers lui sans autre raison que celle que cette terre ne dépendait point du comté de Bigorre. Voici quelles furent les conditions du traité passé à cette occasion entre Alphonse et Gaston (2).

1192.

(NOTE 1.) La maison de Moncade tirait son origine d'un seigneur nommé Dapifer qui en 734 passa en Espagne à la suite d'Ogier Catlo, qui allait combattre les Maures ; Dapifer eut pour fils Arnaud premier seigneur de Moncade, père d'Ermengaud de Moncade, comte amovible d'Urgel ; celui-ci eut, entr'autres enfans, Gaston, qui vivait en 1010, et fut père de deux enfans, Guillaume et Raymond ; Guillaume-Raimond, fils de ce dernier, vivait en 1112, et engendra Bérenger-Raymond, qui vivait en 1120 ; de celui-ci naquit Gillaume-Raymond sénéchal de Catalogne, qui fut père de Guillaume de Moncade, époux de Marie de Gavaret vicomtesse de Béarn ; Gaston VI, l'époux de Pétronille, était fils de Guillaume et de Marie.

L'écu de Moncade était de gueules à six tourteaux d'or.

(NOTE 2.) « Notum sit cunctis quòd ego Ildefonsus Dei gratiâ rex Aragonensis, comes Barcinonensis et marchio Provinciæ, commendo et dono tibi Gastoni nobili vicecomiti Bearnensi, totum comi-

Il fut convenu que si Pétronille mourait avant l'accomplissement de son mariage, sa succession

talum meum et terram de Bigorrà, simul cum dilectâ consanguineâ meâ, filiâ dilecti nostri Bernardi nobilis comitis de Comenge, nepote Centulli felicis recordationis quondàm comitis Bigorritani, quam ducas et habeas in uxorem, cum prædicto comitatu Bigorritano, statim cùm ad nubiles annos pervenerit; hoc modo ut prædictum comitatum et terram, simul cum omnibus ad eumdem comitatum pertinentibus, villis scilicet, castellis, munitionibus, atque omnium generum possessionibus, cum militibus etiàm et aliis hominibus à majori usque ad minorem, habeas et teneas per me et successores meos, ad meam meorumque fidelitatem et servitium, tu et filii et filiæ qui ex te et prædictâ consanguineâ meâ fuerint procreati, et omnes eorum successores perpetuò. Verùm si contigerit præfatam consanguineam præmori, antequàm à te nuptialiter ducta fuerit in uxorem, concedo tibi ut possis ducere aliam quæ sit de genere memorati comitis Centulli, quæ ei, ut legitima, jure succedere possit et debeat, cum quâ similiter habeas prædictum comitatum et terram, per me et per successores, sicut prædictum est, ad servitium et fidelitatem meam successorumque meorum, tu et filii filiæque tuæ qui ex te et illâ fuerint progeniti, et eorum successores. Sciendum autem est quòd ità actum est inter me et te, quià si præfata consanguinea mea, vel illa secunda de quâ suprà dictum est decederet, non superstitibus liberis ex te et alterâ ipsarum procreatis, vel deficiente quandocumque legitimâ prole ex te et alterâ mulierum descendente, prædictus comitatus et tota terra illa liberè et absolutè et absque omni impedimento, ad me meosque successores incontinenti pleno jure revertetur; sed dabo tibi quinquaginta quinque millia solidorum morlanensium, aut permittam tibi habere omnibus diebus vitæ tuæ prædictum comitatum et terram, sub prædictis conditionibus et lectionibus, servatâ mihi electione ad alterum istorum faciendum : ità quòd si jam dictam terram concessero tibi in vitâ tuâ habere, ad obitum tuum, ipso jure, liberè et in pace et absque omni impedimento ad me meosque successores prædictus comitatus et terra re-

reviendrait à la couronne d'Aragon, à moins que Gaston n'épousât alors une autre princesse de la

vertatur. Quòd si præfatam consanguineam cùm fuerit nubilis, non duxeris in uxorem, vel forte interim aliam acceperis conjugem, tunc totum prædictum comitatum et terram simul cum sæpe dicta consanguineâ, mihi meisque sucessoribus et in nostram potestatem sine aliquo inganno et sine aliquâ contradictione et dilatione, integrè et plenariè restitues. Similiter, te mortuo non extantibus liberis ex te et ipsâ consanguineâ meâ vel ex aliâ secundâ superiùs dictâ procreatis, totus prædictus comitatus et terra simul cum consanguineâ et aliâ secundâ de quâ dictum est, si uxor tua fuerit, in meam meorumque successorum potestatem revertatur. Excipio autem de prædictâ donatione, et expressìm retineo mihi et meis et proprie meæ ac successorum meorum, totam vallem et terram quæ dicitur Aran, cum omnibus vallibus suis, montibus, pronis, inclinis et terminis omnibus simul cum suis habitantibus et cæteris omnibus ad usum hominis quocumquemodo pertinentibus, cùm constet prædictam terram vallis Aran ad ipsum comitatum nihil omninò pertinere. Præterea certum sit et cognitum quòd tu Gaston vicecomes Bearnensis et successores tui astricti mihi meisque successoribus tenemini hominio et juramento corporaliter præstito ad hæc omnia prædicta servanda et complenda in perpetuum. Et tu et successores tui dabitis mihi meisque successoribus in perpetuum potestatem, irati et pacati, de Lordâ, et de omnibus castellis, munitionibus et fortitudinibus ejusdem comitatûs et terræ, quotièscumque à me vel à nunciis meis inde requisiti fueritis. Nec vos indè vetabitis vel vitabitis videri à me vel successoribus meis, vel à nostris nunciis et missis, ullo ingenio vel malâ arte.

Ego itaque Gaston vicecomes Bearnensis prædictus, bono animo et gratuitâ voluntate convenio et promitto tibi domino meo supradicto Ildefonso, Dei gratiâ illustri regi, et omnibus successoribus tuis perpetuò, bonâ fide, et absque fraude et malo ingenio, atque sine omni tuo tuorumque inganno, per me et successores meos ex hominiatico et juramento corporaliter præstito, hæc omnia ut præ-

famille comtale de Bigorre; que si de son mariage avec Pétronille ou l'autre princesse de la

dicta sunt complere et attendere; sub quo etiàm hominiatico et juramento promitto me facturum quòd magnates et milites prædicti comitatûs et terræ, et in unâquâque villâ centum de majoribus populi jurent vobis et successoribus vestris fidelitatem de prædicto comitatu et terrâ, et de servandis præscriptis conventionibus et pactionibus. Et promitto etiam per me ac successores meos tibi et successoribus tuis, quòd adjuvemus vos semper integrâ fide et legalitate cum prædicto comitatu et terrâ contra omnes homines et fæminas perpetuò. Hæc autem omnia quemadmodum superiùs scripta sunt et ad tuum commodum, domine rex, et sine tuo tuorumque successorum incommodo, sano intellectu intelligenda promitto, et convenio attendere et complere per me et per successores meos, per sæcula cuncta. Sic Deus me adjuvet, et hæc sacrosancta quatuor Evangelia Dei. Item ego rex præscriptus manu tenebo te et defendam tanquàm nobilem magnatem meum, per bonam fidem.

Factum est hoc mense septembris, anno Domini M.CXCII. »

M. de Marca et M. Faget de Baure après lui, disent que depuis ce moment Gaston prit le titre de comte de Bigorre, mais qu'il la fit précéder de celui de vicomte de Béarn, dans tous les actes émanés de lui, ce qui leur semblerait un argument en faveur de la supériorité de la maison de Béarn en lustre, honneur et dignité. Cela ne prouve rien autre chose à nos yeux, sinon que Gaston était vicomte de Béarn de son propre chef, tandis qu'il ne possédait le Bigorre que d'une manière précaire : comme le Brulhois lui appartenait de droit héréditaire, il prenait aussi le titre de vicomte de Brulhois avant celui de comte de Bigorre; en tirera-t-on la conséquence que la vicomté de Brulhois avait l'avantage de la dignité? Raymond-Bérenger qui avait le royaume d'Aragon par ses fiançailles avec l'héritière, Pétronille de Bigorre-Aragon, comme Gaston avait le Bigorre par ses fiançailles avec l'héritière, Pétronille de Comminges, mettait de même en tête de tous ses titres celui de comte de Barcelonne, que ses pères lui avaient transmis. Que l'on jette les yeux sur le traité que

famille comtale, il ne naissait point d'enfans, la succession, en cas de prédécès de la comtesse, reviendrait de même à la couronne d'Aragon, sauf à en laisser la jouissance au prince béarnais de sa vie durant, ou à lui payer une indemnité de cinquante-cinq mille sous morlans, au choix du monarque aragonais; que si Gaston mourait avant la comtesse sans laisser d'enfans de leur mariage, sa veuve ainsi que la succession retourneraient au pouvoir du roi d'Aragon : la princesse et la succession retourneraient pareillement en son pouvoir si Gaston n'épousait point Pétronille. Gaston reconnait tenir les domaines de la succession de Bigorre à foi et hommage du roi d'Aragon, auquel il s'engage à remettre tous ses châteaux et forteresses autant de fois qu'il en sera requis par le monarque apaisé ou courroucé.

---

nous avons transcrit dans la note 7 de ce chapitre : on y verra la comtesse de Bigorre toujours nommée avant le vicomte de Béarn; y verra le titre de Pétronille toujours accompagné de la formule *la grâce de Dieu*; tandis que le successeur de Gaston se qualifie simplement vicomte de Béarn ; cependant les droits et les devoirs chacune des parties contractantes sont stipulés dans les mêmes termes. Nous n'en voulons pas inférer que la maison de Béarn fût inférieure en lustre, honneur et dignité ; mais seulement démontrer que titres de l'ordre dans lequel sont rangés des titres à peu près égaux, de conséquences sur le rang de dignité de ces titres ; c'est attacher de l'importance à des niaiseries.

Le mariage fut célébré quatre ans après dans l'église de Notre-Dame de Maslac, et la bénédiction nuptiale donnée par Bernard, abbé de Sauvelade.

1196.

Vers cette époque se répandit dans le Bigorre l'hérésie des albigeois (3); cette erreur, prêchée d'abord dans le Languedoc par quelques fanatiques, fut condamnée par les conciles, et n'en fit que de plus rapides progrès : elle gagna bientôt presque tout le midi de la France ; le nombre des sectaires croissait en raison des efforts que l'on faisait pour les détruire ; ils se multiplièrent considérablement dans le Bigorre, et le comte lui-même suivit leur parti, que déjà avaient embrassé les comtes de Foix et de Comminges, et le fameux Raymond VI, comte de Toulouse : aussi fut-il enveloppé avec eux dans

(Note 3.) Les albigeois étaient des manichéens auxquels on donna le nom de la province où ils étaient le plus répandus ; ils regardaient le monde comme créé par Lucifer, rejetaient le Vieux Testament et les cérémonies de l'Eglise, niaient la divinité de Jésus-Christ, la présence réelle, la nécessité du baptême et des sacremens, et l'utilité des prières et des temples. Pierre de Bruys prêcha le premier cette doctrine dans le Dauphiné ; ses disciples prirent le nom de pétrobusiens, qu'ils changèrent en celui de henriciens, lorsqu'un moine apostat appelé Henri, devint leur chef. Les orthodoxes les nommèrent manichéens, ariens, et enfin albigeois ; quelques auteurs ont compris avec eux les vaudois, disciples de Valdo, qui s'élevèrent à peu près à la même époque dans le Lyonnais ; mais il paraît démontré que leur hérésie n'était point la même.

la proscription à laquelle furent voués tous les fauteurs de cette hérésie. Non content de l'anathême qu'il vient de lancer, Innocent III dirige encore contre eux des armes plus terribles; il fait prêcher par ses légats Milon et Thédis une croisade contre les hérétiques, et ne craint pas de promettre à leurs bourreaux les mêmes indulgences accordées à ceux qui allaient combattre les infidèles de la Palestine : le fanatisme déclare la guerre au fanatisme, et Simon, comte de Montfort, conduit une armée de croisés au massacre des malheureux albigeois; il commence par confisquer à son profit les états des princes proscrits. Mais les comtes lèvent de leur côté des troupes et commencent avec les croisés une lutte sanglante : Gaston reprend Lourdes, Rabastens et tout le Bigorre. Le roi d'Aragon, Pierre de Barcelonne, voulut alors s'entremettre de la paix entre les comtes et le pape; Gaston promit de s'en remettre à la décision du souverain pontife et de l'Eglise (4); mais le roi

1208.

1212.

(NOTE 4.) Il déclara en effet remettre ses châteaux, ses domaines et sa personne au pouvoir du roi d'Aragon, qui le contraindrait à exécuter les volontés du pape et de l'Eglise, afin que cette soumission pût contribuer à désarmer le courroux d'Innocent.

« In Christi nomine sit notum cunctis, quòd ego Gasto, Dei gratiâ vicecomes Bearnensis et comes Bigorræ, ad honorem Dei et sanctæ matris Ecclesiæ, et domini Innocentii qui sacrosanctæ romanæ Eccle-

d'Aragon ne fut point satisfait des conditions que voulait imposer le parti catholique, et il

« sedis obtinet præsulatum, pono et mitto personam meam et castra de Lurdâ, de Olerone, de Montanerio, de Miramon, de Cadelo et omnem aliam terram quam habeo et habere debeo, vel ad me vel ad meos pertinet aut pertinere debet et potest aliquâ ratione, aliquo jure vel causâ, et illam totam quam habere et recuperare potero Deo dante, in manu et potestate vestrî, domini mei Petri, Dei gratiâ regis Aragonum et comitis Barcinonensis, ut ea omnia plenariè et potenter teneatis et possideatis, eo pacti tenore apposito et formâ, ut per detentionem prædictorum bonorum et meæ personæ possitis compellere et urgere me ad illa omnia exequenda et observanda quæ dominus papa et sacrosancta romana Ecclesia de personâ meâ et rebus decreverit statuenda. Sub periculo ergo commissionis et pœnâ omnium prædictorum castrorum et totius terræ, vobis stipulantibus per solemnem stipulationem, bonâ fide promitto quòd omnia quæ Papa mihi de personâ aut terrâ meâ injunxerit, curabo fideliter adimplere, et in perpetuum modis omnibus observare, et quòd itâ totum adimpleam, et contra non veniam, aliquâ arte vel ingenio, vel aliqua persona venire sustineam, de omnibus concedens vobis potestatem plenariam, per Deum et per hæc sancta evangelia corporaliter tacta sponte juro, et ad majorem hujus facti firmitatem hanc paginam mei sigilli autoritate confirmo. Actum est hoc apud Tolosam vi. kalend. februarii, anno dominicæ incarnationis M.CCXII. »

Telle est la pièce que présenta le monarque Aragonais au concile de Lavaur tenu au mois de janvier 1213, pour appuyer ses réclamations en faveur de Gaston ; les évêques répondirent qu'ils ne pouvaient absoudre le persécuteur du clergé, le fauteur du comte de Toulouse et des hérétiques, le profanateur des églises. « In anno præterito, écrivirent-ils ; ruptarios in cathedralem ecclesiam Oleronis induxit, ubi amputato fune de quo pendebat pixis continens corpus Domini nostri Jesu Christi, in terram decidit, et quod est nefas dicere, ipsum corpus Dominicum est per terram expensum. »

On peut voir dans la note suivante comment il expia ces outrages.

se joignit aux hérétiques pour les défendre. La guerre recommence, et Montfort va mettre le siège devant Toulouse ; les comtes l'obligent à le lever : il se voit bientôt lui-même assiégé dans Muret par les albigeois ; mais la fortune se déclare pour lui ; il les bat complettement, et tue le roi Pierre d'Aragon, qui était à leur tête. Après bien du sang répandu de part et d'autre, et des avantages long-tems balancés, Gaston, las de cette guerre opiniâtre, prit le parti de renoncer à la cause malheureuse qu'il avait embrassée : il abjura ses erreurs (5), et

1213.

1214.

(NOTE 5.) Sa rétractation se trouve dans les titres de la cathédrale d'Oloron, qu'il avait souillée d'abominables sacrilèges, ainsi que nous l'avons rapporté dans la note précédente.

« Cum labente tempore rerum temporalium memoria deleatur de facili, provideri debet attentiùs, ut ea quæ recoli debent perenniter, authentici scripti munimine roborentur. Hinc est quòd ego Gasto vicecomes Bearnensis omnibus præsentes litteras inspecturis, volo fieri manifestum quòd in meis temporibus multas feci injurias instinctu Satanæ, ecclesiæ Sanctæ-Mariæ de Olorono, tàm in ipsâ cathedrali ecclesiâ quàm in suis hominibus et pertinentiis damna multiplicia inferendo ; cùmque propter hæc et alia multa quæ commisi, essem multis excommunicationibus inundatus, et diù in magnâ obstinatiâ perstitissem, tandem inspirante divinâ gratiâ recessi humiliter à contumaciâ, rogans suppliciter dominum Bernardum de Morlana, episcopum jàm dictæ ecclesiæ, ut sententias quibus astrictus fueram relaxaret, et satisfactiones injungeret congruentes. Et cùm ipse me relevaret ab omnibus sententiis, quamvis malorum quæ ego fecerim non esset numerus, nec æstimatio rerum quas abstuli Dei ecclesiæ potuisset in summâ colligi, pro ablatis tamen dedi supradictæ ecclesiæ

obtint des lettres d'absolution ; le pape leva l'anathême dont il l'avait frappé (6); le Bigorre n'en demeura pas moins occupé par les albi-

omnes homines meos quos habebam in villâ Sanctæ-Mariæ, et quidquid juris habebam in villâ Sanctæ-Mariæ, et omnes homines de Catron et quidquid juris habebam in illis. Hæc omnia dedi supradictæ ecclesiæ pro restitutione ablatorum, et totum hoc dictus episcopus gratum habuit et acceptum. Facta autem fuit ista donatio apud Monenh, in præsentiâ sæpedicti episcopi, et Guillelmi-Arnaldi de Lees, et magistri Anerii-Sancii, et magistri Terreni, et Arnaldi-Guillelmi de Faget et Arnaldi-Raymundi abbatis Sanctæ-Engratiæ, et multorum aliorum clericorum, et Guillelmi-Bruni de Olorono, in præsentiâ multorum hominum de Olorono et de Monenh et de Lascar, qui ibidem assistebant, ubi hæc omnia facta sunt. Et ne in lapsu temporis aut pro oblivione hominum, aut pro perversitate calumniantium, super hoc posit litigium suscitari, præsens scriptum sigilli proprii munimine roboravi. Anno Domini M.CCXV. Idem etiam episcopus ad instantiam meam sigillum episcopale apposuit huic scripto, ut et ipsius munimine firmius observetur. »

(Note 6.) Ce fut le cardinal Pierre de Bénévent, légat *à latere*, qui reçut la commission de lever l'interdit qui frappait Gaston et le comte de Comminges son beau-père. Le bref d'Innocent est ainsi conçu :

« Etsi nobilium virorum comitis Convenarum et Gastonis excessus graves sint plurimùm et enormes, quià tamen humiliter pulsantibus non est Ecclesiæ aditus præcludendus, discretioni tuæ per apostolica scripta mandamus, quatenùs sufficienti ab eis, juxtà quod videris expedire, cautione receptâ, ipsos reconcilies ecclesiasticæ unitati, et disponas de illis secundùm Deum, prout de prudentum virorum consilio videris disponendum. Datum Laterani XI. kalend. februarii, pontificatûs nostri anno XVII. »

Cette date répond au 22 janvier 1214. Le cardinal subdélégua l'évêque d'Oloron, Bernard de Morlane, pour absoudre Gaston, ainsi qu'on a pu le remarquer dans la note précédente.

geois, qui avaient le château de Lourdes en leur pouvoir. Gaston survécut peu à sa rétractation; il mourut en 1215 sans laisser de postérité : Guillaume-Raymond de Moncade son frère jumeau se porta pour son héritier dans la vicomté de Béarn, et fit alliance avec la comtesse de Bigorre (7).

Pétronille épousa la même année en secondes

(NOTE 7.) Voici le traité :

« Universis hoc legentibus innotescat quòd nos Petronilla Dei gratiâ comitissa Bigorræ, per nos et per omnes nostros, inimus et contrahimus mutuam et firmam amicitiam et perpetuam pacem vobiscum domino Wilhelmo-Raymundi vicecomite Bearnensi et vestris in perpetuum; firmiter promittentes quòd erimus semper vobis fideles adjutores ad defendendum personam vestram et terram vestram et homines vestros et omnes res vestras, et omnia jura vestra pro viribus nostris bonâ fide et sinè omni inganno, salvo jure nostro in omnibus et per omnia.

Et nos Wilhelmus-Raymundi de Montecatano, vicecomes Bearnensis, per nos et per omnes nostros inimus et contrahimus mutuam et firmam amicitiam et perpetuam pacem vobiscum dominâ Petronilla, Dei gratiâ comitissa Bigorræ, et vestris in perpetuum; firmiter promittentes quòd erimus semper vobis fideles adjutores ad defendendum personam vestram et terram vestram et homines vestros, omnes res vestras et omnia jura vestra pro viribus nostris bonâ fide sinè omni inganno, salvo jure nostro in omnibus et per omnia.

Quod est actum xiv kalend. decembris anno m. ccxv. Petronilla, Dei gratiâ comitissa Bigorræ, Wilhelmus-Raymundi de Montecatano, vicecomes Bearnensis, qui prædicta omnia firmamus et concedimus in perpetuum, et testes firmare rogamus. Signa Wilhelmi de Cervariâ, Bernardi-Ermengaudi, magistri Vitalis Ilerdensis canonici, Fort-Aner de Argiles, qui hujus rei sunt testes. Arnaldus de Curiis scripsit, & hoc fecit. »

noces Nugne-Sanchez d'Aragon, comte apanagé de Roussillon et de Cerdagne, seigneur de Valespir et de Conflant, neveu du roi Alphonse II. Des raisons de politique et les intrigues du comte de Montfort appuyées de quelques allégations de parenté firent bientôt dissoudre cette union; les deux époux se séparèrent d'un commun accord, sans que l'Eglise cassât leur mariage, qui cependant avait été contracté au pied des autels : le comte de Monfort, qui sentait combien il était important à sa cause de s'assurer du Bigorre, et de l'enlever à la maison d'Aragon, qui tenait le parti du comte de Toulouse, chef des albigeois, gagna les ecclésiastiques bigornais, par le moyen desquels il provoqua cette séparation.

1216.

Simon fit demander alors la main de la comtesse pour Guy de Montfort son second fils, que Pétronille agréa : Les noces se firent à Tarbes au mois de novembre 1216, en présence d'Arnaud-Guillaume de Biran évêque de Bigorre, des évêques de Comminges, de Conserans, d'Oloron, et d'Aire, d'Odon abbé de Saint-Pé de Générès, d'Arnaud abbé de Saint-Savin, et de plusieurs barons. Pétronille constitua par contrat à son nouvel époux, le comté de Bigorre et la vicomté de Marsan; Guy de son côté constitua à la comtesse toutes les terres qu'il plairait à son père de lui assigner : les époux en cas de prédécès de l'un d'eux sans postérité, se fixèrent mutuellement un douaire de cinq cents marcs d'argent. L'acte contenait en outre cette clause que tous les frais que ferait le comte de Montfort, généralissime de la croisade, pour la récupération sur les albigeois, du château de Lourdes et des autres domaines de la comtesse, pour le paiement de ses dettes, et la défense de ses terres, lui seraient reconnus et hypothéqués sur les terres de la comtesse, dont le comte de Montfort et ses successeurs seraient mis en possession pour les garder jusqu'à entière libération, sans que les fruits pussent être précomptés au capital, étant jugés nécessaires pour couvrir les frais de gestion et autres charges des fiefs. Les parties se donnèrent mutuellement des garans : Simon comte de Montfort et Amaury son fils aîné furent les cautions de Guy ; Raymond-Garcie de Lavedan, Comte-Bon d'Antin, Bernard de Castelbajac et Arnaud-Guillaume de Barbazan furent celles de Pétronille. Après la cérémonie, le nouveau comte prêta le serment accoutumé aux barons de Bigorre et aux bourgeois de Tarbes ; les barons à leur tour lui rendirent hommage, et tous lui jurèrent fidélité.

Aidé de son père, le comte Guy chassa entièrement les albigeois du Bigorre : le comte de

Montfort devint ainsi absolu dans tout le comté, hors le château de Lourdes qu'il ne put jamais venir à bout de réduire : il fut tué deux ans après le mariage de son fils, d'un coup de pierre, au siège de Toulouse. Guy périt au siège de Castelnaudary, quatre ans après son avènement au comté, dans les malheureuses guerres de religion commencées par son père : il laissait de son union avec la comtesse Pétronille, deux filles dont l'aînée se nommait Alix, et la seconde Pétronille. Sa veuve se remaria bientôt après en quatrièmes noces à Aymard de Rançon.

1218.

1220.

Le testament de Guillaume - Raymond de Moncade, vicomte de Béarn, nous apprend que ce prince, voulant assurer à son décès la tranquillité de ses états, et craignant que ses voisins ne voulussent profiter de l'absence de Guillaume, son fils et son successeur, qui était alors occupé dans les guerres civiles d'Aragon, pour faire le dégat dans ses terres, conclut en 1223 une trève de cinq ans avec les comtes d'Armagnac et de Bigorre (8) ; ce fut Arnaud-

1223.

(Note 8.) « Paci quoque et tranquillitati terrarum intendere cupiens diligenter, firmavi pacta et fœdera treugarum pro me et hæredibus meis, usque ad quinquennium firmiter observanda, inter me et terram meam et comitem Bigorræ et terram suam ; et inter me et terram meam, et comitem Armaniaci et terram suam : easdem treugas

Guillaume de Biran, évêque de Tarbes, qui en jura l'observation au nom du comte Aymard. Ce quatrième époux de la comtesse de Bigorre mourut sans laisser de postérité: Nugne-Sanchez d'Aragon, qui avait été le second mari de cette princesse, décéda aussi à la même époque.

1226. La mort de Bernard comte de Comminges, père de Pétronille, arrivée en 1226, apporta à cette princesse des droits à sa succession: car quoique Bernard eut eu un fils de son union avec Comtors de la Barthe, son mariage avec la comtesse Stéphanie, mère de Pétronille, n'ayant point été légalement dissous, et le fils de Comtors étant né avant la mort de Stéphanie, ce fils, nommé Bernard comme son père, était illégitime, et sa naissance ne pouvait préjudicier aux droits de Pétronille, fille légitime du comte. Quoi qu'il en soit le jeune Bernard V prit possession de la partie des états de son père que les croisés n'avaient pas envahie, et il en fit
1227. hommage l'année suivante au roi de France,

---

domino archiepiscopo Auxitano pro comite Armaniaci, et domino episcopo Bigorræ pro comite Bigorræ firmantibus bonâ fide, et promittentibus inviolabiliter observandas, aut emendandas prout emendari solent treugæ violatæ...... Hæc omnia feci, dedi, statui et legavi prout superius est comprehensum, anno ab incarnatione Domini M.CCXX. tertio, XIII. kalend. martii, apud Oloren, præsentibus testibus et ad hoc vocatis patribus prælibatis. »

avec cette clause, que si la comtesse de Bigorre réclamait ses droits au comté de Comminges, les parties plaideraient en sa cour : cette reconnaissance de la suzeraineté immédiate du monarque français avait pour but l'exclusion de la juridiction du comte de Toulouse, suzerain naturel du Comminges, mais qui était alors excommunié.

Malgré l'expérience que faisait la comtesse de Bigorre des discussions qui devaient nécessairement naître entre les enfans provenus de divers mariages, dont tous n'étaient pas également légitimes, elle ne craignit point de se remarier de nouveau. Elle prit pour cinquième époux Bozon de Mâtas (9), seigneur de Cognac, chevalier angoumois d'une illustre naissance, auquel elle constitua vingt mille sous morlans hypothéqués sur ses terres de Bigorre et de Marsan.

1228.

Le nouveau comte signala par divers actes l'année de son avènement. Il accorda ou confirma à la ville de Vic une charte semblable à celles que Centulle III avait accordées à Bagnères et aux

---

(Note 9.) Nous voyons en 1126 un Guillaume de Mâtas, seigneur angoumois, épouser la fille et l'héritière de Jourdain-Esquivat, seigneur de Chabannes et de Confolens.

L'écu de Mâtas était lozangé d'or et d'azur.

villes les plus remarquables du comté. Il y donne des détails plus circonstanciés sur l'exercice de la justice communale : le viguier du comte est chargé de recevoir les plaintes des parties qui se prétendraient lésées, et de soumettre leurs griefs au jugement des six jurats communaux, pour faire réparer incontinent aux frais de la commune les dommages constatés, sauf ensuite le pourvoi contre les coupables. Ces règlemens acquirent au comte Bozon le renom de grand justicier.

Raymond-Guillaume, fils aîné du vicomte Guillaume-Fort de Soule, avait des prétentions sur le château de Vidalos; Bozon en obtint l'abandon, au moyen de la cession de quelques terres dans le Lavedan : l'acte en fut passé en présence de Hugues de Pardailhan évêque de Tarbes, de Pierre abbé de Saint-Savin, d'Arnaud vicomte d'Asté, et de plusieurs autres personnes; les parties se soumettaient aux censures ecclésiastiques de l'évêque en cas de contravention qui serait constatée par les jurats ou juges de la vallée.

Bozon donna aussi ses soins à faire valoir les droits de la comtesse Pétronille à la succession de Comminges, et il soutint même ses prétentions les armes à la main. Enfin, lasses de se quereller sans s'entendre, les parties s'en remirent, pour la décision de leurs différends, au jugement que rendraient des arbitres nommés de part et d'autre : Bernard de Comminges choisit Raymond VII comte de Toulouse ; le comte de Bigorre confia ses intérêts à Amanieu V sire d'Albret : pour assurance de leur parole, les deux compétiteurs livrèrent chacun entre les mains de l'archevêque d'Auch, Amanieu de Grésignac, deux de leurs places fortes, qui devaient être gardées à leurs propres frais : Bozon livra Mauvezin et Saint-Plancard ; Bernard donna Salies et Fronsac. Les deux comtes promirent de s'en rapporter entièrement à la sentence des arbitres, faute de quoi les places de la partie désobéissante seraient remises à la partie adverse, soumettant les terres du coupable à l'interdit, et sa personne à la censure ecclésiastique de l'archevêque. Telles furent les conditions de la trève qui fut convenue et jurée entre les deux prétendans à la succession de Comminges, dont les contestations ne furent néanmoins décidées que long-tems après, et par d'autres arbitres.

Du mariage de Bozon de Mâtas avec la comtesse de Bigorre, naquit une fille qui fut nommée Mathe. Quant aux deux princesses que Pétronille avait eues de son union avec Guy de Montfort, Alix, l'aînée, épousa Jourdain III,

(272)

sire de Chabannes et de Confolens (10), et reçut du comte Bozon un agencement de trois cents marcs d'argent; la seconde, nommée Pétronille comme sa mère, fut mariée à un baron normand appelé Raoul de Teisson.

La comtesse Pétronille étant tombée dange[...]

(Note 10.) Nous trouvons vers l'an 1120 un Jourdain-Esquivat seigneur de Chabannes et de Confolens, dont la fille, son héritière, fut fiancée à Robert de Craon, élu en 1136 grand-maître des Templiers. Aymard de la Rochefoucauld s'était emparé de la succession de Chabannes; mais, aidé de Walgrain II comte d'Angoulême, Robert recouvra en 1126 ces domaines, qu'il céda presque aussitôt, ainsi que sa fiancée, à Guillaume de Mâtas, seigneur Angoumois: les enfans de Guillaume et de l'héritière de Chabannes prirent le nom de Chabannes et le transmirent à leur postérité : nous apprenons d'Oihénart que Jourdain III était fils de Guillaume de Chabannes, celui-ci petit-fils par son père Esquivat, de Guillaume de Mâtas.

Le nom de Chabannes a été illustré dans la suite par les grands capitaines qui l'ont porté. Antoine de Chabannes comte de Dammartin, fils de Robert de Chabannes seigneur de Chalus, se distingua sous le règne de Charles VII; il fut l'un des quinze premiers chevaliers de Saint-Michel lors de l'institution de l'ordre ; il fut grand-maître de l'Hôtel, gouverneur de Paris, et l'un des premiers auxquels les rois de France accordèrent le titre de cousin : il laissa le comté de Dammartin à son fils Jean, dont les petits-fils vendirent ce fief aux maisons de Montmorency et de Guise. Jacques de Chabannes seigneur de la Palice, maréchal de France, fut l'un des plus illustres guerriers du seizième siècle; il servit Charles VIII, Louis XII et François Ier, et fut tué, avec tant d'autres braves, à cette célèbre bataille de Pavie où François perdit l'Italie, son armée, sa liberté, tout fors l'honneur.

Les armes de Chabannes étaient deux lions passans lampassés de gueules en champ d'argent.

reusement malade dans la ville de Vic, au mois de février 1239, reconnut dans un codicile toutes ses dettes, particulièrement celles qu'elle avait contractées envers le comte Bozon son époux, et qui comprenant, outre l'agencement d'Alix et le douaire constitué au comte, toutes les dépenses que ce prince avait faites dans la poursuite des droits de sa femme au comté de Comminges, montaient en total à soixante-dix mille sous morlans, dont elle hypothéquait soixante mille sur sa terre de Bigorre, et dix mille sur celle de Marsan; et afin que cette hypothèque ne fut point illusoire, elle ordonnait que Bozon jouît de ces domaines jusqu'au paiement effectif de sa créance, sauf à les restituer à cette époque à Alix, fille aînée de la comtesse, et à ses hoirs : Pétronille enjoint en conséquence à sa cour de Bigorre, savoir, aux barons, chevaliers, bourgeois et vallées, d'obéir au comte jusqu'à l'extinction définitive de la dette.

Cette clause, en nous indiquant la composition de la cour de Bigorre, nous fournit une observation intéressante; c'est qu'en recouvrant sa liberté, le peuple des villes fut appelé à faire valoir ses droits et à exposer ses besoins dans les assemblées où se discutaient ceux de tout le pays : l'érection des communes avait admis dans l'état les bourgeois comme citoyens, et leur

1239.

avait acquis le privilège de veiller à des intérêts qui cessaient de leur être étrangers. Réunie au clergé du diocèse, cette cour formait dès-lors ces états qui partagèrent avec les comtes le gouvernement du Bigorre, institution respectée par les rois successeurs des comtes, et qui ne fut abolie que lorsque la terrible révolution française, en bouleversant la monarchie, provoqua la régénération de toute l'administration politique de ce grand corps. Les états se composaient de trois chambres qui opinaient séparément ; celle du clergé était composée de l'évêque, des abbés de Saint-Sever de Rustan, Saint-Savin, Saint-Pé et Saint-Orens de la Réule, des prieurs de Saint-Lézer et de Saint-Orens de Lavedan, et du commandeur de Bordères ; le corps de la noblesse était la réunion des barons de Bigorre, dont le vicomte de Lavedan était le premier ; le tiers-état se composait des consuls ou officiers municipaux des communes, et des députés des vallées : la présidence appartenait au sénéchal, lieutenant politique du comte et chef de la noblesse du pays. C'est dans ces assemblées d'états que l'on fixait chaque année la quotité des impôts, et que l'on discutait toutes les questions d'un intérêt majeur pour le comté. Quant à l'administration de la justice, le sénéchal l'exerçait au nom du comte ; sa cour composait d'un juge-mage (11), et de plusieurs conseillers : là se jugeaient les appels des tribunaux inférieurs ; ceux-ci, ainsi que l'on a déjà eu occasion de le remarquer, étaient formés des jurats élus par les communes, présidés par le viguier ou vicaire du comte.

Revenons au codicile de la comtesse : elle y reconnaît devoir à Amanieu de Grésignac, qui était alors archevêque d'Auch après avoir été évêque de Tarbes, le remboursement de plusieurs frais par lui avancés pour les affaires du comté, outre cinq mille sous morlans qu'elle devait à l'archevêque son prédécesseur : pour opérer sa libération, elle assigne à Amanieu

---

(Note 11.) C'est-à-dire grand-juge, *judex major* : ce titre latin fut traduit par le romane-bigorrais *judge-maye*, d'où est venu le français juge-mage. Voici la liste des juges-mages du Bigorre dont les noms nous sont parvenus :

1488. Raymond de Cazarré.
1545. Domenge de Mesmes, sieur de Ravignan.
1568. Arnaud de Caza.
1568. Le sieur de Galosse.
1584. Pierre de la Barrière.
1612. Jean de Pujo, seigneur de Caixon.
1656. Jacques de Pujo, seigneur de Caixon.
1684. Jean d'Aignan, baron de Castelvieilh.
1704. Le baron de Castelvieilh, frère du précédent.
1720. M. de Pujo-Verdun, seigneur de Lafitole.
1730. Ambroise de Pujo.
1770. M. de l'Assus de la Devèze, dernier juge-mage.

toutes ses rentes de Bagnères jusqu'à l'acquittement entier de la dette. Elle fixe enfin une rente annuelle de mille sous morlans pendant dix ans sur les lieux de Baloc, la Réule, Parrabère et Caixon, pour des aumônes et pour le désintéressement de tous ses autres créanciers. Ce codicile fut scellé des sceaux de la comtesse Pétronille, du comte Bozon de Mâtas, de l'archevêque Amanieu de Grésignac, et de l'évêque Hugues de Pardailhan.

La comtesse ne succomba point à cette maladie ; elle se rétablit, et survécut même plusieurs années au comte Bozon, dont elle avait eu, comme nous l'avons déjà dit, une fille nommée Mathe : cette jeune princesse fut mariée à Gaston VII de Moncade, vicomte de Béarn, et reçut de sa mère, en constitution dotale, la vicomté de Marsan et la seigneurie de Notre-Dame du Pilier de Saragosse ; elle était ornée de tant de grâces et de beauté que le roi d'Angleterre Henri III, battu à Taillebourg par le héros qui régnait alors sur la France (12), et

1240

1242

(Note 12.) Saint-Louis, aussi vaillant guerrier que chrétien fervent, marchait contre son vassal rebelle Hugues de Lusignan comte de la Marche, qu'appuyait le roi d'Angleterre : ayant chassé l'armée ennemie jusqu'au-delà de la Charente ; il arrive au pont de Taillebourg, défendu par un fort qu'occupaient les Anglais ; après plusieurs attaques meurtrières et inutiles, Saint-Louis s'élance seul, l'épée

heureux d'avoir conclu avec lui une trève de cinq ans, en devint éperdûment amoureux à Bordeaux, où elle se trouvait, et oubliant pour elle et ses malheurs et le soin de son royaume, passa une année entière à épuiser son trésor pour lui donner des fêtes et des divertissemens.

Le vicomte de Béarn suivait à cette époque le parti du roi d'Angleterre contre la France ; mais depuis il déserta sa cause, et il prit en 1247 les armes pour le parti contraire : Simon de Montfort comte de Leycester, quatrième fils du fameux Simon comte de Montfort, la terreur des albigeois, était alors lieutenant-général de Henri dans ses domaines de France ; Pétronille était étroitement alliée à la maison de Montfort, et il ne fut sans doute pas difficile au comte de Leycester de l'entraîner à favoriser ses intérêts : il obtint de la comtesse, dans l'objet de poursuivre plus efficacement la guerre contre le prince béarnais, la délivrance de tous ses châteaux et forteresses de Bigorre, moyennant une rente annuelle de sept mille sous morlans pendant la durée de l'occupation.

Du mariage d'Alix, fille de Pétronille et de Guy de Montfort, avec Jourdain III, sire de

1247.

1248.

---

la main, fait des prodiges de valeur, met en déroute les Anglais, et à battre encore le lendemain l'armée ennemie aux portes de Saintes.

Chabannes et de Confolens, étaient nés deux fils, Esquivat et Jourdain, et une fille nommée Laure : après la mort de son premier époux, Alix s'unit en secondes noces à Raoul, sire de Courtenai, qu'elle fit père de Mathilde. Esquivat, l'aîné des fils d'Alix, avait épousé, par l'entremise du comte de Leycester son grand oncle, Maskarose de Lomagne, fille d'Arnaud Othon vicomte de Lomagne et de Maskarose d'Armagnac; cette dernière, fille de Gérauld IV, comte d'Armagnac, avait succédé à son frère Bernard V dans les comtés d'Armagnac et de Fezensac ; mais elle avait pour compétiteur son neveu Gérauld vicomte de Fezenzaguet, petit fils par son père Roger du comte Gérauld IV; à la mort de la comtesse, sa fille recueillit son héritage, dont elle fit hommage au roi d'Angleterre : Esquivat, qui devint ainsi comte d'Armagnac et de Fezensac par les droits de sa femme, fut naturellement appelé à les défendre contre les prétentions de Gérauld V, et il se mit en devoir de soutenir la guerre commencée à ce sujet.

Le comte de Leycester profita si bien des avantages que lui procurait l'occupation du Bigorre, dans la guerre qu'il faisait au vicomte de Béarn, qu'il fit ce prince prisonnier, et l'amena au roi d'Angleterre ; Gaston apaisa par ses soumissions le monarque anglais, qui lui rendit la liberté moyennant quelques châteaux que le vicomte livra pour sa rançon et que le roi lui remit ensuite gratuitement. La réconciliation de Gaston avec Edouard III procura au vicomte le retour de la bienveillance de Pétronille, et cette princesse voulut sans doute le dédommager du tort qu'elle lui avait causé en favorisant les armes de Leycester : les querelles de la succession de Comminges n'avaient jamais été décidées, et les délais apportés à un jugement définitif ne pouvaient que préjudicier aux intérêts de la comtesse, puisqu'elle se trouvait frustrée de la jouissance de cet héritage, dont son compétiteur était en possession ; le caractère bouillant de Gaston lui était un sûr garant des efforts qu'il tenterait pour faire prévaloir ces droits s'ils devenaient les siens ; cette raison sans doute, et le désir de lui faire oublier la mauvaise fortune qu'elle lui avait attirée, autant que sa tendresse particulière pour sa fille, lui dictèrent la cession qu'elle fit en 1250 de toutes ses prétentions au comté de Comminges (13), en faveur de la belle

---

(Note 13.) Notum sit omnibus præsentibus et futuris, præsentes litteras inspecturis, quòd nos Petronilla comitissa Bigorræ vicecomitissa Marciani, donamus liberè et sinè omni retentione, vobis Gastoni de Bearnio, et Mathæ uxori vestræ et filiæ nostræ, quidquid ju-

vicomtesse de Béarn et de Marsan, à titre de donation entre-vifs et d'augmentation de dot.

1251. Pétronille mourut à la fin de l'année suivante au monastère de l'Escale-Dieu, où elle fut inhumée d'après ses dernières volontés. Elle laissait un testament assez étendu dont voici les principales dispositions : elle désigne pour son successeur au comté de Bigorre son petit-fils Esquivat seigneur de Chabannes et de Confolens, comte par sa femme d'Armagnac et de Fezensac, fils aîné d'Alix de Montfort décédée, pour posséder ce fief, lui et ses hoirs à perpétuité ; s'il meurt sans laisser d'enfans, elle lui substitue son frère Jourdain et sa postérité ; enfin par une seconde substitution, en cas que Jourdain décédât sans lignée, elle transporte sa succession à sa fille

---

ris habemus, vel habere debemus ratione successionis in omnibus possessionibus, dominiis, et aliis rebus mobilibus et inmobilibus, quæ de jure ex bonis patris nostri ad nos spectant. Hanc donationem facimus nos prædicta Petronilla comitissa Bigorræ et viccecomitissa Marciani, et vobis Gastoni de Bearnio et Mathæ uxori vestræ et filiæ nostræ, et omnibus hæredibus ex vobis legitimè natis vel nascendis, et omni eorum successioni legitimæ, ità ut habeatis et teneatis totam terram patris nostri, ubicumque sit, quæ jure dicitur ad nos pertinere, ad vestram vestrorumque hæredum voluntatem in perpetuum faciendam. Hoc fuit factum apud Montaner, in præsentiâ reverendi patris Petri episcopi Oloronensis, et venerabilis Rotgerii abbatis Scalæ-Dei, anno Domini M.CCL. Ad cujus rei confirmationem præsentem chartam fecimus sigilli nostri munimine roborari.

Mathe, vicomtesse de Béarn et de Marsan, et à ses hoirs à perpétuité : mais avant qu'Esquivat entre en possession du comté de Bigorre, elle exige qu'il désintéresse entièrement Mathe des droits que du chef de son père Bozon elle pouvait prétendre sur la terre de Chabannes, pour répétition sans doute de l'agencement d'Alix mère d'Esquivat (14). Pétronille fait ensuite l'énumération de ses dettes actives et passives : dans la première catégorie se trouvent quinze mille cinq cents sous morlans pour arrérages de la rente de sept mille sous, due par le comte de Leycester à raison de l'occupation du Bigorre; parmi ses créanciers sont ceux du comte Bozon, dont elle demande que les dettes soient payées sur les revenus de ses domaines, et Vital-Gaston de Tarbes, à qui elle est redevable de dix-huit sous pour des souliers dont elle a fait présent à la reine d'Angleterre. Elle désigne l'abbaye de l'Escale-Dieu pour le lieu de sa sépulture, et fait à ce monastère donation de divers domaines, et de tous ses reliquaires, meubles précieux, vê-

---

(Note 14.) Et peut-être encore pour répétition de quelques droits de succession ; car il n'est pas douteux, ainsi qu'on le peut voir dans les notes 9 et 10 de ce chapitre, que Bozon de Mâtas et Esquivat de Chabannes ne fussent les représentans de deux branches collatérales de la maison de Mâtas.

temens et bijoux. Elle nomme pour exécuteurs de ses dernières volontés Arnaud-Raymond de Coarraze évêque de Tarbes, Arnaud-Roger de Comminges évêque de Saint-Bertrand, Vital d'Ourleix commandeur de la milice du Temple de Bordères, Pérégrin de Lavedan, et Guillaume Filhe bourgeois de Bagnères.

FIN DU PREMIER VOLUME.

ADDITIONS ET CORRECTIONS
DU PREMIER VOLUME.

LIVRE PREMIER.

PAGE 14.

Ligne 6 de la note 6. Au lieu de : (ep. 15), *lisez* : (ep. 12.)
Ajoutez à la fin de la note : C'est encore adopter une leçon favorable à M. Picqué que de lire avec Marca : « sepositus monakhôo èni rure Krebénnoon » ; car la leçon de Scaliger, qui est peut-être préférable, porte : » monakhôo èni rure Krebénnoo », ce qui exclut évidemment toute interprétation plurielle.

PAGE 16.

Ligne 15. Je remarquerai, quant aux banquets funèbres, que l'usage s'en est conservé dans les campagnes, et que j'ai moi-même assisté à un pareil banquet, où les conviés se rendirent de plusieurs lieues à la ronde : un des parens du défunt m'y amena de près de dix lieues.

Ajoutez à la note 8 : On pourrait cependant avancer qu'on a travaillé, quoique sans dessein de l'explorer, à une butte située au Camp de César de Pouzac, vers l'occident, et que l'on serait peut-être fondé à regarder ce *turounet* ou élévation plutôt comme un tombeau gaulois que comme une prolongation des épaulemens septentrionaux du camp. C'est de cette butte, appartenant à M. Lamothe, qu'a été extraite l'épée dont nous parlons page 40 *ad calcem*, et qui est aujourd'hui au pouvoir de M. Jalon, à Bagnères. Les Bigorrais nomment *tép* dans leur roman ce que les archéologues appellent *tumulus*.

PAGE 23.

Note 5. On pourrait ajouter, à propos de ces rochers druidiques ou *dolmins*, que des observations faites près de Beaugency et récemment communiquées à la Société royale d'Orléans par M. le docteur Pellieux, ont démontré que des sépultures avaient jadis été pratiquées sous ces monumens.

LIVRE SECOND.

PAGE 38.

Au second paragraphe de la note, sur le mot Tarbella, *ajoutez ligne* 7 : On doit de même considérer ce mot comme adjectif dans l'article *Atyr* du dictionnaire de Vibius Séquester, lequel porte: « Atyr Tarbellæ civitatis Aquitaniæ in Oceanum fluit », ainsi que dans Ausone (*Syagrio*) lorsqu'il dit: « Tarbellis sed genitrix ab Aquis. »

PAGE 42.

Dans quelq. exemp. ligne 17. Au lieu de Revenne, *lisez* Ravenne.

PAGE 43.

Dans quelq. exemp. lig. 5. Au lieu de: Au milieu de tant gloire, lisez: Au milieu de tant de gloire.

PAGE 53.

Note 1, *ligne* 2. *Lisez*: dit Juvénal (*satyr.* 15). On lit encore dans Ausone (*Mos. edyl.* 10):
« Æmula te Latiæ decorat facundia linguæ. »

PAGE 55.

Note 3. *Ajoutez à la fin*: C'est un marbre blanc qui se trouve aujourd'hui dans mon cabinet.

PAGE 60.

Ajoutez à la fin du premier alinéa de la note: Mariana assure qu'on ne vit à ce concile que les évêques des diocèses voisins de l'Andalousie, l'archevêque de Saragosse excepté.

PAGE 70.

Ajoutez à la fin de la note: C'est dans le Lavedan que Scaliger établit cette campagne, qui se trouverait en effet ainsi placée ans phùloo èni khóoroo.

LIVRE TROISIEME.

PAGE 88.

Ligne 9. *Mettez en note*: Ce canal aurait, dit-on, été construit pour fournir de l'eau à un camp établi près de Rabasteus, et dont on prétend qu'il existe encore des traces.

PAGE 92.

Ligne 14. *Mettez en note*: Les sénats, d'après M. de Mably, n'existaient plus depuis long-tems, et le mot *senator*, appliqué à quelques personnes, ne doit, dit-il, s'entendre suivant l'opinion de MM. de Valois et du Cange, que de la naissance et non de la dignité. Nous croyons en effet que quelques passages doivent être expliqués ainsi dans nos anciens chroniqueurs; mais qu'il en est d'autres où il s'agit de la dignité: *senator*, sénateur; *de senatoribus*, de famille sénatoriale, issue de sénateurs.

Ajoutez à la fin de la note 1: Anquetil évalue au quart du territoire gaulois les domaines qui formèrent la part des Francs.

PAGE 94.

Au second paragraphe de la note, ligne 7, après ces mots: Louis le Débonnaire et Charles le Chauve, *ajoutez*: les distinguant ainsi

(285)

des bénéfices accordés par les Marwingiens et dont l'hérédité s'établit sous Clotaire III.

PAGE 95.

Ligne première de la note. Lisez : indiqué par M. de Mably pour l'origine de la féodalité. Sans citer les bénéfices accordés héréditairement par Clotaire III, et qui pourraient (ce dont nous doutons néanmoins) avoir été de purs dons, n'astreignant à aucun retour de la part des bénéficiaires, et que M. de Mably a peut-être dès-lors raison de ne point regarder comme des fiefs héréditaires, puisque le titre onéreux constitue seul la féodalité, nous présenterons encore des exemples favorables à notre assertion. *Reprenez ici* : Le duché d'Aquitaine, etc.

PAGE 98.

Sur l'évêque Nébridius : Mariana dit que Nébridius, évêque de Bigorre, assista avec Justus, évêque d'Urgel, au second concile de Tolède, présidé par Montanus, archevêque de cette métropole, et composé de sept prélats, en l'année 531.

PAGES 109 ET 110.

Sur les Sarrasins : Ces conquérans entrèrent pour la première fois en Espagne au mois de juillet 710 ; ils firent dès 713 une incursion dans le Languedoc, sous l'émir Muza-ebn-Nozéir el Békri ; ils en firent en 714 une seconde, commandée par l'un des généraux d'Abdélazis, fils et successeur de Muza. Ayûb-ebn-Habib el Lahmi, cousin et successeur d'Abdélazis, en fit une troisième en 715. Alhâur-ebn-Abdalrahman el Zakefi, et non Zama, comme le disent les auteurs de l'Art de vérifier les dates, et après eux M. Chalmel (*Diss. sur la bat. de Tours*), prit Narbonne en 719. L'émir Zama ou plutôt Alzamah-ebn-Malek el Chulani est celui qui vint en 721 se faire tuer par Eudes sous les murs de Toulouse. Les lieutenans d'Ambiza-ebn-Sohim el Kelbi firent une sixième irruption ; cet émir lui-même en commanda une septième en 725, s'avança jusqu'à Carcassonne et Nîmes, et périt dans l'expédition. Il eut pour successeur celui que les chroniques françaises et espagnoles appellent Munuza, et dont le vrai nom est Othman-ebn-Abu-Néza el Chémi ; il était lors de sa nomination en 728, occupé à courir les terres de France ; ayant été déposé à deux reprises et remplacé par Alhaïtam-ebn-Obéid el Kénani, il se fit une principauté indépendante en Cerdagne et Septimanie, et conduisit pour la neuvième fois les Maures sur les terres de France en 730 ; c'est alors qu'Eudes lui donna Lampégie. Quant à la fin déplorable de ce guerrier, que nous avons racontée d'après nos chroniques, les auteurs arabes la rapportent différemment, et nous apprennent qu'Othman tomba percé de coups, dans les montagnes auprès de Livia, après avoir combattu comme un lion contre les soldats de Gédhi, lieutenant d'Abdalrahman-ebn-Abdoullah el Gafeki.

PAGE 111.

Lignes 26, 27 et 28. L'entrée des Maures par les ports occidentaux des Pyrénées est indiquée par Isidore de Béja, qui fait passer ces barbares par le pays des Vaccéens. M. Sanadon (*Nobl. des Basques*) veut réfuter cette opinion et faire venir les Sarrasins par le Roussillon, et pour cela il rejette les Vaccéens dans la Castille; mais cet argument est sans force, car il existait aussi des Vaccéens dans la Novempopulonie; ainsi qu'on l'a vu note 11 du chap. 2, liv. III.

PAGE 112.

Note 3. M. Deville et M. Joudou font de marbre blanc la statue de Missolin dont nous parlons; mais nous avons su de personnes qui l'avaient vue, que ce n'était qu'un magot de bois.

PAGE 124.

Ajoutez à la fin de la note 4 : Ce Garcie-Ximin, est fait par quelques auteurs comte de Bigorre et de Sobrarve, grand seigneur en Béarn et Biscaye, souverain d'Amescuna et d'Abarsuza, et mari d'Igniga, parente par les femmes du duc Eudes. Ne le confondrait-on pas avec le fils puîné de Ximin, fils d'Ignigue Arista ? Cette matière est si obscure qu'il est difficile de ne pas s'égarer dans le labyrinthe qu'elle présente.

LIVRE QUATRIÈME.

PAGE 161.

Note 2. Cette charte, d'après l'opinion de quelques personnes, serait fort postérieure à la fondation, et ne devrait être regardée que comme un acte de donation d'une *abbaye* déjà existante à celle de Simorre, qui dès-lors l'aurait soumise à des *prieurs*.

PAGE 167.

Ligne 8. Ce métropolitain était saint Austinde, archevêque d'Auch.

PAGE 172.

Ligne 13 *des notes. Au lieu de* in die secundâ, *lisez* indictione secundâ. (Indiction 2.) *In die* serait une absurdité.

PAGE 188.

Ligne dernière. Au lieu de (NOTE 11), *lisez* : (NOTE 1.)

APPENDICE.

De nouvelles recherches, entreprises depuis l'impression de l'ouvrage, m'ont donné sur quelques points des lumières qui rendent indispensables diverses corrections : je vais en marquer quelques unes d'une manière générale, et sans insister sur des détails que je pourrai ultérieurement publier.

J'ai rapporté à l'Hispanie l'origine de nos pères les Aquitains (p. 5) : j'ai en cela suivi le témoignage de Strabon, que toutes les considérations tendent à fortifier ; mais les époques antérieures à l'établissement de nos ancêtres primitifs dans l'Ibérie ne nous sont pas tellement cachées que nous ne puissions découvrir, d'après les indications combinées de Timagènes, de Salluste, de St. Jérôme, de Procope, et des monumens que le tems nous a laissés, les vestiges de la route par laquelle ils y étaient arrivés, et reconnaître que les Phéniciens de Dor, chassés du Chanaan par Joshua, 1500 ans avant notre ère, débarqués à Gadir sous la conduite de Melkarth, et s'avançant vers le nord, poussèrent peut-être dès-lors leur course jusqu'en deçà des Pyrénées.

§. La première édition d'Oïhénard, celle sur laquelle j'ai travaillé est de 1638 ; plusieurs bibliographes regardent celle de 1656 comme absolument la même ; c'est une erreur : cette dernière diffère en plusieurs points de la précédente. Celle de 1638 donne les deux inscriptions AGEONI OXO que j'ai rapportées (p. 20) : celle de 1656 substitue *Ageion* à *Aghon* ; et le prétendu Dieu des fontaines est obligé de disparaître, malgré les élucubrations des étymologistes, pour céder ses autels au génie des montagnes honoré dans l'inscription AOHERRE AGEONI, que j'ai placée dans la même page.

§. Les états possédés par Loup-Sanche, petit-fils de Vaïfer (p. 124 et suiv.) : s'il est vrai toutefois qu'il eût un domaine particulier, étaient ceux que l'on comprend sous la dénomination de *Gascogne propre*, et l'apanage d'Adalric renfermait dès-lors les pays gascons qui s'étendaient à l'est du patrimoine de son frère. Ximin son fils lui succéda, puis Garcie-Ximin, qui transmit à son tour son héritage à ses enfans, que je crois être Ignigue et Aznar. Ceux-ci cédèrent leurs droits à leurs cousins Donat et Centulfe, qui furent reconnus seigneurs héréditaires de Bigorre et de Béarn, par les rois de France. Mais comme les états de la maison de Gascogne s'étendaient au delà des Pyrénées, Ignigue et Aznar en conservèrent la partie ultramontaine; et lorsque le premier fut élu duc des Navarrois, il céda sa part à son frère, qui prit le titre de comte d'Aragon. De celui-ci me paraît descendre, à travers deux générations, un autre Aznar qui vers 900 possédait le Comminges et le Conserans, et qui est la tige des maisons de Carcassoune, de Comminges, de Foix, d'Aure ancien et des Grammont de nos jours, rejetons de Comminges ancien; cette descendance seule peut expliquer la puissance dont on voit comme subitement investie la postérité de ce second Aznar, puisqu'elle appartenait naturellement aux rejetons de la race de Clovis.

§. De ce qui précède on doit conclure que le règne d'Ignigue est placé par erreur après celui de Donat (p. 130); c'est ce que confirme la charte d'Alaon, en nous apprenant par sa date, que Donat régnait encore en 845, c'est-à-dire dix ans après la mort d'Ignigue. Il faut donc reporter l'article d'Ignigue à la fin du livre III, en le réformant d'après les indications ci-dessus, et établir la filiation des comtes ainsi qu'il suit: Donat, devenu comte de Bigorre en 819 par cession de son cousin Ignigue, mourut après 845, laissant deux fils: 1.° Daton, dont on peut hypothétiquement placer le règne de 850 à 885; 2.° Loup, que l'on peut faire régner de 885 à 915 ou 920. Loup fut père de Raymond, dont le gouvernement dût commencer à cette époque et s'étendit jusqu'après 945. Raymond eut deux fils: 1.° Louis, qui lui succéda et vécut jusqu'après 1069; 2.° Arnaud; celui-ci fut père de Garcie-Arnaud et de Gersende. Les différences qui se rencontrent entre ce dernier exposé et divers passages du texte et des notes des Essais, sont basées sur les points suivans: que la charte d'Alaon est datée de 845; que Daton et Loup ont signé ensemble une charte de Saint-Orens de Lavedan; que la charte de Simorre dite de 983 (p. 142, note 10), doit être rapportée à l'an 1034, et que la charte de la Réule, dite de 970 par Marca, n'est pas la même que celle de 1009 rapportée par Sainte-Marthe; qu'il y a erreur typographique dans la charte de Saint-Savin imprimée dans Marca: en lisant « Guarsi-Arnaldus comes, filius *fratris* (au lieu de patris) supradicti comitis » (*p.* 144), on mettra la lettre de cette charte en harmonie avec le texte de Marca, et avec celui d'Oihenart, qui connaissait aussi cette charte, et qui dans l'édition de 1656 fait Garcie-Arnaud *neveu* et non *frère* de Louis.

TABLE
DES CHAPITRES DU PREMIER VOLUME.

Pag.

PRÉFACE. 1

LIVRE PREMIER.
ORIGINE, MOEURS, RELIGION, ÉTAT POLITIQUE DES BIGORRAIS AVANT L'ARRIVÉE DES ROMAINS.

CHAPITRE PREMIER.— *Premiers habitans de la Gaule, partagés en trois familles.— Les Celtes venus de Scythie : leur langage.— Les Belges, d'origine germanique.— Pays des Aquitains, originaires de l'Hispanie.— Les Bigorrais; leurs limites.— Languge des Aquitains.— Il reste encore des traces de cette ancienne distinction de familles.* . . 1

CHAP. II.— *Tous les Gaulois avaient les mêmes moeurs.— Caractère général : humeur guerrière, hospitalité.— Morale des Gaulois.— Nuances particulières.— Chevelure des Bigorrais; leurs vêtemens; leurs habitations.— Cantons; les Campons, les Tornates, les Onobusates.— Fort de Bigorre.— Mariages, funérailles, tombeaux.* 4

CHAP. III.— *La même religion dans toutes les Gaules.— Theuttad, principale divinité.— Dis, Heusus, Belizana, Tharanis, Kernunnos, Ogmios.— Dogmes; le Flath-Innis, l'Ifurin.— Les prêtres; leur hiérarchie, leurs richesses.— Récolte annuelle du guy.— Science des Druides.— Sacrifices, temples.* 8

CHAP. IV.— *Les peuplades gauloises, indépendantes, soumises au même régime social.— Les Druides, premier ordre de l'état ; leur puissance politique, leurs immunités.—*

Les chevaliers, second ordre : leur ignorance, leurs habitudes guerrières.— Les soldures.— Le peuple : sa misère.— Rapprochemens. 28

LIVRE SECOND.

PRÉCIS DES ÉVÈNEMENS DEPUIS L'ARRIVÉE DES ROMAINS JUSQU'À L'ÉTABLISSEMENT DES WISIGOTHS DANS LE BIGORRE.

CHAPITRE PREMIER.— Les Romains entrent dans la Gaule.— Jules César, gouverneur.— Publius Crassus en Aquitaine.— Expéditions malheureuses.— Ligue des Aquitains ; leurs préparatifs.— Ils sont défaits : les Bigorrais donnent des otages.— César en Aquitaine. 33

CHAP. II.— César continué dans le gouvernement des Gaules.— Lucius Domitius nommé pour le remplacer.— Guerre civile.— Triomphe de César.— Munatius Plancus gouverneur des Gaules.— Elles passent à Antoine.— Elles suivent le parti d'Octave-Auguste.— Ce prince en fait une nouvelle division.— L'Aquitaine se révolte ; les Bigorrais sont soumis par Messala.— Auguste vient dans le Bigorre. . . 41

CHAP. III.— Gouvernement des empereurs romains.— Claude abolit les sacrifices humains.— Révoltes de Vindex et de Civilis.— Progrès de la civilisation chez les Gaulois.— Le droit de bourgeoisie romaine étendu par Caracalla à tout l'empire.— Empire des Gaules.— Le christianisme s'établit en Bigorre.— Division de l'Aquitaine par Dioclétien.— Progrès du christianisme chez les Bigorrais. 51

CHAP. IV.— Nouvelle organisation de l'empire par Constantin.— Gouvernement politique des provinces et des cités.— Administration ecclésiastique.— Gouvernement militaire ; troupes réglées, milices bourgeoises.— Recouvrement des impôts ; revenus particuliers des cités.— Successeurs de Constantin. 61

CHAP. V.— Arrivée des barbares du nord : ravage de la Novempopulonie.— Constantin, empereur des Gaules. — Nouveaux ravages des barbares : ils passent en Hispanie.— La

Gaule méridionale cédée aux Wisigoths. — Elle rentre au pouvoir d'Honorius ; nouvelle organisation du gouvernement. — La Gaule méridionale est rendue aux Wisigoths ; les Bigorrais subissent leur domination. . . . . .

LIVRE TROISIÈME.

PRÉCIS DES ÉVÉNEMENS DEPUIS L'ÉTABLISSEMENT DES WISIGOTHS JUSQU'À L'ÉRECTION DU BIGORRE EN COMTÉ HÉRÉDITAIRE.

CHAPITRE PREMIER. *Etat de la Gaule.* — *Distinction des barbares ou chevelus et des Romains ou Gaulois.* — *Règne des rois wisigoths.* — *Fanatisme d'Euric : persécution contre les Bigorrais ; saint Fauste, leur évêque.* — *Tolérance d'Alaric.* — *Code des lois romaines.* — *Canal d'Alaric.* — *Invasion des Francs : les Bigorrais passent sous leur domination.*

CHAP. II. — *Etat politique des Bigorrais sous les rois francs.* — *Partage des terres conquises par les Francs : naissance de la féodalité.* — *Attribution des comtes.* — *Redevance du service militaire.* — *Successeurs de Clovis.* — *Etablissement des centeniers.* — *Irruption des Vascons.* — *Saint Savin vient dans le Lavedan.* — *Les Aquitaines et la Novempopulonie démembrées de la couronne de France.* . .

CHAP. III. — *Charibert, roi d'Aquitaine ; ses enfans ; leurs querelles avec Dagobert.* — *Eudes ; sa puissance.* — *Arrivée des Sarrasins : leur défaite à Tours.* — *Ils sont taillés en pièces près d'Ossun par Missolin : leurs restes, flétris du nom de cagots, sont voués à l'opprobre.* — *Querelles d'Eudes et de ses enfans avec les Carlovingiens.* — *Les princes aquitains ne conservent que la Novempopulonie.*

CHAP. IV. — *La Gascogne devient un fief héréditaire de la couronne de France.* — *Division du duché : Adalric a le Bigorre.* — *Charlemagne veut capter la bienveillance des Gascons : fondation de l'abbaye de Saint-Savin.* — *Vaine destitution d'Adalric.* — *Sa mort.* — *Ses successeurs.* — *Le Bigorre érigé en comté héréditaire.* — *Coup-d'œil sur les progrès de la féodalité.* . . . . . .

LIVRE QUATRIÈME.

PRÉCIS DES ÉVÈNEMENS DEPUIS L'ÉRECTION DU BIGORRE EN COMTÉ HÉRÉDITAIRE JUSQU'AUX QUERELLES DE LA SUCCESSION DE PÉTRONILLE.

Pages.

CHAPITRE PREMIER. — Obscurité de l'histoire des premiers comtes. — Donat-Loup. — Ignigue; il devient roi de Navarre. — Daton-Donat lui succède sous la redevance de l'hommage à la Navarre. — Ténèbres historiques. — Loup-Donat. — Irruption des Northmans: ravage du Bigorre; prise de Tarbes. — Les Northmans chassés. — Relâchement des mœurs. — Inféodations des dîmes. — Raymond I.er Louis. — Garcie-Arnaud. — Fondation de Saint-Pé. — Gersende de Bigorre, mariée à Bernard-Roger de Carcassonne. 129

CHAP. II. — Le Bigorre passe dans la maison de Carcassonne. — Bernard I.er — Pèlerinage à Notre-Dame du Puy en Velai. — Fixation des coutumes. — Raymond II. — Mariage de sa sœur Béatrix avec Centulle de Béarn. — Saint-Pé réuni au diocèse de Tarbes. — Querelles de l'évêque Othon et des moines de Saint-Pé. — Guerre du comte de Bigorre contre le vicomte Sanche de la Barthe, son vassal. — Centulle fait hommage au roi d'Aragon. — Révolte de Barèges. — Saint-Pé réclamé par les évêques de Lescar. — Consécration de l'église de Saint-Pé. — Mort de Béatrix. . . . 159

CHAP. III. — Avènement de la maison de Béarn. — Bernard II fait rédiger une charte constitutionnelle: dispositions de cette charte. — Centulle II. — Révolte des Barègeois. — Centulle créé ricombre d'Aragon. — Mariage de sa fille Béatrix à Pierre de Marsan. — Hommage à Alphonse le Batailleur. — Querelles avec le vicomte d'Aure. — Béatrix II succède à son père. — Discussions sur la suffragance de Saint-Pé. — Fondation de l'Escale-Dieu. — Rébellion du vicomte de Lavedan. — Bordères donné aux Templiers. — Mort de Béatrix II. 188

CHAP. IV. — Maison de Marsan : Centulle III. — Richesse de

(294)

l'abbaye de Saint-Savin. — Les Béarnais révoltés choisissent un chevalier bigorrais pour leur vicomte. — Affranchissement des serfs et institution des communes en Bigorre: charte de Bagnères. — Traité entre Bagnères et Lavedan. — Fondation du château de Vidalos. — Le roi d'Aragon donne la vallée d'Aran au comte de Bigorre. — Guerre avec le duc de Guienne. — Mort de Centulle III. — Stéphanie.

Chap. V. — Maison de Comminges: Pétronille sous la tutelle du roi d'Aragon. — Fiançailles avec Gaston de Moncade; mariage. — Hérésie des Albigeois embrassée par Gaston. — Il l'abjure; il meurt. — Pétronille épouse le comte de Cerdagne, le quitte; épouse Guy de Monfort. — Les Albigeois chassés. — Mort de Guy. — Aymar de Rançon. — Succession de Comminges. — Bozon de Matas, cinquième époux de Pétronille. — Sagesse de son gouvernement. — Codicile de la comtesse. — États de Bigorre. — Première occupation des Anglais. — Succession d'Armagnac. — Mort de Pétronille; son testament.

Additions et corrections.

Appendice.

FIN DE LA TABLE DES CHAPITRES DU PREMIER VOLUME.

BAGNÈRES, IMPRIMERIE DE J.-M. DOSSUN.

www.ingramcontent.com/pod-product-compliance
Lightning Source LLC
Chambersburg PA
CBHW071512160426
43196CB00010B/1499